书乡放谈——"书骨精"王波系列

快乐的软图书馆学

王 波 著

海洋出版社
2014年·北京

内 容 简 介

本书是一部别开生面的图书馆学随笔集，分"大话书府"、"书案煮酒"、"书庄会盟"、"书丁解书"四辑，以"直而不肆、谑而有矩"的态度，以生动有趣的文笔，分别放谈图书馆学理论、图书馆人、图书馆界专业会议、图书馆学新书，说理严谨，幽默诙谐，堪称图书馆界的《世说新语》。本书是快速了解当今中国图书馆界现状的极佳读本，适合对图书馆工作感兴趣者、学习图书馆学专业的学生、已从业者和从事图书馆学教学和研究的学者等各类与图书馆职业相关的人士阅读。

图书在版编目（CIP）数据

快乐的软图书馆学/王波著. —2版.
—北京：海洋出版社，2014.3
（书乡放谈."书骨精"王波系列）
ISBN 978-7-5027-8815-5

Ⅰ.①快… Ⅱ.①王… Ⅲ.①图书馆学－文集
Ⅳ.①G250-53

中国版本图书馆 CIP 数据核字（2014）第 037738 号

责任编辑：杨海萍
责任印制：赵麟苏

海洋出版社 出版发行

http://www.oceanpress.com.cn
北京市海淀区大慧寺路8号　邮编：100081
北京旺都印务有限公司印刷　新华书店北京发行所经销
2014年3月第2版　2014年3月第1次印刷
开本：787 mm×1092 mm　1/16　印张：21.5
字数：255千字　定价：38.00元
发行部：62132549　邮购部：68038093　总编室：62114335
海洋版图书印、装错误可随时退换

出版说明

杨柳春风一杯酒

江湖夜雨十年灯

凡事,因热爱而执着,因执着而快乐,因快乐而感动。

因为出版事宜,和王波有过两次接触,最大的感受是他对图书馆事业的执着和热爱。

王波服务于北京大学图书馆,是书架间的求道人和得道者。他好学不辍、视野开阔、思维敏锐,以"书骨精"的名号在网络空间仗剑纵横。他关于图书馆学的各种观点和研究,在网络间碰撞、沟通、交流、提升、发散,成为同道热议的话题,得到图书馆界众多人士的肯定和赞赏。

海洋出版社长期致力于图书馆学、情报学类图书的出版。2007年,我社出版了王波的《阅读疗法》(21世纪图书馆学丛书第二辑),这是国内第一本关于"阅读疗法"的专著;2010年,我社又出版了王波的《快乐的软图书馆学》(21世纪图书馆学丛书第三辑)。这两本书极受读者青睐,很快脱销,给了我们不小的惊喜,至今订数不断。经论证,准备再版。

今年,我社计划出版王波的另外两部作品——《可爱的图书馆学》、《图书馆学及其左邻右舍》,列入21世纪图书馆学丛书第四辑。

然而，陆续有读者反映，他们愿意看到一个更全面更立体的王波。我们对王波现象和王波的著作进行了重新论证和研究。最后决定将王波的《阅读疗法》、《快乐的软图书馆学》再版，与《可爱的图书馆学》、《图书馆学及其左邻右舍》组成"书乡放谈——'书骨精'王波系列"单独出版，以期为读者、为图书馆事业输送更大的正能量。

也希望更多的"书骨精"崛起，作为出版者，我们愿意为更多的图书馆界精英服务，推出更多好书，为图书馆界的研究和发展作出更大贡献。

海洋出版社
2014年2月

再版前言

拙著《快乐的软图书馆学》由海洋出版社首版于2010年，承蒙广大读者厚爱，订数不断，多篇书评散见于图书馆学核心期刊。基于该书的受欢迎程度，海洋出版社决定重新制版和装帧，推出增订版，纳入"书乡放谈——'书骨精'王波系列"丛书，以更精良的面貌、更丰富的内容满足广大读者的需要。

既然是增订版，顾名思义，有两个特点：一是增，增加了"第五辑 书仆杂咏"，含5篇文章、15首小诗，约60余页，使该书的信息量更大、可读性更强。二是订，根据首版后本人和读者发现的问题，订正了一些瑕疵，使全书的内容更加准确。希望广大读者一如既往地给予支持。

感谢海洋出版社和可爱的丘东江老师！

王 波

2014年3月9日于北京大学

从网名谈王波

(序一)

范并思

近年多次接到为朋友们的书写序的邀请，尽管我知道这是自己步入"年事已高"行列的标志，但写序的挑战仍使我得意。不过王波其人对我来说太过于复杂：众多的涉猎领域，多变的文风，还有那么多网名，如包租公、书间道、书骨精，等等。正当我一筹莫展之时，这些网名却开启了我的写序思路：现成的思路啊，呵呵。

一、书间道王波

王波的职业是编辑，初识王波也是在编委会上。2005年1月《大学图书馆学报》在京召开编委会，王波是东道主，会里会外地忙着，与会的只有20多人，但在众多大教授、大馆长、大编辑的热烈讨论中，王波低调寡言，显得很不起眼。吸引我去认识小编们的理由是这个编辑部对于网络图书馆学的关注。我特别感兴趣的有两件事：一件是网络上有以该刊"编辑部"为网名的留言对"四大教授"（其实均为我等算不得一流的教授）的酷评，文笔与语调令我十分喜爱；另一件是我2002年在网络上的第一个小作品被《大学图书馆学报》以《e家之言：学术界的"东帝、西毒、南邪、北丐"》发表。据我所知，那是我国图书馆学术刊物第一次刊登网络文献。一家刊物如此关注网络并参与网络图书馆学建设,我想知道是谁的主意,谁的文笔。从编辑们那里,我知道了书间道王波。

书间道是王波为自己的博客所起的名字之一,据王波自己解释,书间道有两层含义:第一层含义是图书馆员要善于读书,学会"读书得间",能够在字里行间发现问题,思索答案;第二层含义是图书馆员要边服务边研究,成为书架间的求道人和得道者。王波将书间道的精神称为图书馆员应有的精神之一。而我的理解是,书间道是编辑的特质。只有做到了在繁忙而枯燥的文字编辑的小道上"编书得间",游刃有余,才是一位优秀的编辑。从这个意义上说,王波以书间道自许,当之无愧。

王波所学与专长均为文史,但作为一名编辑,他对信息技术的敏感令我颇感吃惊。2005年11月中旬,我在博客上发了一篇博文,表达了我对国内图书馆2.0研究状况的一些不成熟的看法。其实那时距西方网络图书馆界图书馆2.0概念的出现只有两个月。博文发表后没几天,收到王波的约稿信。虽然那时国际图书馆界图书馆2.0的研究正热,出现了一批重要的网络文献,但我完全没有意识到应该写一篇图书馆2.0的学术论文。在王波的督促下,我很快写成《图书馆2.0:构建新的图书馆服务》,并相当神速地在《大学图书馆学报》2006年第1期发表。后来我才发现,这居然是国际印刷型刊物上第一篇关于图书馆2.0的学术论文,并且在短时间内创下了高被引记录。

二、包租公王波

2002—2004年,网络图书馆学的主战场是BBS论坛。那时有几个论坛很热闹,分别是学网、寒网和一网。其中唯一具有"官方色彩"的论坛就是学网——"《大学图书馆学报》读者沙龙",它是全国高校图工委秘书处、《大学图书馆学报》

编辑部开设的论坛。包租公是租赁户对男房东的称呼,在周星驰的电影《功夫》中,包租公还是内功上乘的太极高手。作为学网版主的王波给自己起了个网名叫包租公,表明自己是致力于为网民提供一个空间的论坛的管理者。但是我以为这一网名无疑也暗喻他的高手身份。

包租公包学网一包就是七、八年,学网至今仍活跃着,并始终坚持着开放、前卫、兼容并蓄的"北大风格",仍时常成为人们交流图书馆学新信息、讨论图书馆学重大理论问题的网络空间。而王波的论坛管理员身份和图书馆学高手身份,则使他的研究重心之一聚焦于网络图书馆学。

2004年以后,网络图书馆学已经很热闹了,但在主流媒体与学术会议上,人们要么回避它,要么批评它。2005年夏天,王波在中国图书馆学会桂林年会的第一分会场上作了一个学术报告,向人们宣传网络图书馆学。此前的王波极少作大报告,因此报告结束后,主持人张广钦说:报告人太紧张了,都感觉到他的脚一直在发抖。张说,其实报告作得挺好,完全不必发抖。因为是讲网络图书馆学,王波在报告中特意使用了网语,如结尾一句是"讲得不好,汗ing"。台下懂网语的大笑,不懂网语的错愕。王波对于"网络图书馆学"的命名也曾引起过一些争议,但总体看,这个报告将网络图书馆学正式引入了主流图书馆学的殿堂。此外,《大学图书馆学报》的"e家之言"栏目和《新世纪图书馆》的"图情博客选萃"栏目,也是王波主持的推动网络图书馆学的阵地。

三、书骨精王波

提到王波,不能不提他的阅读疗法研究。不,也许应该倒过来讲:提到中国的阅读疗法研究,不能不提到王波。因为在2007年,王波出版了他的第一部专著《阅读疗法》,这也是中国第一部关于"阅读疗法"的专著。

书骨精的名称是王波从白骨精（白领、骨干、精英）改造过来的，我的理解是"书痴、骨干、精英"。为避嫌自吹自擂，他也给出一个"嗜书入骨的精灵"的解释。不论何种理解，书骨精是离不了阅读的。

世纪之交时我仔细比较中外图书馆学，感觉存在两大差异：一是对于公共图书馆的研究；二是对于阅读的研究。两者均是西方图书馆学的主流领域，却是我国图书馆学的边缘领域。经过2004年以来的启蒙，公共图书馆的研究已经主流化，但阅读研究还在探索中。很长一个时期，图书馆学家们只研究图书馆里的技术，如分类编目、藏书建设，而不研究社会阅读。尽管中国图书馆学会2005年新年峰会已将阅读作为会议的五个主题之一，并在2005年成立了科普与阅读指导委员会，但以大众阅读行为为主体的研究一直难以成为中国图书馆学的主流。

我一直认为，图书馆是维护社会弱势群体阅读的场所，而公共图书馆体系则是现代社会弱势人群阅读的最后庇护所。因此图书馆学的阅读研究必须面向弱势群体，这也是西方图书馆学阅读研究的传统。需要通过阅读消除身心疾病的一般是社会弱势群体，因此在图书馆学的阅读研究领域，《阅读疗法》摆脱了面向精英的阅读研究，开辟了一个面向大众阅读的研究领域。从这个意义上说，《阅读疗法》的出现是一个非常重要的事件。而中国的图书馆学，则需要更多更多的书骨精——大众阅读的研究者和推动者。

2009年端午夜

和王波不得不说的故事

（序二）

江 水

和王波还真有些不得不说的故事。作为《新华书目报·图书馆专刊》之"图林漫步"版面的责任编辑，我觉得这个版面在图书馆界之所以能小有名气，与王波的捧场是分不开的。从开栏后连续三年时间（并非至今），此君的文章一期也没落下过！记得有两次缺稿缺得急了，发短信求助，要求一两日内就"交作业"，王波竟也理解，爽快答应并及时递来，令我感到这位仁兄真好说话。

不过须知王波虽能写，但却时时追求"写作"的境界和认真劲儿，而不仅是"写字"。对字词句的吹毛求疵和对语言驾驭的潇洒放浪，在王波身上形成了鲜明对比——写这些是想说，据我猜测，王波写东西其实挺累的，并没有文章看起来的那么轻松。以王波的阅读之丰，虽不至于写一篇稿子被刮下一层皮来，但刮下一层皮屑来总是有的（不知猜得对否）。因此，我要借写序的机会先感谢一下王波对"图林漫步"的帮助。

如今，"图林漫步"的稿源渐趋稳定，而王波也开始不时地"忙"了起来，交作业渐渐地不自觉，甚至整月整月地放鸽子。当然，读者会逐渐习惯"离开王波的日子"。不过他若想以忙出书并嫌弃本报仅两位数字的稿酬为由而"功成身退",恐不可得,因为我知道"图林漫步"的稿费虽不可观,但每月下来的银子怎么也够作者吃一个月的绿色蔬菜了,不写白不写。

翻开《快乐的软图书馆学》一书的稿样,先看目录,一路看将下来,真是太熟悉了,其中至少三成文章,我或许是除王波之外的第一读者。身为责任编辑,编辑它们时看得异常仔细,所以我对王波的文笔如何是有发言权的。对王波的文笔该怎样评价呢?整一个俗词儿吧——好看。

善于阅读的人应该清楚,能当得上"好看"的文笔,一定是有内涵的。有的人也很会写,也善于幽默调侃,只见文字在其笔下飞扬跳脱,但骨子里其实是文字游戏罢了,只不过是"文字"在跳舞。当然王波不是,王波善于把对图书馆界的了解和对中国文化的了解融合起来,文笔怎么写怎么有,加上骨子里的幽默感,得以让"图书馆文化"跳起舞来,境界是不一样的。当然跳得不是太规矩,时不时会带上些故意安排的"伴俗"色彩,使其读来更加趣味盎然。王波的文字比较幽默,但这种幽默不是"为搞笑来强逗哏",它是隐藏在字里行间的。打个比方吧,此君是不屑于伸手去挠读者那裸露的脚心的,而是会将一股气息逼入对方的膻中穴内,通过足少阴肾经流转至足底涌泉穴,轻撩慢拨,达到让你从心眼儿里笑出来的目的。当然了,也许王波并不觉得他有什么幽默,觉得"文章就该这么写嘛",那也说不定。

我认为在这世间,冥冥中自有天意。我想从王波的父母给他起名为"波"起,就注定其人生的某一面会不按常理出牌了。但凡单以"波"字入名的,性格都不会太老实,并会带着些随意潇洒的成分,当然也隐含成功的因子。何况是"王波"了,极度的简单和不羁,好名字。通过电子邮件和短信与王波交往了有三年半时间，他未见过我的尊容，我却见过他的玉照，这便宜我占大了。从名字入手想象此人后，再看相貌，王波的天赋异禀就昭然若揭了。只见照片上一位大哥在冲你笑着，一副淡然的"我有内涵我怕谁"的样子，并摆出内敛的意气风发的姿势来，我确信，这样的人不有才，那才是不会跑到别处去的。有才，太有才了。

正因为王波太有才了，故有时也会露出"狂"和"不好惹"的一面。就在三个月前久不"漫步"的王波突然空投给我一篇稿件，令我欣喜不已，只见留言中写道："没有王波的图林漫步太难看了。"我愕然半分钟，不由得还是暗暗点头，说的没错啊，狂乎哉？不狂也。再说其"不好惹"的一面。我记得每每编王波的"图林漫步"稿件时，都会不时收到其发来的"修订版"。打开一看，有时是改一句话，有时是改一个错别字兼标点符号。知道吗王波，你这样做，会让责任编辑们汗出如浆啊，给人的感觉是此君的文章轻易"动"不得，因此编辑时总有那么点战战兢兢。但说实话，王波的稿子确实不好"动"——没法儿"动"也。有时终于找到一处疑似错别字，于是满怀成就感地改过。然而想想出报后，大哥他会瞧得清清楚楚，说不定又确诊为不是错别字，你说可怕不可怕？因此，每遇王波的稿件，容易分割成千把字文章的就连载，字数多而又实在没法分割或精简的（也实在是舍不得），只好全发，把别人的文章压成豆腐块儿了事。印象深刻的是连载《做个司书僧式的好馆员》那次，因字数和版面的综合原因，逡巡半小时，不得不忍痛删去一段（怪我当时还不太了解王波）。没想到啊没想到，一个月后偶然上王波的博客，这位竟在博文中就此事把俺不指名道姓地揶揄了两句。从这一天起，我想，我算是认识他了——不好惹的王波。

不知《快乐的软图书馆学》一书的责任编辑是谁，我只是想说，当心，要当心！

2009年端午前夜

第一辑　大话书府

图书馆员的四种精神　/3

做个司书僧式的好馆员　/30

　　——由金庸武侠小说《天龙八部》中的图书馆员想到的

谁是图林的少林、武当？　/38

目录学的尴尬与风流　/49

我辈本属古墓派　/54

义书堂里援书郎　/57

一个图书馆学网络论坛主持人的贺岁道情　/60

　　——2006年《大学图书馆学报》网上论坛"读者沙龙"

　　版主的新年寄语

《大学图书馆学报》乔迁记　/67

开创图书馆学的"新轴心时代"　/71

　　——谨以此庆祝北大信息管理系60华诞

屠鼠剥皮为读书　/75

馆长大人，我们要读博　/78

答客问　/83

SCI 榜:不能不信,不可全信 /91

第二辑　书案煮酒

图林人物美名谈 /99

承影剑黄纯元 /107

日月剑范并思 /112

舍神剑程焕文 /117

图林编辑　会师井冈 /122

四个好编辑 /129

为图书馆学教育找良芝 /134

图林自有逍遥派 /139

师生情,同学谊 /142

第三辑　书庄会盟

我和上海图书馆的两个交情 /151

在上海图书馆2.0会议上的感言 /155

沪上两日印象 /159

2006,年会追忆 /165

北大座谈《文献交流引论》出版20年 /176

站在巅峰看风景 /183

《中国图书馆学报》知天命 /187

e,戒 /192

这真是个青春的盛会! /197

　　——在浙江大学"web/lib2.0:西湖论剑"会上的发言

念唱做打　学术有戏 /200

　　——中国图书馆学会第四届青年学术论坛侧记

第四辑　书丁解书

网络图林入正史　/215
　　——《网络图书馆学的兴起与发展》导读
扔什么，千万别扔英语！　/222
　　——《图书馆英语》评介
《阅读疗法》品评会　/227
叶四变　/239
　　——《大学图书馆学报》2006年第3期导读
人是他所读的东西　/245

第五辑　书仆杂咏

大学大张嘴　/253
旁观爱情　/256
小诗15首　/258
作为书评家的萧乾　/276
一本迟到的书　/309
　　——怀念萧乾先生
幽默的季羡林先生　/315

后记：快乐的软图书馆学　/318

大话书府

书府多少事,都付趣谈中。
侃侃读书郎,悠游书天堂。

图书馆员的四种精神

（一）临书仙的精神

一段时间以来，关于"图书馆精神"的讨论如火如荼。我认为，图书馆是一种客体，不是一种主体，所谓"图书馆精神"，实际上指的是"图书馆员精神"。那么图书馆员应该具备什么样的精神呢？已经有了不少精彩的总结，最有代表性的概括，许多人都耳熟能详，是"爱国、爱馆、爱书、爱人"。这"四爱"归纳得精练、简洁，我是相当拥护的。

但是，倘若有人拿鼠标敲我的脑壳，用代书板挡住我看美丽的读者，把磁条偷偷塞到我的饭盒，以书标粘我长着络腮胡的脸颊，合上笔记本电脑夹我的指甲壳，寄来精装的《晚清图书馆学术思想史》的毛边本兼签名本贿赂我这个大哥哥，非让我鸡蛋里挑骨头，说出些吹毛求疵的话，我觉得有个小小的不足——不是特别的生动，我愿意用我发明的图书馆学网络名词，将"四爱"换个角度阐释一遍。

我认为一个"酷得专业、美得正点、帅得到位"的图书馆员应该具备四种精神,第一种精神是临书仙的精神。

我曾在《大学图书馆学报》之号称"书笼寨"的网络论坛——"读者沙龙"的"城头"上,模仿《三国演义》的起首词《调寄·临江仙》填词一首,词云:

代代耕读传家国,时光淘洗经藏。文献载籍厄复兴。馆阁依旧在,几度樟香浓。

简士帛吏网渚上,惯觅册友典朋。一屏漫帖喜相逢。书府多少事,都付此坛中。

我指望这首东施效颦之作,能够作为开篇词,将来出现在一本关于网络图书馆学的史册中。

看官们可能没太注意到,在这首词的上方,我胆大妄为地写上了"调寄·临书仙"五个字作题名。大家都知道,"临江仙"是一个词牌名,而"临书仙"不是。我之所以敢担着糟蹋中华文化的罪名,敢冒着被师友们讥笑为无知浅薄的危险,肆意篡改词牌,除了喝了二两"无厘头"烧酒壮胆外,强烈的意图是想传达这样一个信念:图书馆员应该是纯正优质的读书种子,应该是以亲近书籍为乐的一类人。诗家赋客,临江而立便诗情万丈、文思泻地、妙笔生花、陶然若仙。那么一个读书人,当他第一次来到大型图书馆,万卷书海吾身藏,百城四面余坐拥,如果他还没有农民起义军瞬得万里河山、29 岁的穷光蛋得到一个姑娘的大兴奋、大喜悦,没有临书乐陶陶的幸福感,我觉得,他基本上可以不用考虑将来到图书馆工作了。

如果一个读书人,已经当上了图书馆员,却整天愁眉苦脸,看到书就像看到砖头瓦块,看到读者来馆就像看到丐帮来领救济,一上班就觉得比建筑工人更劳累,比公交车售票员更奔波,我想,他必定也干不好这份工作,已经到了该被动或主动跳槽的时候了。

我认为，亲近书籍有没有点当神仙的感觉，是衡量一个人适不适合当图书馆员的第一道标杆，跨过了这个标杆的人，注定就是个当图书馆员的料，上帝造咱的时候，泥巴里就掺上了这种命，叛逆之不如乐呵呵地顺应之，管书读书过得爽气，就不要再用眼的余光，瞟窥、羡慕鱼的快乐、鹰的快乐或者屠夫的快乐啦！

有的图书馆员，年轻的时候可能过不了这个标杆，乃化装成东郭先生混进了书府，那也不要紧，仙气可以在修炼中培养，但如果到了30岁以后，还没有点仙的感觉，却依然呆坐在图书馆员的岗位上，那一辈子可真有点白活了，发言作文也就不要妄谈其他的图书馆精神了，因为图书馆员最起码的精神，就是临书仙的精神。

在当代临书仙中，我极佩服的是南京大学的徐雁教授。

徐教授在北大读书时，就创办了学术社团"学海社"，在当时的燕园引领风骚。工作后，发现官宦从来不读书，放着教育部的京官不做，自我下放到出版社编书，编书之余，由书评、书话、阅读、出版一路研究下来，修成正果，又到图书馆学系里教书，可谓人生步步不离书，书缘开花节节高。如果全国的好书之徒拉帮结社，推选掌门，徐教授即便不能被推举为帮主，也是位常委级的布袋长老。

徐教授令我最敬仰之处，在于他爱书爱得理直气壮、爱得大张旗鼓、爱得扬眉吐气，这在我们这个钱本位和官本位横行的时代和社会，和那些在时风的欺压下爱书爱得羞羞答答、爱得偷偷摸摸、爱得小里小气的"爱书人"比较起来，显得尤为难得、尤为可贵。

徐教授爱书的张扬，突出地体现在几个方面。

第一，他对书的酝酿、创作、生产、销售、评论、阅读等进行了全程参与和研究，不放过一个环节，尤其以《中国读书大辞典》和《中国旧书业百年》这两本砖头般的厚重之作奠定了他在"书帮"中的学术地位。他参与组织、策划的《中国思想家评传丛书》和好几套书话和名著导读丛书也给出版界留下了深刻的印象，获得了广泛好评。

第二，他是江苏省藏书大亨，自己的书房先富起来后，又带动别人致富，经常鼓动别人买书藏书读书，屡屡出任全省藏书状元评选的评委。他藏的书又多是书评、书话、书目等关于书的书，打个不恰当的比喻，人家金屋藏娇，藏的是参加选美的小姐，他专门收藏的却是为小姐打分的评委。他自己也是写作书评、书话上瘾的上乘写手，为这类评职称根本用不上的文体劳心费神、点灯熬油，出了好几本集子，奠定了他在"书帮"中的劳动积分高位。

第三，他是读书圈子里的田野调查专家和活动家，仗着个子高、步幅大，喜欢行万里路，到处寻访先贤读书圣迹、古旧书市、书城书厦、书艺术品、藏书家、贩书人等一切与书有关的东西，是读书江湖中的千手观音和灵通神，喜欢也有本事结交天下各路好书之徒，一旦上个封面，也是与书本造型雕塑的合影。这些使他在"书帮"中从书缘、人缘、地缘三个方面积聚了人气高位。

第四，他是书房设计方面的"嚣张"派设计师。从书本上收集到的情报看，他搬到大房子后，整了个住筒子楼时就蓄谋已久的书香浓得化不开的书房，除了万卷藏书仪仗凛凛，四面合围之外，还搞了块匾，请同乡书法家马士达教授写了"风檐展书读，古道照颜色"的清雅联句，悬于梁下。匾很大，大得比他继续在仕途上进步，进步到知府巡抚那一级，衙门上高悬的"正大光明"或"为人民服务"匾还要大；字很阔，阔得和北大图书馆厅堂匾额上的领袖手迹"百年书城"几个字差不多。他徐书仙就像一个读书燕，整天在这个大匾下的号称

"雁斋"的书巢里进进出出,过着纸醉书迷、幸福得不像话的快乐生活,您说他爱书爱得嚣张不嚣张?我觉得一个文盲要是到了徐教授的书房,不是自卑得要跳楼,就是嫉妒得要扁徐老师。

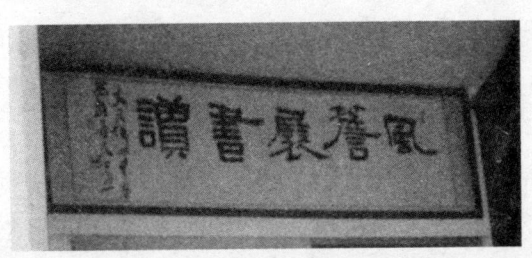

风檐展书读

自从看了徐雁教授的书房照片,我的发财梦、美人梦一下子就少了许多,经常做梦自己也拥有了一块比徐教授还大的匾,也拥有了一幅大书法家的字,于某个晴空丽日、微风拂檐的上午,美滋滋地在大匾下和来访的书迷同道们品茶、聊天、合影、翻书,不同时代、不同纸质的书本的反光照在脸上,就像变幻的天光倒映在未名湖上,那种感觉想一想,真的是妙不胜收。徐教授对于书房的非常设计,奠定了他在"书帮"中的品味高位。

第五,他是阅读学研究领域的"孙中山",自己手中虽然暂时没有杂志——学术革命的正规军,但却总是能动员手中有杂志的同道跟他搞阅读学的革命。目前他已成功地在《图书馆杂志》和《图书与情报》中开设了刊中刊,开辟了阅读学研究的小型根据地,点燃了阅读学研究的星星之火。他是一个天生的鼓动家,善于发动和说服别人认同、落实他的创意,也是一个狂热的办杂志爱好者。在他的"忽悠"和顾问下,大书商从善如流,办了《开卷》;研究生大展身手,办了《悦读》;再加上他本人在大学时就办的《学海》,徐老师迄今至少与三个民办刊物"有染"。最近看到消息，民刊《悦读》居然也有了毛边本，不能不令人赞叹徐教授在引导学生养成高雅的读书趣味方面的苦心。在编辑出版方面，徐老师可谓朝野打通、忽官忽民，纵横于庙堂之高与江湖之远。这些作为，奠定了他在"书帮"中的龙头军师高位。

第六，他是一个新古典主义教师。在感性的女生的人数占绝对优势的图书馆学系，在拜金主义甚嚣尘上的当下，徐老师对他的女弟子有一个著名的要求：行走在时尚的都市，怀揣着古典的情怀。反复吟咏这句话，在我恍恍惚惚的想象中，我仿佛看见，在卧虎藏龙的南京大学，在浓荫匝地的梧桐树下，在北大楼前整齐的草坪上，一位女孩上身穿短款唐装小衫，下身穿西装短裙，手拿一本线装书，正在用英语、法语或西班牙语边翻译边背诵《隋书·经籍志》，端的是李清照转世，比《围城》中博学的苏文纨纯真，比纯真的唐晓芙博学，正是我所崇拜的那一型。仅凭徐老师那一句"女弟子规"，就足以奠定他在"书帮"中的受欢迎、受爱戴的导师高位。

说实话，想当年我之所以报考北大图书馆学系的研究生，就是看中该系出了远到王重民、刘国钧，近到徐雁、王余光这一彪爱书的人马。徐雁教授虽然不是图书馆员，但我相信有了这种临书仙的精神，他即便在图书馆，也是一个出色的图书馆员。

学术期刊上在争论什么是图书馆员的核心竞争力，有人说图书馆学出身的馆员除了"书情结"浓重，没有其他的优势，还反问道，难道"书情结"可以作为核心竞争力吗？对这种反问，我很气愤，我认为图书馆员有了书情结、有了临书仙的精神不是万能的，但没有书情结、没有临书仙的精神是万万不能的，缺了这一项核心能力，还配当图书馆员吗？我们不能指望没有临书仙精神的馆员护好图书、搞好服务、终身学习、不断提高。对书有没有情结,临书有没有仙气应该是图书馆招募新人时应该考量的一个关键因素。

什么时候图书馆员们都成了徐雁教授这样的爱书家,我们的图书馆是不可能没有精气神的。

2006 年 8 月 13 日

(二) 逗腐儒的精神

图书馆员应该具备的第二种精神是逗腐儒的精神。

所谓"逗腐儒",不是把读者当作"腐儒",任由咱们图书馆员去逗。而是指咱们图书馆员,在工作和生活态度上要学学英国的憨豆先生、祖国的本山大师,要幽默,要乐观,要微笑着提供服务,要开心地拥抱生活。又因为咱们是管书的小吏、巡库的书卒、儒者的支流,展示的幽默自然应该与市民憨豆、农民本山有所不同,应能体现我们职业的特点,即:要有一点斯文,有一点书卷气,有一点书蠹鱼身上的汗水的味道,要所谓的"腐"一些。

图书馆工作貌似风平浪静、了无风险,实际上潜藏着损害健康的诸多不良因素。

首先,图书馆工作是一种机械的重复性工作,日复一日、年复一年,缺少变化,而这种状态就像是在笔直而一望无际的高速公路上驾车,反而比有弯道的地方更容易出事故;就像是从不红脸的美满婚姻,一旦磕碰起来就是大变局。当眼睁睁地看着人生之路、职业之路,演变成了书架间狭窄的小径,不见鲜花,不闻掌声,没有惊喜,有的图书馆员只看书皮,不看书页中的万般美景,找不到吊嗓撒欢伸拳脚的地儿,情志怏怏,只知道像在磨道里推碾子一样闷头前行,结果不小心就闪着了神经，心灵感冒，精神迷路了。

其次，书籍一般具有圣洁的内心，却不一定具有洁净的外表，书籍既是知识的载体，同时也是各类细菌和病毒的传播媒介。越是经典的著作，被读者爱和光顾的次数也就越多，自然容易滋生病毒，化验呈阳性的可能性也就越大。加上图书馆建筑纷纷更新换代，气派不输酒店，华丽不让会所，当我们坐在冬暖夏凉的空调房间，为幽雅的环境而自豪，为计算机、扫描仪、打印机等信息技术设施随处可见，为馆长用现代化装备将我们武装到牙齿而骄傲的时候，甲醛、辐射等污染也搭帮结伙、汹汹而来了。

其三，唇齿尚且误伤，何况人与人之分歧，再善良、再专业的图书馆员，也难免会与读者和上司发生误会，不动怒、不生气，一日可以，年年月月则实难避免。

这三种因素无时无刻都从心理和生理上侵害着图书馆员。近几年来，在一些工作会议和学术会议上，图书馆馆长们各倒苦经，震惊地发现各地都有图书馆员不幸地患上了两类具有普遍性的职业病，迫切需要加以重视和预防。

第一类是影响工作甚至导致不能工作的精神疾病。这类疾病的易发患者是经常在封闭性的非开架书库工作的图书馆员。由于书库建筑功能特点所决定的架位密集、房棚低矮所带来的环境压抑；由于现代书籍乃是化学方式所造纸、化学油墨所印刷、化学胶料所装订的污染炸药包，早就赶不上以植物燃后烟泥所制墨，写在植物纤维所造的纸上，由纸绳或棉线所装订的中国古籍那么墨香清幽、绿色环保；由于图书馆强调安静的氛围，工作强度较大，职工之间不被允许也没有时间交谈和倾诉。这些特定的工作环境和职业特点不利于图书馆员个性的发挥及情绪的释放，尤其是和女性图书馆员的心理特点反差较大，由此导致长期在书库工作的图书馆员容易出现心理偏差，规模大的图书馆一般都有几位心灵上遭遇风寒、精神上误入歧途的图书馆员,且多数为女性。一旦患上了这类疾病,治疗起来就相当于为软件崩溃了的电脑重新安装操作系统。但是经验告诉我们,人类精神这种操作系统,系统重装和恢复是相当困难的,成功了就是奇迹,因而不能指望治疗,必须要把重点放在预防上,从根本上杜绝悲剧的出现。

第二类是不影响工作的轻度心理问题——强迫症。由于图书馆是典型的、重要的防火、防水、防盗单位,以至于掌管珍本、房钥、水电的图书馆员,因为责任重大,往往要反复检查监护对象、重复执行规定动作,极易患上或轻或重的强迫症。强迫症在图书馆员中十分普遍,上至馆长下至助理馆员都有可能患上,和个人的性格特征和责任心关系较大,内向而又有强烈责任感的图书馆员是易发人群。如果您当了 10 年图书馆员,下班时从来没有超过三遍以上检查过门是否锁上、窗是否关好、灯是否全熄,而且从来没有失过手、犯过错,那恭喜您了!您的心理状态真是倍儿棒。我就亲眼见过不下几个图书馆员已经下了楼又折回去检查门窗是否锁好的,我自己也做过类似的神经兮兮的事情。

除了受日常工作环境的影响,图书馆员作为学术性服务机构的一员,还要承担学术研究的义务,需要主动或被动地承受评职称、读学位、竞争岗位所带来的压力,这也是对心理健康有一定影响的一个方面。

图书馆员们既然面对着如此不算少的可以"叫苦"和"卖乖"的问题,那么该当如何破解它们呢?到哪里去找可以镇邪祛恶的佛偈与画符呢?该如何让我们在职业生活中多一些于人、于己的快乐呢?最简便的办法莫过于多想想从事这个职业我们得到了哪些"便宜","便宜"想得多了,自然"卖乖"的烦恼和机会就少了。

在关于读书的"便宜"方面,古代的个体户私营藏书家们已经给我们树立了许多光辉的榜样。比如北宋的苏舜钦把经典著作当作下酒菜,声称常常以《汉书》下酒,如此推理,我们这些在图书馆工作的人,岂不就是守着一桌现成的满汉全席?而且这桌菜一般情况下上菜的速度远远快过撤菜的速度。即便按照藏书稳定状态增长理论,最不济的情况下,菜也是在数量上保持零增长,即撤一道旧的便换一道新的,永远保持全席的规模。守着如此丰盛的豪宴,我们还有理由不高兴吗?当社会上许多人幸福的定义还定位在"等我有了钱,便买两本书,看一本藏一本"的时候,我们已经达到了看一本藏一万本甚至一百万本的时候,就算学着古罗马某些有出息的贵族的样子,为了享受持续吃饭的快感,吃饱了就拿起羽毛翎子扫扫嗓子眼,吐完了重吃,图书馆提供的书之大餐也是一辈子吃喝不尽的。我们完全可以效仿着宋代苏舜钦名士的做法,以《公共图书馆宣言》拌长寿面,以《目录学概论》当菜谱点满汉全席,以《信息管理概论》撒胡椒面喝胡辣汤,以《图书馆学五定律》助嚼咖喱牛肉炒饭,以《图书馆学引论》当星巴克咖啡伴侣,以《大学图书馆学报》佐饮菊花茶……如此等等。

还有把藏书当美人的藏书家,如南宋的尤袤就视书籍为西施,把读书当作佳丽的投怀送抱,自欺欺人,自得其乐。清代藏书家孙从添甚至置春宫画于书柜内以驱蠹虫,也不怕好色的蠹虫越来越多,将宋版书和春宫画一并蚕食了。按照这些老夫子的思路,当今的图书馆员简直可以说是风月无极限了,可依之红、可偎之翠岂止是成千上万,岂止是三宫六院所能容下。况且,书美人不仅有近在身边的印刷版、文静型的,还有神女见首又见尾,超音速地在互联网上左链右接、上传下载的数字化、运动型的。只要您需要,不管她是远在哈佛大学、早稻田大学,还是南非、新西兰,任由您呼来唤去,随意宠爱。

您大可建个私人数字图书馆，学学本尊的做法，以北京大学的园子名为文件夹，将您喜爱的书和图片当成"金丝雀"，分别储秀于"三宫六院"：内容亲切，平时需要经常接见，读后有结发婆姨感觉的就放入"淑春园"；次经常要读，读时觉得受了吸引，但读后又虚伪地不想承认的，就放入"承泽园"；偶尔要看，文字或图片比较放肆，读时觉得不够慎独的就放入"畅春园"；别人都说好，暂时顾不上欣赏，需要先存起来再说的，就放入"蔚秀园"；认为少壮阶段不宜看，打算老来阅读的就放入"朗润园"；学术气息浓，可以作为敌或友，与之辩论交手的，就放入"鸣鹤园"。

如果您已经组建了上述"三宫六院"，仍然觉得不乐，一想起要当一辈子的图书馆员，就郁闷得要得抑郁症，还有两个让您开心的方法可以一试。

一是多看定价高的书。社会上的白领，即便再有钱，订个三五种杂志也就到顶了，也就束手了，再高级的白领每天也不过翻翻新闻、IT、时尚、汽车什么的花花绿绿的图多字少的白开水彩色杂志。咱们不是比白领赚钱少吗，拼别墅、拼轿车当然拼不过了。那好，咱们就看看谁读的书刊多，谁读的书刊贵，谁的阅读享受多。抱着这样一个心理，咱们上班后，日报、都市报、晚报这些便宜货就不要看了，大家可以专拣定价高的书刊看。懂外文又爱装小资的，尽量找进口原版书看，什么哈利·波特系列、《达·芬奇密码》，萨缪尔森、亨廷顿、莱温斯基、贝克汉姆等各路名人的书，每天看上 1 000 美元码洋，就相当于日薪增加了小一万元人民币。

爱看杂志的，多看点进口的、彩色的、时尚的，什么政经的、妆饰的、家居的、广告的、航空的、摄影的、管理的、汽车的、IT 的……，什么《经济学家》、《远东评论》、《时代周刊》、《南风窗》、《新周刊》、《三联生活周刊》，各样都来一点,如此横扫一遍,隐形收入日进斗金毫无问题。如果您是学过或研究过速读法的,能够一目一百行,那就更厉害了,日进吨金,三天进入《福布斯》富豪排行榜也是完全可能的。喜爱传统文化的,《四库全书》、《传世藏书》等大型丛书,一套都是几十万,虽然读着比较慢,没有读新潮的图片书来钱快,但花个十年八载读完了,不但几十万的隐形收入赚到了,而且还把您读成了学者,又能出书,又能赚百家讲坛的出场费,学而优则师,说不定还会有院系高薪聘您去教书、当教授,美滋滋地和图书馆员同事说拜拜,不是没有狡猾的图书馆员这样干过。

二是不仅要看定价极致的书,其他方面极致的书也要看。比如禁得最猛的书一定要看,只要自己达到了阅读这些书的年龄和身份上所要求的资格,就要通过合法的程序调来一阅,什么原来高官才能看的原版的《金瓶梅》之类的要面不改色地借去拜读。什么个人想看,但却没钱买,或没贼胆买的,也可以在图书馆里随便翻翻,什么《汤加丽的人体艺术写真》、《中国人体摄影年鉴》等,不看白不看。再比如最古书、最大书、最小书等凡是在本馆带"最"字的书都要设法查清,亲自观瞻;什么宋本书、人皮书、石头书、链子书、金书、银书、血书、指甲盖版大小的缩微书等,皆要眼下一过,拼出吃奶的劲头去欣赏。要知道这些书美人、书爷爷、书孙子、书侏儒、受刑书、富豪书、变态书都是书中的尤物、珍品、异类,外人摸一把都要花大把大把的银两,不是李敖这样的大师是不能免费摸的,咱们图书馆员近水楼台先得月,虽然也不能多摸,但摸一把、看一万眼还是可以的,从理论上讲都是隐形收入。

有的图书馆长,干了好几任,建新馆、批经费,自以为功劳很大、工资不低、感觉良好,实际上隐形收入低得可怜,因为他根本没有花时间和精力弄清楚本馆的真正宝贝是什么。馆里有人皮书吗？馆里最老的书、最小的书是哪本？考问起来，保准是一问三不知，退休后想给国际专业盗书贼卖个情报都没有本钱。在很多图书馆里，真正富裕的是古籍部的主任、特藏组的组长，别看长相通常一般，衣着普遍简陋，那可是世上最富裕的人，因为他们长着摸金摸银摸钻石的富贵手，隐形收入实在是太高了。按照古代藏书家的说法，这些人不但富裕还很有权，是书城的太守、书府的总兵，坐拥书帐，威风凛凛。至今在哈佛燕京图书馆，入口处还悬挂着罗振玉书写的"拥书权拜小诸侯"的镜框呢！

以上套路是典型的精神胜利法，虽然不足以与外人道，但不等于没有用，心情苦闷的图书馆员不妨私下一试。相由心生，图书馆员只有经常把自己逗乐了，天天处于想起来什么就想笑的状态，向读者展示的才不会是一张苦瓜脸，而是一张葵花脸，不仅灿烂，而且充满内容，让读者对你产生好感和信任。

逗而不腐是为俗，腐而不逗是为酸，又逗又腐是为仙。想当年，孙悟空当弼马温的时候，利用职务之便，天马行空，无拘无束，尽情挥洒着自由和快乐。天堂是图书馆的模样，我们新时代的图书馆员，就好像是那弼书温，爱自由爱快活，我们要插上书的追云翅，抡起流星光电鼠，打烂沉闷枯燥单调的图书馆员的旧天宫，做个又逗又腐的齐天大书圣。

2006 年 8 月 18 日

（三）书骨精的精神

图书馆员的第三种精神是书骨精的精神。

"书骨精"一词由"白骨精"引申而来的。众所周知,白骨精是《西游记》中的吃棒子专业户,孙大圣那根大小可变的如意金箍棒多次抽打得她死去活来、魂飞魄散,原因是白骨精是个演技派的妖孽,她再而三地以弱势者的面目出现,忽而老,忽而妇,忽而孺,以可怜巴巴的小样儿为诱饵,变着法儿博得大善人兼奶油和尚唐玄奘的关怀,以达到她吃唐僧肉、喝三藏血的蛇蝎目的,是妖魔界十恶不赦的资深吸血鬼。

可是到了后现代的航空杂志上,我睁大了惑眼镜睛,惊讶地发现,"白骨精"这个词居然成了小白领们人人争穿的袈裟,其词义摇身一变为"白领、骨干、精英"。这令我大开眼界。联系到图书馆行业,我就想咱们是不是也就此仿造个新词,创个意玩,于是就缝制了"书骨精"牌袈裟。

这件袈裟自己穿的时候,为谦虚起见,宜解读为"嗜书入骨的精灵",送给别人穿的时候,意思是"书界骨干精英"。我曾经在互联网上发布新词释义道:"书骨精"不是职称,图书馆员们,谁觉得自己水平够了,都可以自制一件穿一穿、美一美!如果觉得自己水平不够,也可以手织一件送人,比如:"老槐真是一个书骨精呀!"起初我曾天真地认为,"书骨精"这个时尚的实用新型专利,以开源e词的面目在互联网上公开存取,那还不就像沈星带着美女私房菜,在草坪酒会上免费分发,必定是来者争食,庶几可以成为图书馆界2006年的流行语。可惜大半年过去了,这个让我看好的新概念、新袈裟除了自用、自穿,销量不佳,居然没有达到预期的火爆,因此有必要在这里多费几页纸,错落起来拼个折扇,再将其呼扇呼扇。

书骨精的精神又分为三种小精神,或者说是三种气质。

第一种当然是"书"的精神,也就是"爱书"的精神。这种精神是图书馆员的基本精神,或者说是图书员的基因和元气,图书馆员们就是由这种特殊的材料制成的,即便遇到了千钧压力，被打回了原形，无非也就是一团爱书的真气而已。这种精神也叫做临书仙的精神，我曾经作文以赞之。爱书的精神是一种生殖力极强的具有巨大包容力的基因，有了这种基因的人，都是书的仆人，只要机缘巧合，做图书馆员的概率很大。

但如果您不满足于仅仅做图书馆员，想在这个基因的基础上，转个基因试试，运气好的话，您便会成为大智大慧、大福大贵的转基因人才。比如转了政治基因，男的就会成为毛泽东、宋楚瑜这样的政治家，女的就会成为劳拉这样的第一夫人；转了学术基因，您就会成为胡适、顾颉刚、厉以宁这样的象牙塔之神；转了文学基因，您就会成为梁遇春、林白、梁凤仪这样的知名作家；转了犯罪学基因，您就会成为监狱图书馆的申办人、一个20年打洞不息的成功越狱者——肖申克监狱聪明坚韧的服刑犯安迪；转了语言学基因，您就会成为埃及古墓片《木乃伊》中，在紧急关头破解天书密码的考古娇娃伊芙琳……。无数成功人士的经历和银幕形象的神奇表明，转基因图书馆员是世界上最聪明的族群之一，因为他们具有爱书的精神，便具备了终身学习的能力，就等于拿到了成功的钥匙。

转基因的图书馆员是世界上最聪明的族群之一，不转基因的图书馆员更是像《道德经》的作者老子一样始终站在智慧之巅。当功名利禄如浮云过眼，绚烂归于平淡，毛泽东终老于菊香书屋；美国所有总统的辉煌化为一座座静穆的总统图书馆；比尔·盖茨富甲全人类，却急流勇退，摇身一变成了图书馆的善款会计；俄罗斯首富霍多尔科夫斯基身陷囹圄后，最大的愿望是在监狱的图书馆里找份工作……。与其经历仕风商雨，从起点回到起点，或者会当凌绝顶，但见书山高，最终把归宿锁定为图书馆，成为业余的图书馆员，还不如把专业图书馆员的身份坚持到底，托身寄情于纸山书海，以百科全书当哑铃，以两块代书板当快板，以订书机当双节棍，且读且炼，补脑健身，做那弼书温式的逍遥仙。

书骨精的第二种小精神当然是"骨"的精神，包括学术上的"傲骨狂思"精神和业务上的"啃硬骨头"精神。

曾经当过两年普林斯顿大学葛思德东方图书馆馆长的胡适先生，喜欢以"傲骨狂思"自许，的确在某些方面身体力行了这句话。胡先生是图书馆的高级情人，他不仅在人生的辉煌时期——出任北大校长的时候，支持创办了图书馆学系，加大对图书馆的投入，而且在人生低潮的时候坚挺学者风骨，不惜放下名望和身价委身书海，发扬啃硬骨头的精神，为葛思德东方图书馆采访到了大量的古籍善本，使之成为北美重要的东亚图书馆。更妙的是，胡适先生还终生和康奈尔大学兽医分馆的一位没有学历、长相也不出众，但是品德高洁、思想独立、善解人意的普通女图书馆员韦莲司引为知己、相知相念。

在优秀的职业图书馆学家身上，"傲骨狂思"的精神表现得更为充分。比如，受时局特别是抗日战争的影响，沈祖荣先生一生多次经历文华公书林和文华图专的兴衰丕变，但每次都以智慧的运作、辛劳的奔走，重修建筑、再聚图书、复募职员和师生，使文华公书林和文华图专厄而重生、挫而弥坚、愈发壮大，保住并发展了由韦棣华开创的中国图书馆事业的一份家业、一个人才基地、一个精神家园。这等传奇般成就的取得，既需要自己骨头硬，不服输，不畏压力，更需要发掘无穷的智慧和啃硬骨头的实干精神，傲骨和狂思缺一不可。沈祖荣先生把文华图专的校训定为"智慧与服务"，可以说自己首先完美地做到了。北大图书馆的向达馆长，更是把傲骨精神和敬业精神发扬到了极致，1954年，当毛泽东主席派员到北大图书馆借阅庚辰本《脂砚斋重评石头记》的时候，向达馆长在傲骨校长马寅初的支持下，明确告诉来人转达主席只能借阅一个月，逼得主席匆匆看了22天就赶紧完璧归赵了。

最近，南方的一位图书馆学教授，旗帜鲜明地拒绝参加他认为不良的评审活动，和质疑《公共图书馆宣言》的同行进行立场鲜明的争辩，一口气提出了代号为"金木水火土"的图书馆学五大猜想，不管这些行为人们如何评价，但的确是闪耀着"傲骨狂思"的光芒，传神地发扬了沈祖荣先生、向达先生等图书馆学前辈的人格气质。

在普通图书馆员身上，"啃硬骨头"的精神亦得到了淋漓尽致的发挥。每逢遇到图书改编、回溯编目、书库倒架、新馆搬迁等图书馆重大业务变迁，图书馆员们莫不摩拳擦掌、加班加点、废寝忘食、挥汗如雨，将成千上万的图书军团重新排兵布阵，直到把它们调遣、训练成战斗力更强的学术强军、信息战雄师。

书骨精的第三种精神是"精"的精神，这也是书骨精之精神的核心，"精"描述的是最好、妙绝、第一、至尊等极致的境界。

落实到图书馆员身上，我想第一应该是极聪明、极睿智。中国图书馆学教育的先驱沈祖荣先生童年只念过半年私塾，17岁直接上教会中学，27岁获得文华大学文学学士学位，32岁获得纽约公共图书馆学校理学学士学位后，基本上已经成为当时国内图书馆界一流的骨干精英，70多岁了还学习俄语并编撰了《俄文图书编目法》，这就是极聪明、极睿智的生动表现。大部分图书馆员可能达不到这种状态，但要心向往之，尽可能在学习和生活中开动脑筋，发挥聪明才智。

第二是极爱书。图书馆员本应该是极爱书的一族，但是当我看了台湾出版人钟芳玲女士的大作《书天堂》，我才发现，和真正的爱书人相比，图书馆员的确是相差十万八千里。看看人家年轻的钟女士，不管身在何处，时时刻刻都牵挂着书，她所有旅行的主题差不多都是寻访出版社、图书馆和书店，大量拍照，大量写作观感。无论是在机场、车站、街区，她的搜索目标和镜头始终没有离开过与书相关的人、事和机构。

《书天堂》书影

钟女士不但像图书馆员一样了解书史方面的知识，更难得的是，对于书的国际拍卖、各国著名的民间书店、国际书展、名人书房、书之漫画、书形雕塑和书形食品等所有与书有关的信息皆十分灵通，执着于现场探寻，津津乐道。读钟芳玲女士的书，我这个在中国曾经念过两个名校的著名的图书馆学系，又有十几年图书馆工作经验的资深图书馆员，最大的感受居然是发现自己的书文化知识实在贫乏！我这个经常自诩为爱书的人，竟然发现对于书自己是何等地不了解！钟女士谈到的关于书的知识，对我来说居然是那样的陌生！我为自己书文化知识的欠缺感到羞愧，切实感到图书馆员的确不是世界上最爱书的人。像钟女士那样把书当作整个世界一样去爱，的确需要一种了不起的勇气和魄力。

读完钟女士的书后，我曾经有意识地训练自己，在机场和丽江这样的风景点为书店拍照，但拍的时候总有点不是那么落落方方，因为在国人的眼里，这些地方压根儿就没有拍照的价值，一般人会认为你傻气过人，同行的图书馆员会认为你酸气冲天，会笑话你天天见书尚且不够，还要矫情地乱拍一气？

我在读书的时候经常发现，外国和我国港澳台的学者对学术和事业通常更有敬畏之心和献身精神，比如研究狮子、猩猩的，就真的跟狮子、猩猩同居数年；如日本天皇及其子女，个个都是专家，他们不仰仗高贵的出身游戏人生，偏偏认认真真地钻研学问，皇太子是历史学专家，天皇和亲王是鱼类专家，公主是鸟类专家,一家人都发表过学术论文。像钟女士这样的爱书人,那就专心致志、我行我素地表达对书的热爱,赢得的是一致的尊敬,而没有人说她是书呆子。我常常想,如果说"酷"就是极其专业、极有个性、极其出色,那么图书馆员们要做就做精通书文化和阅读文化的酷馆员,要像钟芳玲女士那样,爱书爱到第一流,先成书虫,后成书精。

钟芳玲女士

第三是极耐劳。对图书馆事业精诚与否,还体现在能否为其做出精神和体力上的巨大牺牲。根据程焕文教授《中国图书馆学教育之父——沈祖荣评传》一书的介绍,1929年,沈祖荣先生曾创下了一个纪录,他怀揣着教育部拨付的旅费津贴区区300元,携带着两大巨箱的展品,乘火车历经7天到达罗马参加国际图联第一次大会,会后又耗时三个多月,跋涉数万里,足迹遍及苏联、意大利、德国、法国、英国、荷兰、瑞士、奥地利八个国家,参观考察了数十家著名图书馆、三所图书馆学校和一些书店等相关机构。程教授评价道:"像沈祖荣这样在三个月内孤身一人独闯欧洲八国,行程数万里考察图书馆事业,在我国不仅是前无古人,可能也是后无来者。这既需要气魄和胆量,更需要智力和智慧,甚至吃苦和耐劳。"

1934年,中国图书馆事业的另一位巨人王重民先生也创造了一个纪录,他受北平图书馆馆长袁同礼派遣,到巴黎收集整理关于敦煌遗书等流失海外的珍贵典籍,结果一去就是13年,辗转欧洲和北美,忍受拮据和孤独,创造了累累硕果,为中国文化遗产的清点、保存和传承做出了重要贡献,以致"到欧洲抄敦煌卷子"成了20世纪30年代和40年代文化界的佳话，以至于钱钟书描写当时学术界生态的小说《围城》也不忘拿此事调侃。

程焕文教授显然是想学习沈祖荣、王重民二位前辈的吃苦耐劳精神，毅然创下了一年去美国13次的新纪录。看来，要想成为书骨精，就要效法前贤，时刻准备着，当图书馆事业需要的时候挺身而出，竭尽全力去完成任务。"精"不是唾手可得，不是一天可以练成的，要经历许多磨难，甚至凤凰涅槃的过程。

第四是极娴熟。图书馆工作的不少业务是一种程式化的重复性劳动，有时候极娴熟也是一种至高的工作境界。在传统图书馆时期，有的优秀的图书馆员经常被读者喻为"活字典"，问啥会啥。还有的就像定位仪，想找哪本书，他能立马告诉你在哪个书库的第几排第几行第几本，比 RFID 电子标签还灵。遇到了这样的图书馆员，读者们就会觉得像是北京百货大楼著名的"一手抓"张秉贵给他抓糖，又准又快，简直是一种享受。

如今到了数字图书馆时代，死记硬背式的图书馆员已经不吃香了，但极娴熟的工作境界并不过时，只不过有了另外的表现方式，比如你是检索王，三五分钟就能指导或代理读者在数据库中检索到他急需的学术论文；或者读者通过网络发送个问题，刚一回车，你的答案或传递的文献就飞到了他的桌面，吓他一跳，等等。如果你的工作娴熟到这般炉火纯青的地步，创了纪录，读者就会评价你：哎呦！我的妈呀！真是成了精了！

书骨精的精神是一种强烈的爱书爱岗精神，愿图书馆员们人人成为书骨精！曾任阿根廷国家图书馆馆长的诗人博尔赫斯说：我心里一直在暗暗设想，天堂应该是图书馆的模样！现任北京大学图书馆副研究馆员的我要说：我心里一直在暗暗设想，天使应该是书骨精的模样！

2006 年 12 月 11 日

（四）书间道的精神

图书馆员的第四种精神是书间道的精神。

所谓书间道的精神，不是在书和书之间当双面间谍，要离间计，故意把历史上的各类仇人的书放在一起，比如将曾国藩和洪秀全、孙中山和袁世凯、毛泽东和蒋介石的书成对摆放，让他们的灵魂在图书馆员下班之后，继续在书库里辩论、扭打和搏杀。

书间道有两层含义。第一层含义是，图书馆员们既要善于管书，又要善于读书，要学会"读书得间"，"间"就是间隙、空白、盲点、矛盾的意思，就是能够从所读的书中发现人所之未见，发现矛盾，并由此激发灵感，生发开来，做一套学问。

第二层含义是，图书馆员们的一生就是在书架间行走，在书山上跋涉，对不善走者来说，这是一条窄道，局促而无趣。对善走者来说，书架间的过道只是他肉体运行的轨道，而他的精神和情趣却能在和书本亲近的过程中，神游馆外。他的无限的乐趣全在于他对于"书"和"书的存取"的"道"的探究，在这种追求中，他自觉提升了自己的角色，不再视自己为书架间的苦力和仆役，而将自己转换为书间的求道人和得道者，从而获得满足、获得快乐、获得自信，也获得现在和将来同行们的尊敬。

"书间道"的实现方式，说白了就是边干边学、博览群书、坐冷板凳、搞科研、写论文。

古人认为，要做到不朽，必须在"立功、立言、立德"三个方面面面俱到；在毛泽东时代，人们对毛主席的最高评价是"伟大领袖、伟大舵手、伟大导师"。这两种说法貌似无关，实际上意思接近。那就是说如果一个人功劳很大、品德很高，但是如果他学问浅薄，没有给后人留下什么精神遗产，那么他在他那个国家、他那个领域、他那个小单位，充其量也就是个土霸王、权王、俗王，而不是智慧的王、思想的王、圣王，在哲学上是不合法的。反之，如果他学问很高，在功、德、言三个方面占全了，那他就是百年难遇的真命人才。毛泽东之所以胜过唐宗宋祖，就在于他留下了大量的非秘书捉刀的精神遗产，是真正的"伟大的导师"。

同理，要想做一名青史留名的杰出的图书馆长、图书馆员，要像刘国钧、杜定友那样，在自己的姓氏前面加上"东、西、南、北"这样的方位修饰词，也不是一件简单的事情。第一，你需要在图书馆行业里成为"伟大的领袖"，成为像职业经理人那样的职业图书馆长，出任过重要图书馆的馆长；第二，你必须傲骨狂思，要有书间道的精神，留下具有一定质量的数量等身的著作。要是满足不了这两条，那做梦都别想。

明乎此，我们就不难理解，被誉为"南程"的程焕文馆长，为什么博士、博导、教授、馆长、系主任的名号都拿到手了，著作也出了好几本，平日里公务忙得一塌糊涂，还要深夜伏案、笔耕不辍，又是做课题，又是写讲义，又是拟报告，又是开博客，在美国旅馆里有一个小时的空闲时间，他也要花10美元，上网写一篇博客文章。原因就在于他是杜定友的传人，他知道杜定友从事图书馆事业50年，一生著述达600余万字，专著就有55种，他这个"南程"和"南杜"比起来，差距还不老小呢。前"南杜"后"南程"，他们身上闪耀的这种研究不息、誓做图书馆界"伟大导师"的精神，就是标准的书间道的精神。

"书间道精神"的大众版、庸俗版、简装版、白话版就是"写论文的精神"。那么图书馆员们为什么要写论文呢？这是一个可以进行答案接龙却没有标准答案的老话题，仁者见仁，智者见智，每个人的回答都只能给已有的拙见后面再续上一个，如果非要我给出一个答案的话，那就是三条啦：

一为职业尽忠。写论文是对图书馆职业哲学的反思、工作理念的升华、实践经验的总结、专业理想的求索、服务前景的描绘，有益于提高个人的专业素质，扩大图书馆事业的社会影响力，推动图书馆行业的发展。

二为学科尽孝。受过图书馆学专业教育的图书馆员，自然是图书馆学的亲生子，只要你没有转行跳槽，和她彻底断绝母子关系，总归子不嫌母丑，赡母养母、延续母亲的基因既是你的宿命，也是你的责任，当你思想上、工作上成熟之后，理应反哺报恩。没有受过图书馆学教育的图书馆员，只要你拿图书馆的薪俸，端图书馆的饭碗，也就是图书馆学的养子，照样也有膝下行孝的义务。特别是大学的图书馆员，工作生活在创造高深学问的机关，一文不拔的确也有违当初求学求职的初衷，写文著书也是对容留你的大学的最好回报。

三为个人尽责。图书馆员长期与书为伴，不离不弃，书是我们共同的情人，书比人长寿，我们要永远地守住这个情人，最好的办法莫过于把我们的所思所想甚至灵魂也变成书，安放在情人的身边。常言道，卖炭的不烤火，守金山的要饭吃，图书馆员作为人类知识宝库的守护者，理应突破自我吝啬和懒惰的魔障，对看守的宝库有所贡献。著书立说，把智慧和思想变成文本，雅的说是在学问上追求进步，安身立命；俗的说是为提职称创造条件，适应竞争；大的说，写作可以陶冶性情，表达思想，在历史长河中实现和放大人生价值。

写作是人的一种精神需要，也是知识繁衍、社会发展的需要。中国历史上最排斥文字的禅宗,扬言不立文字,但弟子们还是记录大师的言论,留下了《坛经》、《五灯会元》等书面遗产,流传下来了大量公案和灯话。正如僧肇所说:"言虽不能传,然非言无以传"。图书馆员应该亲近而不是鄙薄文字,把自己的所感所思与人分享,共同推动事业的发展。

不写作和常写作的图书馆员区别很大。北大图书馆史上著名的男女二梁——梁遇春和梁思庄,恰好是爱写作和少写作的典型。

梁遇春(1906—1932)只活了26岁,却在北大英文系读书和在北大图书馆工作的总共8年时间里留下了二三十种译作和37篇散文(大部分收入《春醪集》和《泪与笑》),尤其是其散文,个性张扬、思维敏捷、清新隽永,如今翻阅起来,依然觉得天真热情、机智淡雅、性灵活泼,温暖可亲。梁遇春因为没有留下图书馆学的相关论著,在图书馆界无甚影响,但他却是中国现代史上最有社会影响力的普通图书馆员之一,被文学界誉为青春写作的先驱,被众多文学青年所激赏和追慕,其散文一向为当今研究现代文学的专家和学生所喜见乐读。青春放笔的李敖和余杰都被认为是秉承了梁遇春的遗风。

北大图书馆的一位同事曾告诉我,他漂亮的小老乡之所以会迷恋上他这个小馆员,是因为小妹妹是梁遇春的崇拜者,作为一个地道的"梁迷",小姑娘对北大图书馆员的所有想象,就是像梁遇春那样的才情飞扬,所以就把对梁遇春的痴迷和爱慕投射到了他身上。同事说他应该感谢前辈梁遇春,是梁遇春在一个少女选择男友的时候,说服了她,把她推到了一个普通图书馆员的怀抱。

梁遇春英年早逝,在当今重印的他的旧作的护封或扉页上,读者经常看到的是一张很有福相的年轻英俊的脸。有人说,一个人在哪个年龄段死去,人们关于他的印象就始终定格在哪个年龄段，梁遇春殇于青春，是个永远年轻的图书馆员。未见资料披露梁遇春的爱情生活，然而意想不到的是，在他辞世 60 多年后，不仅著作畅销，而且还为后来的图书馆同仁在爱情上谋福利。由此可见，文章写得好的图书馆员是永远的图书馆员。他的图书馆员身份会永远活在读者心中，不管他写的是不是图书馆学论文。人们会因一个

梁遇春

个才华横溢的图书馆员而认识、亲近和热爱一个图书馆，试想一想，要是没有李大钊、毛泽东、顾颉刚、梁遇春……，人们会如此热爱北大图书馆吗？会由衷地将其与未名湖、博雅塔并列为"一塔湖图"吗？北大图书馆的魅力恐怕将失色很多。

　　从梁遇春的自述文章看，他是一个作风散漫、爱睡懒觉的人，估计不是一个令馆长省心的全勤的勤快的图书馆员，但他却是为北大图书馆带来巨大魅力的馆员。由此我常常怀疑，图书馆的全部价值和魅力难道就在于它提供的服务吗？我看未必，钱学森可顶美军一个师，丁玲可顶红军三千毛瑟精兵，顾颉刚、梁遇春给北大图书馆带来的声誉，不知可顶借阅书册多少万！图书馆服务的根本目的是培养人才，图书馆员固然应该为帮助读者成为人才竭尽全力，但也不能自我压抑到挥刀自宫，抹去自己成为人才的能力。

　　梁思庄是梁启超的女儿，在九个兄弟姐妹中排行老五。上个世纪 20 年代，曾出任中华图书馆协会董事长的梁启超就以其远见卓识预见到了生物学和图书馆学在未来社会中的重要性，在其建议和精心安排下，女儿梁思庄热爱上了图书馆学，并于 1930 年获得加拿大麦基尔大学文学学士学位，于 1931 年

获得美国哥伦比亚大学图书馆学学士学位。梁思庄回国后一直在图书馆任职，除 30 年代曾短期服务于北平图书馆和广州中山图书馆外，其余大半生都奉献给了燕京大学图书馆和北京大学图书馆，曾担任北大图书馆副馆长。

无论家学渊源、教育背景还是从业经历，梁思庄都很有条件成为 20 世纪我国的一代著名图书馆学家之一，然而由于时代冲击、个人兴趣等种种原因，梁思庄并没有像他的父亲那样，并没有像一般图书馆员所期待的那样，成为文思滔滔、著作等身的学问家，而是以一个参考咨询专家，以一个醉心于实际工作的劳模馆长的形象，永远定格在北大图书馆的历史上。

梁思庄留下的著述，数量上不及事务繁忙的政治家、活动家李大钊，也不及生命短促的梁遇春。李大钊在北大图书馆主任岗位上的一些演说和论述，反映了他先进的图书馆学思想，从而为他赢得了"中国现代图书馆之父"的美名，定格在美国的图书情报百科全书中，至今仍然不断被学者们重读和阐释。尤其是北大图书馆，每逢重要庆典，都要以李大钊的一些关于图书馆的精彩论断来怀旧醒今，在大家的头脑里，李大钊是永远的图书馆长，凭着他的论著，他似乎永远活着，一直在指导和监督着北大图书馆的发展。

梁思庄因为缺乏图书馆学论著，她虽然一直活在与她同时代的老馆员、老教授的记忆里，在老教授怀念和赞美北大图书馆的美文里，不时可以看到对梁思庄高超参考咨询技巧和出色外语水平的称道，但是在新成长的图书馆员那里，梁思庄的名字却越来越陌生，他们熟知的前辈都是那些有著作传世的名家。

在以梁思庄为代表的几任重业务轻研究的馆长们的垂范身教下，北大图书馆渐渐形成了自己的劳模传统，图书馆员们越来越多地成长为工作狂，而忽视了学术研究和才情的表达，上个世纪 20 年代和 30 年代，北大图书馆人才辈出，顾颉刚、梁遇春等学术新锐、文学新秀名噪知识界的情形一去难返了。

和北大图书馆形成鲜明对照的是，中国科学院文献情报中心自创建以来，一直重视图书馆学理论研究，目前已经成为业务、教学并重的业界翘楚，名家新秀济济一堂，该馆在从不放松塑造和发扬劳模传统的情况下，已经形成了另一种传统——学人传统。从构建学习型组织和维护图书馆可持续发展的角度来看，中国科学院文献情报中心的模式显然更胜一筹，有益于人力资源、信息服务、对外交流、科研能力、社会声望等方面水平的提升。

通过这些事例可见，善写作的是永远的图书馆长、永远的图书馆员，不写作的是一时的图书馆长、一时的图书馆员。善写作的图书馆员，去世后继续活在他创作的文本里，音容笑貌宛若重生，经验心得令后人常读常新；不写作的图书馆馆员，离世时带着他的智慧飞走了，从此默默无闻，更容易被后人所忘怀。尤其是图书馆长，其对待科研写作的态度和成绩，甚至会影响其所在机构的传统的塑造。

"书间道的精神"不等于写论文，但主要表现为写论文，写论文当然不一定非写图书馆学领域的。写论文意味着学习，意味着进步，所有的大学图书馆和稍有规模的其他类型图书馆都应该兼顾服务和科研，鼓励馆员们写作，这是他们展示专业才能、表达专业智慧、认同专业价值的一个良好途径。就像龙王不玩水，图书馆员们镇守在文字的海洋里，如果不写作，那又从哪里获得成就感呢？

2007 年 1 月 18 日

做个司书僧式的好馆员

——由金庸武侠小说《天龙八部》中的图书馆员想到的。

许多职业都有自己的职业神,比如诗人的职业神是缪斯,医生的职业神是拄着蛇杖的阿斯克勒庇奥斯……可惜的是,我们图书馆员,特别是中国的图书馆员却不知道谁是本行的职业神,是阮冈纳赞吗?是兰开斯特吗?是杜威、谢拉吗?是韦棣华、沈祖荣吗?是刘国均、杜定友吗?不是的,这些人都是广受尊敬的大师,而不是神。据其他职业造神的经验,职业神最好不要从历史上找到具体的人物再拔高,最好从虚拟的人物中找,那样才能始终保持完美的形象,才不会被后人所翻案。职业神虽然对职业的实际影响有限,但牵涉到职业的面子和形象,有还是比没有好。

那么何方神圣堪当中国图书馆的职业神呢?对此我思考了好久。我觉得此神的选拔至少应该遵循两个原则:第一,须是中国人创造出来的,这样才符合图书馆学本土化的要求;第二,须是虚拟形象,普通民众又熟悉又服气的。挑来挑去,我觉得符合这两项标准的全球只有一人,那就金庸小说《天龙八部》中的司书僧。

电视剧《天龙八部》中的司书僧

金庸是中国 20 世纪最伟大的小说家之一，他创作的武侠小说，掌国者和掌鞋者都爱看，符合名著的基本特征——内容是百科全书式的：兵家从中看见兵道，佛家从中看见佛道，商家从中看见商道，政客从中看见治道，学子从中看见学道，妇人从中看见妇道……，什么人都可以予取所求。当然，我们这些从事图书馆工作的书管家也可以从中看到书道。遗憾的是，当北大中文系的老老少少，有好多位靠研究金庸及其小说赢得大名的时候，我们图书馆学系的老师们却没有重视发掘金氏小说中蕴涵的书道。

我认为金庸小说中有很多文献学方面的东西，比如提到了许多书，像《葵花宝典》、《九阴真经》、《武穆遗书》等，到底提到了多少本？现实中都有没有？这都需要我们去统计、去考察，这些传说中的武术秘籍的变迁和传播过程，对我们阐释版本学和传播学的某些原理也大有帮助。当厉以宁、张维迎等经济学大腕们纷纷拿寓言、神话、童话、正史、野史、小说解读经济学原理的时候，我们为什么就不能拿金庸小说中的东西，给读着武侠小说长大的大学生们讲一讲图书馆学呢？

金庸曾出任浙江大学文学院的院长，对金庸的院长资格，校内校外好多人不服气，金院长一方面不得不在不同的采访中辩解着自己略通史学、新闻学、社会学，另一面好像也觉得当得不够理直气壮，谈话中稍露心虚之色，最终竟悄悄地隐退，到剑桥大学读硕士去了。我注意到，金院长作为包括图书馆学专业在内的文学院的院长，从来没有说过他懂图书馆学，而我是希望他说他懂的！

也许金大侠自己也没有意识到，他为世人创造了一个光辉的图书馆员形象，那就是《天龙八部》第43章出场的司书僧。凭着司书僧身上散发出来的顶尖图书馆员的职业素养和气质，我认为金大侠是懂图书馆学的。如果我是浙大图书馆学专业的老师，我是不会参与舆论逼宫金院长的，我们没有理由要求一位文学院长必须是博学家，五四时期名满华夏的北大文科学长陈独秀，其学历、英文、哲学和新诗不就赛不过胡适吗？

下面我们看一看司书僧是如何体现一个优秀图书馆员的素养的。

首先，司书僧善于"辨章学术，考镜源流"。

司书僧具有古代高级图书馆员那种"辨章学术，考镜源流"的深厚功力，而这种功力在当代的图书馆员身上几乎绝迹了。

司书僧一出场，就把大闹少林寺，变藏经楼为决斗场的大侠萧远山和慕容博给镇住了，因为他详详细细地道出了这两位"梁上读者"的政治背景和学术背景，将他们的武学渊源、师承门派、阅读史和修炼史都讲得清清楚楚，弄得他们像是被脱光了衣服而没有半点隐私的可怜虫，一下子就处于弱势挨打的地位。司书僧在精短的绵里藏针的谈话中，表现出了对各门武学流派竞争情报的惊人敏感和熟悉，了解程度不亚于刘向之于《别录》、纪晓岚之于《四库全书》。尤其对于他所服务的少林寺的武学，司书僧更是如数家珍，不但少林七十二绝技等众多的眼花缭乱的必修课、选修课的名称能够脱口而出，而且精通各门课程的教学计划和习练顺序，知识点烂熟于胸，指点起萧远山和慕容博这样的超级访问学者来，能够顺手拈来、滔滔不绝，令其心悦诚服、甘拜下风。司书僧言谈举止中所表现出来的"辨章学术，考镜源流"的目录学家特质，真是比章学诚还章学诚。在现实中，继梁启超之后，能对近几百年的学术史摸个门儿清的，不但图书馆员，就算是整个学术界，也是凤毛麟角的了。

其次，司书僧是个出色的学科馆员。

他出身于道家武学科班，据"金迷"们考证，应该是逍遥派天山童姥、李秋水和无崖子的师长，因为他一眼就看出大轮明王鸠摩智使的是逍遥派的"小无相功"。他又在佛家的藏经楼服务了四十三年，自学了少林功夫和图书馆学知识，可以说兼有多种学科背景，从知识结构来看，是理想的学科馆员的料子。司书僧的确也充分发挥了学科馆员的作用，他在编制很少的情况下，既当藏经阁楼长，又当学科馆员，不但为少林寺提供满意的文献保障，还为前来偷艺的处于社会盲流状态的漂在少林一族网开一面，睁一只眼闭一只眼为其提供专业服务。看到他们读书不得法，还悄悄为他们摆好讲义的顺序，因材施教，悉心引导。司书僧以武学教授中的教授的水平，几十年如一日，甘于平凡，为武学院那些资质平庸而又自视甚高的在校师生和心怀鬼胎穿着夜行衣的访问学者服务，默默地做了大量的培训和咨询工作。这是一种什么样的精神？这是一种典型的读者第一、用户至上、甘做人梯的学科馆员精神。这样的学科馆员，即便被不知天高地厚的读者讥讽为守书奴，他也会淡然处之，简直就是高僧看到苍蝇早恋、大蛆拱肉，除了拈书而笑，还是拈书而笑。

第三，司书僧是阅读学大师。

他精于名著的选择、理想藏书的遴选、推荐书目的开列、阅读顺序的设计、阅读课程的设置、阅读内容的指导等。

他对于阅读顺序的设计尤为讲究，在拳攥气运、杀气袭人的不到一小时的聊天式讲座中，他提到的书就有十多种，而且排出了阅读顺序，精致程度不亚于元代程端礼的《程氏家塾读书分年日程》，如果继续深入地谈下去，看起来他完全有能力帮助读者设计一生的读书计划。司书僧认为，掌握正确的阅读顺序十分重要，尤其是武学书，读乱了顺序，不如不读。他认为少林课程分为体、用两个部分，"体"为内力本体，"用"为运用法门，佛经禅理是体，武功绝技是用，需体用结合、齐头并进，才能功夫卓成、武运长久，如果本末倒置，则容易滞于"武学障"，不但武艺难以精进，而且会伤诸自身，自毁武功，难成大器。这种理论颇像今人对价值理性与工具理性、人文精神与技术崇拜辩证关系的认识，落实到当代的图书馆建设上，就是数字图书馆的建设，一定要在人文精神的指导下进行。尤其让人感觉有意思的是，今天我们在建设数字图书馆这个运用法门的时候，居然首先也要设计领域本体（Ontology），讲究体用结合，岂不暗合了司书僧所讲的少林武功的练法？

最令我惊讶的是，在本人近年钻研的貌似偏门剑法的阅读疗法方面，司书僧居然也有高卓见解，他对图书阅读顺序和身体健康关系的论述，是地道的阅读疗法的内容，熟练地运用了情志相胜等原理，于今天仍有指导意义。例如，当他眼见萧远山第一晚来阁中偷借的是一本《无相劫指谱》，第二次来偷借的是一本《般若掌法》，已经乱了体用相济之规矩，面临走火入魔的危险，便及时地加以纠正，在萧远山可能再次偷借之书的旁侧，放了一本《法华经》和一部《杂阿含经》，期望萧远山能够一顾，以佛理调化戾气。可惜的是，萧远山沉迷武功，对正宗佛法置之不理，并未重视司书僧所荐之书，一错再错，第三次来借走了《伏魔杖法》，终于一步步深陷苦海。更令人羡慕的是，司书僧能够将阅读疗法与各种疗法相结合，不仅会心疗，还会气疗、理疗、放疗、化疗、电疗甚至外科，是一个全能的临床医生，他点了慕容博的百会穴，又给萧远山头顶来上一掌，使他们进入龟息之眠，俨若丧命，又将他们拎着转山活血，发功相救，最后竟使他们死去活来，体气贯通，阴阳相济，参透人生，泯灭了家仇国恨，终于使宋、辽、燕三国之间避免了一场恶战，一不小心就使自己成了杰出的爱国者、民族英雄。

第四，司书僧是一位全能的图书馆员。

除了上面提到的角色，司书僧还兼为藏经楼的物业，负责保安、保洁等工作，地位同寺里从事烧火、种田、洒扫、土木等后勤粗活的僧人一样，职称都是服事僧。在保安方面，他率领一两个普通员工，成功阻止了西域大盗哲罗星、波罗星的数次有计划的盗书活动，对萧远山、慕容博、鸠摩智等一流高手的盗读行为也实施了有效监控，留下了详细作案记录，可以说是护书有方，比敦煌藏经洞的道士王圆箓强多了。在保洁方面，他亲自执帚打扫经阁，以致许多武侠小说迷忘记了他是少林寺图书馆馆长，而呼其为"扫地僧"。司书僧还是个爱护公物的模范，当慕容复为保护父亲，向他大力出掌的时候，他设法使掌力转弯消减，使书和书架等公物纹丝不乱、安然无恙。他出场之后，大多数时间是站在书库里，与当世高手大谈武学，聊天之规格高若峰会，文辩之不足，还切磋武功以助之，将两名高手致之死地，打得高手的高手儿子和高手帮手落花流水，居然手不血刃，保持阅览室干净整洁、家具无损、书册不乱，何其神也！据小说的描写，司书僧在少林寺藏经阁实行的是全开架的服务方式，七十二绝技的典籍向来不禁门人弟子翻阅，观念不可谓不新。

  司书僧的所作所为可以说完美地体现了程焕文教授所提出的爱国、爱馆、爱书、爱人的图书馆员精神，以及代根兴馆长后来又补充的爱岗的图书馆员精神，体现了中国图书馆学的少林寺——文华图专的"智慧与服务"精神，即便用图书馆学的跨国教父阮冈纳赞的图书馆学五定律和谢拉的图书馆学人文主义来考量，或者用美国最新的图书馆评估方法 LibQUAL$^{+™}$ 来评估，司书僧也是一位了不起的图书馆员，他所提供的服务是卓有成效的。因此，我认为，如果中国图书馆界要造职业神的话，司书僧是最佳人选之一，我愿意做他的忠实选民。

  虽然现实中的很多同行会觉得这个提案有点不伦不类，但我相信网络图书馆学界的很多网友会赞同我的看法的，至少著名博客"游园惊梦"会和我保持一致的，因为他和我一样，早就把司书僧当作职业神敬了，我们俩对当代图书馆学家的最高荣誉，就是称他为司书僧。可惜的是，迄今为止，除了虚拟的博士生导师未水笑外，还没有现实中的人赢得这个荣誉。"游园惊梦"比我逊一点的是，他虽然知道司书僧是最伟大的图书馆员，但他却偏偏跟着普通武侠迷，人云亦云地称其为"扫地僧"，显得学艺不精，专业不专。要知道，在金庸的小说中，这位僧人是一位未名僧人，只说他地位较低，属于从事烧茶、扫地、土木等工作的服事僧系列，并没有明确说他是以扫地为主业，以司书为副业。相反，从书中浓墨重彩的描写看，该僧的主要业务无疑是管理藏经阁，因此对他最正宗的称呼应该是司书僧，或者护书僧、理书僧、役书僧、服读僧。当然，由于他是武林第一高手，崇拜者众多，所以我们也不能杜绝别的行业的人来抢这位同行，假如听到城管、环保行业的人称其为"扫地僧"，茶农、茶艺行业的人称其为"烧茶僧"，我们千万不要生气，要允许人民表达对图书馆员的由衷热爱。

我希望有一天，司书僧能真的成为图书馆界的职业神。希望关于他的剧照、版画、插图、业绩、小传能够被广泛地被复制、传播，出现在各类图书馆的大厅、网站上。当然，神也有缺点，金庸在创造司书僧的时候，由于认识和剧情的限制，为了表现司书僧的大智若愚、大敏若讷、大成若朴，把司书僧描写得面色无神、声音无力、衣着无奇，更令人惋惜的是，司书僧居然没有到大宋朝的图书馆员养成所——崇文院和秘书省进修过。如果各馆觉得司书僧的这些缺点不够与时俱进，有点掉图书馆和图书馆员的份，可以对他的形象和简历稍作修改，比如可以拐弯抹角地进行考证，证明他曾经在秘书省呆过，可以把他画得衣着光鲜、容光焕发等，要知道神是通过不断塑造而炼成的。

我国的图书馆界以前曾经有过司书僧这样的功夫第一的高手，比如五四运动前后北大图书馆那位著名的主任——李大钊和他聘用的著名打工仔，希望这样的司书僧以后还会有！

至于专科功夫第一的高手就更多了，如胡适、林语堂、顾颉刚、厉以宁等，他们都在生命中的某个阶段，出任过司书僧的角色，希望这样的司书僧以后会更多！

做个司书僧式的好馆员！

2006 年 3 月 24 日

谁是图林的少林、武当？

中国人喜欢排座次，但是偏偏总是遇到双子星，不仅李白和杜甫各有千秋，北大和清华各擅胜场，就是那黛玉和宝钗，也是各美其美，少林和武当，也是各有所长……。几千年来，封神榜、隋唐英雄榜、水浒好汉榜、大学排行榜，榜榜相连成靶场，引得多少精英草根抓了狂，先打靶后互打，打红了那支舌齿翻飞的口水枪。

落实到图书馆学教育，人们对座次的好奇长期集中于追问：谁是图林的少林、武当？因为历史悠久，文革前坚持长期办图书馆学的只有武汉大学和北京大学两家，所以每个图书馆学科班出身的图书馆员，心目中都曾腾出过场子，让这两家进行过虚拟的 PK，用自己的私家无影秤，悄悄地称过它们的份量。

因为武大居南，地近武当；北大居北，地近少林。所以民间一般从地理位置上划分角色，认北大为图书馆学的少林寺，认武大为图书馆学的武当山。比如范并思教授在 2006 年的中美图书馆学教育研讨会上,就把武大和北大的讨论,形象地称为武当和少林论剑。央署京衙评判学科贡献,则往往偏重于看历史、比规模,经常舍近求远,把重点学科、研究基地等华美的帽子,授给武大的较多。要是武大和北大坐在一起,决定谁是图林盟主,结果则往往是北大戴上了图书馆学第一的帽子,武大戴上了情报学第一的帽子,两家手拉手走上擂台,以并列盟主自雄。

作为一个在武大沾溉有时、在北大受教日长的图林游民,我一向视武大为娘家、视北大为婆家,武大给我敲门砖,北大给我铁饭碗,断无理由偏袒任何一家。我认为上述评价,无论是民间的、官方的和当事人的,所采用的评价指标都不合理,均受到了地理、历史、规模等外在迷雾的遮蔽,没有抓住评价指标最核心的要项——精神气质。就精神气质而论,我认为北大是图林的武当,武大是图林的少林。它们就像双子星,闪耀在中国图书馆学的星空。

说北大是图书馆学的武当,有许多灵异的原因。

第一,北大图书馆学专业的创始人是王重民,这很容易让人联想到金庸武侠小说中的全真教宗师王重阳。王重民,字"有三",这又很容易使人联想到武当山上最著名、最有代表性的宗师张三丰。

第二,王重民创办图书馆学专业之前,毕业于北京高师国文系,曾致力于道教研究,著有《老子考》和《道德经

王重民

快乐的软图书馆学

刘国钧（1899—1980）

碑幢刻石考》，北大图书馆学专业的另一位创始人刘国钧，在投身图书馆学之前，毕业于金陵大学哲学系，也曾致力于道教研究，著有《老子神话考略》。所以说，北大图书馆学是喝着道教的奶长大的，有浓浓的道教情结，其蹒跚学步的时候，简直就是两位"老道"在抚养。这和武当山作为道教名山，有浓厚的道教氛围十分吻合。

第三，武当武学的理念是在本土宗教道教的基础上生发而来的，是一种地道的本土武术。武当的主体建筑是由明成祖朱棣指令工部建设的，备受官方宠爱。嘉靖等明代皇帝，崇道成性，都以得到张三丰张真人的一纸经文手书为至宝。这些都说明，武当派的权威是自上而下建立起来的。北大图书馆专业的兴起也是如此，王重民教授虽然出身贫寒，但到北京读大学后，得到名师指点，学术上进步神速，很快跻身学界名流之列，和胡适等学界要人交往密切，等他和胡适商议创办图书馆学专修科的时候，已经是国学大家了。北大图书馆学专业的孕育、发展有北大校长亲为照拂，地居京师，易得庙堂关爱，占尽天时、地利、人和，天生携带一种贵族气息。因为是国学家办图书馆学，北大图书馆学专业开科便以培养高深人才、据中化西为旨归，颇为鄙视职业训练。可以说，北大图书馆学和武当一样，是自上而下发展起来的，是图书馆学本土化的产物。因为生而具有国学、本土化等基因，所以尽管王重民先生国外游学多年，洋墨水腹中多多，可当"女皇"江青急切地向"王真人"索要违心的《史评纲要》的版本鉴定书而不得时，竟然恼羞成怒，给王先生戴上了"资产阶级土围子"的罪名，逼死了王先生。这个罪名虽然是偶然强加的，但某种程度上也反映了北大图书馆学的本土化特征。

第四，武当武学的精华是太极拳，太极拳在当代汉语中的近义词是"艺术"，比如领导艺术、教学艺术、管理艺术、科研艺术等，凡是领略过北大图书馆学魅力的人，无不赞叹其各个方面高超的艺术水准。别的不说，只要是和北大图书馆学师生同桌吃过饭的人，对其高超的饭桌语言艺术都会留下深刻印象，推杯换盏之间，不知不觉之中，一套行云流水的太极手法便将你灌翻了。我虽然也在武当镀过金身，但因为在少林寺练就的童子功难以彻底卸载，太极拳的招数便无法完整安装，于是经常在饭桌上受到太极拳的误伤，好多人便由此怀疑我武当派弟子身份的真实性。

第五，武当派的功法和课程不求全求备，是个性化、自由型的，往往是哪门功夫的拳师在，便开哪门；哪门功夫的拳师走，便停哪门。这一点，和北大图书馆学也有所吻合。比如姚伯岳老师走，则古籍版本学课程休；丁学东老师走，则文献计量学课程断；郑莉莉老师退，则少儿图书馆学课程丢；张树华老师退，则读者心理学课程辍；孟昭晋老师病，则书评学课程衰……。如此排课的优点是，门门课程都是富有心得的老师主讲，基本都是精品。不足的是学生们难免缺铁少钙，营养有点那么失调。

第六，北大图书馆学的授徒方式和武当派一样，都是从游型的。研究生和导师的关系，就像几条小鱼跟着一条大鱼。每种类型的大鱼通常只有一条，导致跟着鲨鱼的小鱼天天吃荤，跟着鲤鱼的小鱼天天吃素。虽然吃荤的将来多半是一流的鲨鱼，吃素的将来多半是一流的鲤鱼，但想既吃荤又吃素，吃成大气磅礴的鲸鱼或者水怪、湖怪这样的精怪型杂食动物，还是挺困难的。这种授徒方式是和散打式的课程设计相关联的。

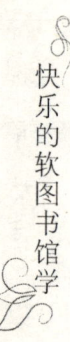

1998年作者在北京大学硕士毕业合影

第七,就像武当的命根是阴阳太极,北大图书馆学专业有一门课是传家宝、祖传方,那就是目录学和中国书史,从王重民、刘国钧、郑如斯、朱天俊,到王锦贵、李国新,强者恒强。但是在前几年,这个优势稍有动摇,肖东发等教授调动到了新组建的新闻传播学院。好在不久之后,王余光教授及时回调母校。这些调动虽然有偶然的成分,但从北大图书馆学优势保有的战略角度看,也是必然。北大不但在图书馆学系保留了很多研究文献学的一流国手,也给兄弟院校输送了不少这方面的一流专家,比如南京大学的徐雁教授便是。

第八,武当拳法绵长劲道、以静制动、绵里藏针,可太极、可形意,属于内家拳的典型。与此相映成趣的是,图书馆界也经常流传着北大图书馆学系毕业的学生基础扎实、斯文好学、后劲充足的说法。

说武大是图林的少林寺,也有许多灵异的原因。

首先,少林寺的创建是佛教西来、高僧入华的结果。武大图书馆学教育的兴起则是基督教西来、美国图书馆员韦棣华入华的结果。武大图书馆学系科的建立,和少林寺一样,是自下而上发起的。韦棣华是普通的美国教士和教师,其华人助手沈祖荣则是长江三峡上纤夫的儿子。可以说武大图书馆学天生具有草根情结和美国血缘，其早期办学目标更具有西化教育和职业教育的倾向，对实践的偏好多于理论。尽管沈祖荣终生重视专业课程的本土化，但因为学校的美国背景和他本人的美国学历，在文化大革命期间，他还是屡次被贴上"美国特务"的标签被批斗。这正像少林寺，不管武学多么发达和包容，什么时候也脱不下袈裟，扔不了木鱼，撕不了佛庙的标签。

其次，武大图书馆学专业起源于一个私立专科学校——文华图专，因为是私立，所以经常受到经费问题的困扰。创始人韦棣华、沈祖荣不得不云游天下，四海化缘，甚至把钵儿托到了美国国会和民国总统黎元洪的府上，这种托钵僧的经历，颇似少林寺的创始人跋陀高僧。

其三，武大图书馆学专业的一炮打响，很大程度上得益于其前身文华大学图书科第一届毕业生的高质量，这届毕业生共有六名，人称"快乐六君子"。其中的裘开明、查修、桂质柏都成为一代大家。此举和隋唐之际，少林寺因"十三棍僧救唐王"而名噪天下十分相似。有趣的是，"快乐六君子"都是男生，毕业的时候不是棍僧，也是光棍。

其四，少林寺在武林中的显著特点是功集大成、支流繁杂、弟子众多，乃武学宝库和高手摇篮。武大图书馆学恰好和这些特点相吻合。

就功集大成而言，武大在学科建设方面，除了图书馆学、情报学之外，还有档案学和出版发行学，覆盖了文献生产与传播的上下游，唯档案学略逊于中国人民大学，其他三科都是办学最早、国内一流的，业内多以"黄埔"誉之。

就课程体系而言，前掌门人彭斐章是20世纪50年代少有的留苏图书馆学副博士，改革开放后基本上是按照苏联那套计划经济的手法拓展和设计课程体系的，重视宏观调控、配套成龙，使武大图书馆学的课程堪称海内最全。我在武大受教的时候，就学习过鼻唇之间颇像伊能静的秦健老师开设的"图书馆统计"；学习过刘家真老师开设的"文献保护学"，亲手洗过照片；学习过著名的"武大两平"——胡昌平和邱均平教授联手开设的"科技文献学"；学习过黄葵老师开设的"阅读学"。这些课程至今在国内其他的图书情报教育机构仍是十分罕见的。上个世纪80和90年代，武大出过一套当时比较高级的覆膜的青边黄皮书，长长的一排，见证了武大课程体系的丰富和完备。

武大图书馆学的一大优点，还在于其课程不因人而废，总是事先找好接班人，如"古籍版本学"，曹之教授将退，李明杰博士接棒；"中国出版史"，王余光老师调走，吴永贵博士接手。就课程的丰富性和连贯性而言，武大和少林颇为神似，少林寺一向以代代相沿、从不断裂的72绝技名扬天下。

我一直认为，彭斐章老师不仅是一位目录学家，更是一位图书馆学教育家，就凭他对武大图书馆学课程的设计、组织和管理的贡献，已经足够评上资深教授了。若干年后，人们会更加体味到彭老师作为教育家的伟大。

在弟子众多方面，就更不用说了，只要看看那些文献计量的结果就知道了。武大图书馆学在课程、育人等方面都表现出一种雄浑的团体力量和团体优势，这和少林寺令人望而生畏的原因是一样的。行走武林的人，一想到少林寺的罗汉伏魔阵、十八铜人阵，就头疼不已；行走图林的人，一想到珞珈山上的教授一走廊、课程大排档，恐怕也会大失挑战的信心。

其五，就像少林寺以"易筋经"为核心技法一样，武大图书馆学也有其核心技法——"矛盾说"。自从1960年，黄宗忠老师根据辩证唯物主义，提出图书馆学的研究对象就是文献的藏与用的矛盾之后，"矛盾说"便成为武大图书馆学体系中犹如"易筋经"似的招牌学说,一统各个分支学科,比如分类学是研究文献的组织与利用的矛盾,目录学是研究文献的增长与利用的矛盾,等等。直到20世纪末,"矛盾说"在各种教材中是一以贯之的。黄宗忠教授还巧妙地将"易筋经"还原成"易筋"和"洗髓"二经,对同学们进行专业兴趣教育。比如,我刚入学的时候,黄老师暂不讲课,先带着我们参观市区几个大图书馆,让本系毕业的馆长出来接待,同学们前几天还是乡下的中学生,突然来到大图书馆,见到大馆长,自然有种震撼感,接着再学习一段"图书馆学导论",于不知不觉之中,就被"易了筋"、"洗了髓",立志献身图书馆了。

其六,武大图书馆学专业的建制长期叫做"图书情报学院",英文为"School of Library and Information Science",缩写为"SLS"。将这个缩写,随便拿给任何一位刚识字的小孩子去拼,他一定会脱口而出:少林寺。1993年,北大图书馆学系改名为"信息管理系",武大岿然不动,颇有看谁把图书情报的旗帜打到底的豪情!但是到了2001年,终于架不住了,改名为"信息管理学院",英文名称是"School of Information Management",缩写为"SIM",再把这个缩写拿给刚识字的小孩看,答案就不好听了:是一梦,或是一蒙。不好听就不好听吧,反正也不是给中国人看的,更不是给小孩看的。但是保持少林寺或书林寺的地位是武大图书馆系科应有的责任,希望祖国各地的图书馆员,多少年以后,遥望珞珈山,脑海中仍能幻化出一扇少林寺的山门,或者一面少林寺的旗帜。

其七,就像少林寺藏经阁有功夫卓绝的司书僧一样,武大图书馆也有国内高校少有的专家治馆传统。我上学的时候,武大图书馆就是由沈继武这位文献资源建设研究专家做馆长,由潘伯善这位读者心理研究专家做副馆长,馆里还有以"图书情报数学"扬名的邓珞华等著名馆员。如今,武大的燕今伟馆长、周明华副馆长、黄鹏副馆长等也都是图书馆学专家。如果哪位图林高手,到武大图书情报学院论剑失利,认为武大图书馆柔软好捏,前来进行学术踢馆,那就大错特错了,照样败得很难看。

其八,就像少林弟子多会童子功、铁布衫一样,不少武大弟子也有这两样本事。童子功的表现之一是驻颜有术、青春不老,只要您认识崔慕岳教授、柯平教授、王新才教授、程焕文教授、邹永利教授,看到他们今年四十明年三十的还童趋势,就知道我此言不虚。童子功的表现之二是怀揣赤子之心直言谠论,遇见不平揭竿而起,嬉笑怒骂皆成文章。如果谁想增加感性认识,看看程焕文教授的博客就知道了。至于铁布衫,其表现就是勇敢捍卫自己的理念,谁想踢我,没门,先看看你的脚趾头掉了没有。铁布衫要靠雄辩、在理作底气,雄辩而又真理在握的人,自然拥有金钟罩。铁布衫的功夫谁最好,还是岭南教授焕文数第一。

其九,少林拳以力大气足、刚猛坚硬、神速果断为特点,属于外家拳的代表。有意思的是,图书馆界流行的看法是,武大图书馆学系毕业的学生动手能力强,上手快,活跃开朗,眼活思路广。

图林犹如武林,虽然北大和武大犹如双子星座,同为图书馆学教育的第一世界,双方关系的主流是战略伙伴关系,但是竞争也是与生俱来的。1946年,北大不是中央大学,北平图书馆也不是中央图书馆,双双地位旁落。当时的全国文化界无非由三块组成:大学、出版社和图书馆。而图书馆的数量很多,且成增长之势。眼见文华图专的发展一日千里、蒸蒸日上,文华学子将馆长都做到了北大、清华等在京名校,一向以文化盟主自居的北大和一向以图林老大自居的北平图书馆不免感受到了危机,这就是北大要和北平图书馆联手创办图书馆学

1992年作者在武汉大学本科毕业合影

系科的深层动机。从当时胡适和王重民先生的通信我们得知,北大和北平图书馆的袁同礼馆长合议创办图书馆学专修科,准备另立山头,还有一点江湖顾忌,那就是深怕引起已经和沈祖荣联手的国立中央图书馆馆长蒋复聪的不满。原本打算在团城办一所图书馆学校,只是因为担心给人留下与文华南北对立的印象,而不得不改由在北大中文系办图书馆学专修科。在袁同礼、王重民、胡适、傅斯年当年的来往书信中,几位屡次谈到创办北大图书馆学专修科的目的是"造就高深人才,并非文华所能企望",与文华争胜的动机显露无遗。所以今天我们讨论谁是图林的少林、武当,谁该坐头把交椅,不表明我们比前人更喜欢争强好胜,更爱好飞短流长,在北大图书馆学教育的开创者那里,我们照样可以发现这个话题,比武打擂的气氛从一开始就是存在的。谁说图林不是武林、书府不是江湖?那些信中密语洋溢着多么浓厚的江湖气息啊。

新中国成立后,北大和北京图书馆的地位扶正,北大图书馆学专业的发展更显强势,要不是教育部把文华图专及时并入名校武汉大学,和北大图书馆学专业同时升格为本科,那文华图专的地位就会一落千丈。自1947—1977年,三十年间,北大图书馆学和武大图书馆学南北竞秀，客观上形成了划河而治的局面，黄河以北的馆长多为北大出身，黄河以南的馆长多为武大出身。

改革开放以后，我国的图书馆学教育进入战国时代，出现了大量的图书馆学专业，师资多由北大和武大弟子混合组成，血缘模糊，基因交叉，已经分不清哪门哪派了。北大和武大也不搞近亲繁殖，反而在师资方面交流频繁，张琪玉、陈光祚、王余光等肩负北大期望到武大任教，余锦凤、谢新洲、王军等满怀信心挥别珞珈风光到北大登台，都为图林的少林和武当的优势互补做出了突出贡献。如今，北大严行律令，杜绝近亲繁殖，王余光、王子舟等武大教授移坛燕园，揭开了少林、武当大融合的新篇章。

只有一个超级大国的地球，不是一个稳定的地球、丰富多彩的地球，只有一个第一的图书馆学教育格局也不是理想的格局，愿北大和武大的图书馆学教育进一步加强融合和交流，合作共赢，但同时别忘保持自己的个性，人们更愿意看到既有少林，又有武当，双峰竞秀、和而不同的图书馆学教育格局。

2007 年 6 月 18 日

目录学的尴尬与风流

中国人讲究出身,老百姓常说:"龙生龙,凤生凤,老鼠的儿子会打洞"。当了皇帝的人,都要伪造自己降生当日的天象,非要整出个龙飞凤舞、霞光虹彩,才会善罢甘休。中国人虽然也发明了"英雄不问出处"这句话,但在很多情况下只是说说而已,并不当真。这种习惯也反映到了学问上,在民间导致相面、问卦、风水等支持宿命论的"知识"十分盛行,在学界导致训诂学、词源学、考据学等关于"知识考古"的学问相当吃香。

如此一来,就闹出了许多笑话,比如国家领导人号召"与时俱进",做报告的教授就开始了成语考古,先查《说文解字》,后检"二十六史",再索《四库全书》,恨不得把上下五千年翻个底朝天,在讲台上解读了半天,方才讲到《易经》。2003年闹"非典"的时候,有人更绝,考证出来"非典"出自《三国志》,原文是曹操感谢大将典韦救驾,说了句:"非典(实为韦),吾命休也!"差点让全国人民笑破了口罩!这种知识考古的倾向还反映在本土化了的各科教材上，比如中文系教材说，文学的起源是古代扛木头的人在劳动高潮时喊出的"嘿咻！嘿咻！"的发力声，出自《淮南子》。

我在读图书馆学系的时候，也遇到这种现象。比如讲图书馆学概论，第一章必然讲到"文献"二字的起源，说"文献"出自《论语·八佾》，原文为："文献不足故也。足，则吾能征之矣。""佾"这个字很冷僻，既不念"俏"，也不念"梢"，更不念"肖"，而念"义"。我就亲眼看见同桌的猛男，在这个"佾"字旁边重重地打了个红圈，里面填上"十三姨"，以助记忆。如今大学毕业十几年了，好多同学都转行了，但是大家聚会，说起这个"八姨"，没有一个不记忆犹新的，可见当年她是多么地折磨人！

图书馆学同族学科中出处最好玩的是目录学。目录学在传统教材上一般被描述为古代的显学，也就是曾经红过的学科。但是这两年，南开大学的徐建华教授发表异见，说目录学从来就没有辉煌过，前辈们称目录学曾经火爆过，那都是哄人的，目录学只适合耐得住寂寞的贵族来研究。

这个大胆的观点一出，学界哗然。传到我这儿，其作用是勾引起了我对目录学出处的回忆。我上大学的时候，曾看过一本书，说"目录学"一词出自宋代苏象先的《苏魏公谭训》卷四，原文是："祖父（苏颂）谒王原叔（王洙），因论政事，仲至（王洙之子王钦臣的字）侍侧，原叔令检书史，指之曰：'此儿有目录之学。'"看到这个出处，我当时就差点笑出声来，我见过出身逊的学科，没见过出身这么逊的学科，不是逊，简直就是衰！从那一刻起，我就有一种预感：目录学火不起来啦！

后来我到北大读研，被分配到目录学方向，说实话心里不太愿意。因为我觉得北大的学生都是像孔庆东那样，智商和臂膀一样肥硕，学问和腰围一样浑圆，舌尖牙利，说话损人的。目录学的出身那么不好，万一和别的方向的学生斗嘴，还不被人指着鼻尖嬉骂："此儿有目录之学！"后来试探过了，发现别的方向的学生的智商也就比我高那么一点，想像力则还不如我，远不足以拿这么有趣的问题对我构成威胁，于是也就释然，安心学习我的目录学了。但是目录学的出身问题，一直是我雪藏的一块心病，生怕被同学中的哪个坏人知道。有时候，别的方向的学生惹我生气，我就想，要是他和我换换方向就好了，那我就可以拿目录学的出身问题，羞辱他这个孬事篓子了，多痛快呀！

不过后来工作之后，我发现这个因出身问题而令我难堪、尴尬的目录学方向，居然是个培养业界大才的好方向，数风流人物，多出自目录学。如高校图书馆界寥寥几位科班出身的馆长、副馆长，像中山大学的程焕文，南京大学的郑建明，南开大学的柯平，都是学目录学的。图书馆学教育界和公共图书馆界的名人就更不用说了，有陈传夫、肖希明、李国新、倪晓健等一大批人。而令人奇怪的是，出人才的专业方向却没有得到好回报，我发现，目录学课程在唯"信息"是瞻的时代浪潮下，已经从许多图书馆学系的核心课程体系中人间蒸发了。对此，我不能理解，我觉得是当了馆长、教授的老师们为了怕别人当馆长、教授，而把目录学教材藏起来了，真是不道德！我要奉劝学生们，您想在图书馆界取得成功吗？那就赶紧读点目录学吧！目录学，募禄学，要想展雄才、拿高薪，不能不读目录学！

在我看来，目录学绝对是图书馆学的核心课程，前网络时代的目录学属于静态目录学，出现了刘歆、荀勖、纪昀等目录学家，网络时代的目录学属于动态目录学，或者说是实时目录学，谷歌好，百度棒，其实干的都是编目录的活，网民需要啥目录，点它一家伙，唰地出来一个实时的动态目录而已。北大信息管理系完全应该向谷歌创始人谢尔盖·布林、拉里·佩奇和百度创始人、本系学生李彦宏授予荣誉博士学位，追认为目录学家，并将他们写入目录学教科书中。搜索引擎的胜利，本质上是目录学的胜利。情报学总是自视甚高，但是在我看来，情报学和目录学的关系，就像是原子物理学和物理学的关系，情报学只是深入到知识单元层次的目录学而已，不就是借助计算机，推出的目录更加精细吗？完全可以称之为分子（原子）目录学或知识单元目录学。借用一句农民伯伯可以听得懂的话，那就是，目录学提供信息粗粮，情报学提供信息细粮。

在我的印象中，情报学在上个世纪 90 年代还算拉风，因为那时它认比利时目录学家拉封丹为宗师，以文献学、目录学为源头，不论"社科"还是"竞争"，只要加上"情报学"几个字，就可以红遍学术期刊。但是新世纪以来，情报学的学位等级越高，理论上反而越呈现出一派乱相。情报学中的"情报"，究竟应该翻译成 information 还是 intelligence，理论家们争论了半天，也没取得什么共识，折衷派甚至创造了一个新名词，叫作 infortelligence，的确有趣。最近翻看情报学综述，发现有的情报学家倡议情报学以中国古代兵学为源头，要认孙子为老祖宗，不禁哑然失笑，心想这下目录学终于等到升辈的机会了，图书馆学情报学家族终于三世同堂了！

我们知道，在中国一般的文化人看来，当过"周守藏室之史"的老子是中国最早的图书馆馆长，虽然这个结论很不严谨，因为周朝的藏书室和现代意义上的图书馆并无必然联系，遭到严谨图书馆学家的反对，但是并不妨碍大多数图书馆员对这个结论的认同，学习图书馆学的人一向自豪地认为自己学的是"老子之学"。加上"儿子之学"出身的目录学，再加上现在自称"孙子之学"的情报学，图书馆学家族岂不是三世同堂了吗？可喜可贺！

多灾多难的图书馆学、目录学、情报学啊，愿圣父、圣子、圣灵保佑这一大家子吧！

2007年5月7日

我辈本属古墓派

如果拿金庸武侠世界中的门派来附会中国的学术，那么史学就相当于少林派，名门正宗，源远流长，正史、野史就像那受戒弟子和俗家弟子，呼啸学林，威振朝野。哲学就相当于武当派，清虚玄远，缥缈无极，五行八卦这些辩证法的道具，就像麻将一样，被中国哲人打得风生水起、变幻莫测。文学就相当于丐帮，什么人都可以前来投奔，一向门徒众多、济济满街，寒酸可怜之相引人侧目，纵然是杜甫、蒲松龄、曹雪芹这样的超一流高手，也经历过斯文扫地的时候，结茅庐、饮水粥、衣百衲，鬻字售画以度日。

在那热闹的名门大派之外，还有一小小的学问部落，它素以金匮、石室为其藏兵纳器之所，以石渠、兰台为其聚珍修文之处，其活动盘桓之地，不在深深名山古刹，就在森森书院宫廷，共有的特点是多以石料筑其室，以达到防火防水、藏经储典之目的。众生徒日常练功的环境，寂寥、枯燥而神秘，颇似《神雕侠侣》中古墓派的墓道。这个小小的学问部落，就是闭关修炼了几千年,到了20世纪初才破门出关的中国图书馆学。

中国图书馆学的古代面貌已经拎不太清了,暂不细表,单是从出关这一代讲起,和古墓派就有诸多令人吃惊的神似。

比如,杨过和小龙女演绎了海枯石烂永不变的爱情,断肠崖上、绝情谷下,两人相牵相念、相盼相守16年,相约不求同年同月同日生,但求同年同月同日死。但是在小说和影视作品中,我们领略了这对人间佳偶曲折动人的爱情故事,却并没有看到他们同年同月同日死的结局,或许金庸先生也不忍安排这样的情景,留待读者去自由想像。但是在现实中,中国图书馆学教育之父——沈祖荣先生和他的夫人姚翠卿女士却做到了,谱下了千古传奇。沈姚二人,男才女貌,一辈子相亲相爱、相濡以沫、相帮相扶,是人间难得的模范夫妻。1977年2月1日清晨,93岁的沈先生仙逝于梦中,6个小时后,88岁的姚女士不堪承受丧夫之痛,也追随沈先生而去。同年同月同日死,此情只应戏里有,人间能得几回闻?沈先生留给吾门吾派的,不仅是崇高的为人民服务的图书馆学,还有高贵的爱的教育!

沈祖荣、姚翠卿夫妇合影①

---

① 图片选自程焕文著《中国图书馆学教育之父——沈祖荣评传》,台湾学生书局,1997年。

再如，杨过和小龙女都不是江湖第一流高手，但是他们的功夫结合起来，共同演绎的君子淑女剑，却足以和江湖第一流高手金轮法王相比拼。图书馆学领域，恰好也有这样的现象，凡是同系同学、同业同仁缔结姻缘的，多数婚姻美满、事业有成，以一招君子淑女剑纵横业内，屡创佳绩。成名者中，南有谭祥金和赵燕群、曹树金和罗春荣、屈义华和曲晓玮；东有范并思和胡小菁、徐雁和谭华军；北有徐建华和唐承秀、姚伯岳和肖珑、代根兴和周晓燕；中有陈传夫和林嘉。华东师范大学和武汉大学评选五好家庭，范并思家庭、曹之家庭都榜上有名。正在成名者中，北有刘青华和阿谭、顾晓光和张洁，南有梁灿兴和卢儒珍等一大批年轻人。难怪有人总结道："夫妻党"是图书馆界的第一大党。

"夫妻党"是古墓派的根本特征和优良传统，我们应该发扬这一传统，坚持忠贞、专情的党性原则一辈子不动摇，练好君子淑女剑，让图书馆成为保鲜爱、播撒爱的爱意融融的伊甸园，爱吾家以及读者之家，使图书馆真正成为广大读者喜来乐到的爱的天堂。

古墓派没有少林派的彪悍，也没有武当派的玄虚，更没有丐帮的闲散，它以爱为性灵，以忠贞不渝为节操，以冰清玉洁为美德，以爱己爱人为帮规。想一想，我们中国图书馆学，启蒙者之一是相貌堂堂的创造爱情奇迹的沈祖荣先生，与其牵手的是贤惠美丽的姚翠卿女士，作为古墓派的传人，我们还有什么不骄傲、不自豪呢？

让我们擎起古墓派的大旗，将杨过和小龙女的武功和精神代代相传。

2007 年 5 月 20 日

义书堂里援书郎

中国古代给人、事、物命名,讲究诗意和名正言顺,比如进士的前三名叫状元、榜眼和探花,多有美感!官职里有骠骑将军、太史令、校书郎等,一听就有人文底蕴,眼前立马呈现或威武或斯文的人物形象。机构里有集贤院、秘书监、翰林院等,让人不禁联想到莘莘大儒、皇皇巨著。

在传统尚存的晚清民初,还沿用着这样的命名法,比如北京大学最初叫"京师大学堂",图书馆叫"公书林"、"义书堂",幼儿园叫"幼稚园"、"蒙养院",福利院叫"养济院"、"乐善堂"。

这样命名,有两大好处,一是词句典雅,文雅妥帖,唇齿间那么一念,脑袋里就浮想联翩,唐诗宋词就像白云一样飘荡过来,刮起一阵微型中国风。二是词美意深,蕴含价值判断,透着气派。当前流行研究图书馆的核心价值,其实早在晚清民初,图书馆的核心价值就已经体现在其名称里了。比如美国人韦棣华女士将其在华创建的图书馆叫作"公书林",表明图馆的核心价值，一是"公"，公有共享；二是书，无书不成馆；再是"林"，书还必须是海量的。再如晚清外交官张德彝在其《欧美环游记》里，将在美国纽约见到的图书馆称为"义书堂"，这里的"义"有"义子"的"义"的意思，就是说这里的书不是你自己花钱买的，不是你的"亲书"，而是公家基于某种道义而购来，在借阅期限内"过继"给你的，是你的"干书"。这里的"义"还有"侠义"、"道义"、"合乎正义或公益"、"情谊"等多层意思，说明图书馆是国家为了信息享有的公平和正义而作出的制度安排的载体，是一种主要针对信息穷人的信息救济机构，展示了政府仗义和慈善的一面。

可惜随着西学东渐，西方追求的所谓"客观"的命名法风靡中国，一切机构的名称都变了味，"义书堂"变成了"图书馆"，"蒙养院"变成了"幼儿园"，不管为哪个机构命名，把客观事物的裸名往那儿一摆就完事，不用遣字造词，是省事了，却失去了美感、诗意、价值观，丢掉了理想、愿景、方向感。

如今，我们的一批一线图书馆学家正在致力于重新衔接被历史扯断的链条，开始强调对民国的图书馆学家、图书馆学著作进行学术打捞，我觉得也有必要将曾经提出且确有诗意和意义的图书馆名称打捞出来。王子舟教授、程焕文教授都对"公书林"这个名称情有独钟，有意将其发扬光大。我则认为，"义书堂"这个名称蕴含着更强烈的价值判断，免费、平等、公正等现代图书馆理念都意会其中了。考虑到中山大学的建筑物名称基本上都已"堂"化，如有怀士堂、永芳堂、岭南堂、马丁堂等，图书馆馆长程焕文教授又是近代图书馆史研究的学术带头人之一，因此，我郑重建议程焕文馆长，将"义书堂"制匾高悬，算作中山大学图书馆的副牌，以便更好地发扬"义"这种代代相传的图书馆精神，与学校其他的叫作"堂"

的建筑也是一种呼应。

相应地，图书馆学可以别称为"义书学"，情报学可以别称为"义讯学"。

"图书馆员"这个名称，给我的感觉是乏味、没文化，一直也在思考着怎样将其作古典化、文雅化的改造，可惜从前人的命名中找不到很好的借鉴。后来偶然发现台湾的"援交妹"一词造得很好，这类少女本来叫作"站街女"、"阻街女"，为正统舆论所不齿，可是"援交妹"这个名头，特别是那个"援"字，却给这个职业赋予了很多正义感、牺牲感，令人容易联想到志愿者，好像她们是社会的大侠客、大救星，时刻都在准备着帮助人。"援交妹"启示我，不妨将"图书馆员"称作"援书郎"，我们的职业不就是时刻准备着给读者用书提供援助吗？况且这个名字远比"图书馆员"有诗意。当然，"援书郎"指的是青年男图书馆员，青年女图书馆员可以称作"援书妹"，中老年男图书馆员可以称作"援书伯"、"援书叔"，中老年女图书馆员可以称作"援书太"、"援书婶"。

以上提议都是我长期的慎重思考所得，好好想想，仔细琢磨，您一定会认同我的见解。如果您实在不敢苟同，觉得忒不靠谱，那您就叫我"北大图书馆的怪叔叔"好了。

2009 年 3 月 5 日

一个图书馆学网络论坛主持人的贺岁道情

——2006年《大学图书馆学报》网上论坛"读者沙龙"版主的新年寄语

亲爱的简士帛吏们:

新年好!

鸡(年)要下岗,狗(年)要上岗,雪落燕园,朗照学网①。为迎接新年,包租公②本月多帖连发,不惜爆料,神功大耗,博君一笑!前两天还有1000年道行,贵为白蛇师兄,这两天就变成了500年修为,贱为青蛇师弟,段位下降得不是一级二级,十几年的面壁、丹药付诸东流。

我仿佛还看见,许多师友躲在潜水艇里,在为我的帖子不齿齿地笑,笑掉了大牙笑二牙,真不忍心火发连帖,将他们的三牙也笑掉。但是刚才看了一下我的上年旧帖,发现去年此刻此坛中,寄语依旧笑春风,百人留迹争相看,叫俺怎忍不续声。说实话,自从我当上了"学网"这个陋

---

① 学网:《大学图书馆学报》的网络论坛"读者沙龙"的简称。
② 包租公:本人的网名之一。

坛的坛倌儿，每逢重大节日，不跟这一大家子人打个招呼，我就觉得像个不顾家的男人，抛开结发与老幼，心情焉能独自爽！

既然已经豁出去了，不如蹦出来再发一帖。君子一诺，驷马难追，自己既然自称包租公，又宣称圣诞、新年与业主同乐，断不能半途而废，欺友失信。不作为的寨主，该让全寨的移民多失望啊！面对不作为的庸官，我们不都恨得牙痒痒么？包租公不是官，所以更不能庸。

在我们北大，校长、书记每年元旦零点都要出来给大家拜年，据传老校长马寅初喜欢说："最高学府的师生们，兄弟给大家拜年了！"看，多有老派大哥的气质呀！许智宏、闵维方也不赖，31号那天子夜，不管家事国事多么重要，一定会准时出现在露天狂欢的现场，发表新年献辞，虽然每年的祝词大同小异，但是校长、书记一讲话，全校立马安静下来，大家就像中了孙悟空的定位神指，老实在原处。未名湖上，生龙活虎的女解元、男探花，状元花、进士草，刚才还在冰上飞驰，听到了大喇叭里校长、书记的语重心长，有的身子一酥，就摔倒在地，有的戛然刹车，造成追尾，大家就像冰糖葫芦一般散躺在冰上，乖乖地听"家长"把话说完，然后跳起来欢呼，然后把冰上摆好的心形蜡烛点亮，然后世界大乱，不分校内校外，不分班级院系，不管授受不亲，手拉手，酷蔻嫩贱嗲地跳着圆圈舞，挥洒着妖里妖气的青春。此时，小山上，校钟也被一大堆无聊的人连续不断地有聊地敲响了。北大的一年就这样开始了！

包租公在北大不是朝廷命官，连给科长提鞋的资格也没有，但一向喜欢以北大的风格办事接物，比如"读者沙龙"兼容并包、无为而治，就是从蔡元培先生那里小抄而来，考虑到向朋友拜年是本校的校统，不拜不是本校的作风，那就更应该在这里啰嗦几句。

首先我要复习去年的一句话，代表编辑部向广大作者、读者、编委道一声好！谢谢大家一年来对《大学图书馆学报》及其网上副刊"读者沙龙"的支持。小编们深知，拿破仑离开了法国，就是一个爱穿紧身裤的小矮个，戴高乐离开了法国，就是一个爱戴高帽子的大高个，每个人发挥的作用和他所处的环境和岗位分不开，仑仔和乐哥要是到了中国，能不能进入举重队和篮球队都是问题，更不用说参军或者在图书馆里找一份工作了。同理，小编们离开了学报，也就是一个在水泥地上等待饿死的书虫。大家之所以喜欢到学网来，主要是由于学报血统高贵、肚里有货，世交众多，相貌有型，学运长久，面子广大。作为学报的后院，学网的热闹来源于前院的专业。所以学网越是兴隆，小编们就越不能放松对前院的建设，要切记用前院领导后院，决不能用后院冲击前院；要以庄带谐、庄谐相济；要让前院上得了专业讲台，要让后院上得了专业餐桌；要在前院出成品，要在后院谈改革；要在前院做决策，要在后院咬耳朵……。今后小编们一定要戒骄戒躁，毫不松懈，一定要把学报编得博大精深，成为无声的馆长、院长、委员、博导，让编委们放心，让作者们骄傲，让读者们喜欢，让图书馆学得圆满，让图书馆事业得引擎。前院大师云集，后院高朋满座，这是学报不变的追求。

学报当初长上学网这个大虱子，不能说没有一点儿添加办公游戏机的味道，编辑们省下的演练工间操、眼保健操的功夫，差不多都被这个老虎机给吃掉了。如果说以前小编们上学网，还有一点不务正业的感觉。但是到了今年的年终岁末，随着Web2.0和图书馆2.0这两个概念的热闹叫响，学网这个对编辑部有点不务正业的东东好像突然有了转正的机会。想想学报已经玩过厦门大学图书馆推出的维基和博客,草船借来了网友钱涂的RSS聚合,原来这些玩法都叫图书馆2.0啊,本馆那么多又强又牛的业务部门,怎么反而让隶属于图书馆办公室的编辑部在业务创新上抢了先呢?《大学图书馆学报》是不是可以和中科院图书馆、厦门大学图书馆、武汉理工大学图书馆并称为图书馆2.0的四强呢?不过小编们更愿意将本刊的玩法称为图书情报期刊2.0,那样不是排名更靠前了吗?再看看目前的《三联生活周刊》等杂志,发了疯似地全家总动员,所有编辑都在网上显身手,歇斯底里地写博客,抓眼球,拉广告,加快期刊2.0的建设,小编我就更加有点得意,这不都是图书馆学期刊玩剩的吗?所以我很感谢图书馆2.0这个概念,愿意积极推动它的宣传,因为它使小编非主流的做法变成了主流,在快过年的时候又增加了点虚荣感。

借这个机会,我还想跟学网上的疯狂转贴者说几句话,尽管我不善于与人谈心,不管读书上班、婚前婚后,我一与人谈心,人家就以为要谈恋爱,纷纷退避三舍,但我还是要跟转贴者谈谈。转贴者是今年学网的风云人物,他一出场就气度不凡,携遮云蔽日之蝗祸文字,像乌云压过草原,令网友们侧目紧张。女网友见之如客厅惊现小强①,欲除之而后快,男网友见之,如腋窝扪到虱蚬,欲沸烫而后爽,更有人骂其为草原清道夫,力荐他到新西兰农场当大使。但是包租公不这样看,我觉得他更像一个初出江湖的少侠,对学网的东西看不上,想甩几把尖锐的刀子,却不慎甩来的都是刀柄。不过虽然甩刀子不行,但看得出他还是有一些其他的功力,比如他的解压能力很强,总是能把知识解压成信息,把信息解压成字堆,反过来

---

① 小强,指蟑螂。

想，他的压缩能力一定也很强，可能是哪个情报所的骨干吧。转帖者的反侦探能力也令人吃惊，为了平息民愤，有一段时间，小编曾想弄一个统计器，偷窥一下他的"爱屁"（IP），但因为技术太菜，找了个国外的，一天就废了小编57块私房钱，不但没有看到转帖大侠的影子，反而将他吓跑了，从此销声匿迹。考虑到中国已经加入WTO，现实中的人要享受平等国民待遇，网上的人要享受平等网民待遇，去年包租公曾授予一名风云人物"沙龙文正公"的待遇，今年对转帖者这位风云人物也不能亏待。我觉得转帖者的动机不一定坏，他发帖的时候都是网友们玩沉默游戏，沙龙上比较冷清的时候，他或许有一种救急的意图，想辅佐包租公一下，所以我决定授予他"补台宰相"、"救场博士"的光荣称号，既符合我们这个社会官本位的要求，又符合学历本位的要求，荣誉够高了吧，转帖君，您不会再来胡闹了吧？

现在回想起来，转帖者横行的日子还是令人有些后怕，那些日子，学网的帖子突然由"小短昨"变成了"大长今"，配合着同名电视剧的热播令人不胜其烦，以一日数尺的速度狂长，小编每天打开电脑，显示屏就冲动得直往上蹿，离桌三尺，煞是吓人。

接受"图谋"的建议，经过多次调试，小编终于在学网页面下加了计数器，就是网页下那个像土制地雷又像黑匣子似的冒着火星的那黑黑的一坨。大家不妨点点看看，很有意思的。有了这个非洲法宝，小编就可以从历史数据里看IP了，不过我要诚实地告诉大家，这个计数器比较土，所有的IP是按地区归类的，并不跟发帖顺序一致，即便小编知道了IP，逐个到搜狗框里查出是哪个单位的，也跟帖子对不上，而且每天访问的人有100多个，查出一个IP，需要申请一个哲学社会科学基金项目才能完成。所以大家不要顾虑，该咋玩咋玩，说我坏话的不必紧张兮兮，拍我马屁的也不要兴高采烈，小弟有一个坏毛病，就是越是恨谁，就越想给谁发篇文章。我告诉大家这个秘密的意图是，想让大家知道，包租公已经掌握了核武器，有充足的威慑力，谁再想用裹脚布式的转帖来讹诈本公已经吃不开了。查 IP 虽然很难，但是毕竟有法可查了。虽然包租公喜欢长得帅、藏得深的人，比如雨僧和苹果核，从不打算弄个水落石出，但是如果谁骚扰了本寨的治安，包租公也完全有能力一个霹雳如来神掌将其从高腰裤打成低腰裤，从低腰裤打成丁字裤，再从丁字裤打成腚蛋蛋。

据说，国内图书馆学系一个姓牛的博导对弟子的要求是："努力学习，真诚相爱。"国外图书馆学系一位姓马歇儿的博导对弟子的要求是："资源共享，相互提携。"当然这两位博导都是我瞎编的，请不要对号入座。上面这四句话实际上是包租公想送给各位网友的新年寄语。希望学网就像人民军队一样，是一个大学校，是一个大熔炉，不管您地位高低、身份贵贱，上了学网就是兄弟，在现实中能够携手奋进，共谋图业。至于包租公，不指望大家都像黄埔系对待蒋介石一样，大家能记住偶就可以了。

小兵同志希望我继续邀请老槐给明年的学网剪彩，我没有意见，只是小编身份太低，去年邀请的时候，就有网友责备我不知天高地厚，冒犯尊长，让老师在半夜里发帖，不够厚道。何况今年老槐老师的自留地声名远播，好水得留在自家田里，包产到户了还让他到生产队也不合情理，中央都已经取消了农业税，咱们应该成为落实政策的模范。所以今年就不强求老槐了，看其自觉性吧。今年咱们实行抢擂制，谁有本事谁就抢第一帖吧，如果大家实在无话可说，谁抢着了老槐新年第一帖的沙发，就将该帖绑架过来吧，《中国青年报》转发《光明日报》的社论也是常有的事。老槐今年没有用金条的形式发饷，是不是生陕北根据地的气啦。

好了，让我们张开怀抱，拥抱20又06这个"上帝的礼物"（杨振宁语）吧！

2006年元旦

《大学图书馆学报》乔迁记

　　《大学图书馆学报》是高校图工委的会刊，除了短时间将办公桌搬到了北京西单一带大木仓胡同的学部衙门，绝大多数时间都隐居北大，占据了北大图书馆最好的房号，2人的时候在214，3人的时候在314，这前后两处密室均位于未名湖南岸书楼的中央。仲春时节，编辑们赏稿之暇，窗外望望，未名湖草长莺飞，博雅塔拨云沐雨，老槐树下，大草坪上，还有一两对恋爱的学生，自导自演"游园惊梦"，编辑们不请而赏，别有一种负疚的感受。

　　刊物几任编辑都是谦谦君子，劳动模范，专于图情，疏于博通。既不像叶鹰老师精通易玄虚，也不如崔波老师深研卦爻卜，更比不上本校明星孔庆东教授上知天文，下知地理，换个宿舍，都要算算是处于生门还是死门。编辑们既没有把图书馆的平面图拿来，看看像什么卦形，掐一掐本尊是处于乾清宫还是坤宁宫，也没有搜索一下风水学的指标，评估一下编辑部的吉祥指数。编辑们就像苏东坡赞赏的朋友家的柔奴，只知道

"此心安处，便是故乡"。坐拥最佳的房号而不自知，白白错过了很多喜悦！

多少年来，好几任编辑就这样不以物喜，不以己悲，稳稳当当地辣手摧稿，于乱军中取上将之头；安安静静地柔腕百转，为同行的你做着嫁衣！

突然有一天，一位广东读者打电话来，问："是31发吗？"老包①道："错，是314。"读者说："对，没错，就是找你们，31发，阿拉伯数字的31，音乐简谱的发。我们广东人很讲究吉利的啦！"编辑们至此才明白，原来编辑部的房号如此之好啊！由于房号好，大家都很爱记，尤其是被多次退稿的读者，更是刻骨铭心，于是编辑部的地址在高校图书馆界的名声便越来越响，如果在业内做个调查，恐怕只略略低于Z39.50②。

但是房号好并不管用，环境不好也白搭。那两个带"发"的房间因为地处正北，房棚极高，窗户贼大，所以夏天漫射光入户，热燥难耐；春天沙尘暴钻窗，迷眼上眉；冬天冷风压倒暖气，寒气逼人。很多作者前来投稿，都是推开门来又退出，因为他们看到的实在不像编辑部，倒像是甲壳虫乐队静坐，忍者武术队练功。夏天里，编辑们像穿着衣服洗桑拿，high得大汗淋漓；冬天里，编辑们分明是几个羽绒球，上面缩个头，下面缩对脚，cool得像一窝帝企鹅。

对编辑们的幸福生活，领导们看在眼里，记在心上。群众生活无小事。公元2005年，借着旧馆改造的"破伤风"，编辑部从坐瞰未名湖的314，搬到了对语燕南园的302，编辑们突然实现了集体补钙、阳光审稿、南面百城的一揽子逗腐儒梦想，激动无比。尤其是包某人，脸颊就像火烧云下的大象皮，

---

① 老包：指作者的网名"包租公"。

② Z39.50：图书馆界常用的一种标准的通信协议，广泛应用于在线数据目录的回复和查询。

流露着深厚的喜色。虽然编辑部由两小间变成了一大间，有点缩水；原来的三个衣柜、一个沙发，也被发了文章、评了职称的同事们在走道里给顺走了，编辑们搬到新居的只是平常天天看着、拉着、依着、赖着的桌子板凳和电脑，又收编了一些流通部淘汰下来的书架柜子，贴上了《大学图书馆学报》的番号就开张了。但编辑们还是很满足，毕竟可以脱了棉袄享受日光浴了吗？拜拜了甲壳虫，拜拜了忍者！

可是好景不长，编辑们就发现此地景物相似，甚为诡迷。编辑部往东5米，就是本层美女最为集中的部门：3-2号，乃本朝大学堂新老女状元们的盥洗之地。由于房号长相酷似，包某人一来就颇为担忧，要是有人误入歧途，岂不是就有好戏看了。果不其然，某日，老包电告本馆的一位编目伯伯来领稿费，他大步流星出门去，急急忙忙来发财，结果却匆匆走进了3-2，像猪八戒误入盘丝洞，差点被已洗手和未洗手的蜘蛛精们团团活捉，抓个现行。编目伯伯面红耳赤，好不容易溜逃到了编辑部，我听见美女们还在门口指着他的尾巴愤怒声讨，在她们眼里，这位怪伯伯肯定是心怀鬼胎出门去，大步流星来偷窥。同事在编辑部里大声诉苦，强烈建议我出份告示，提醒一下相关人士，按他的话说：他这个小人物失节事小，编委、博导们失节事大，可要防患于未然呀！

为此，包租公特发此告，郑重声明，编辑部已从314搬至302，需特别提醒的是，编辑部搬家之后，多了一位容貌近似的表妹3-2，乃女生日常归去来兮之地也，请来编辑部投稿、办事的相关人士，不要来找wb[①]侄子兄弟，却骚扰了wc[②]表妹。更不要滥用智商，假装我不说您还清楚，我一说您倒糊涂，故意乱闯禁区。特别是当您从北大图书馆东门上了三楼，

---

① wb："王波"的声母缩写。
② wc："洗手间"的英文缩写。

由北而南，由东而西，或紧张兮兮，或信马由缰，或高头阔步，或低头沉思，纤足、铁蹄向编辑部沓沓开来的时候，切记一定不要只看门框上的索室号，还要稍微注意一下关键的著录项，比如镜子、柜盆、气味……等等，且莫一失足而成千古恨！北大美女皆才娥文妖，一旦被她们活捉，押着您的可就是特爱演的不吃素的蔡文姬和李清照，就不是余华的小说《兄弟》中押着李光头的"鲁迅"和"郭沫若"了，当然您也不是李光头，就成了男璩美凤了。要丢大人哪！

其实编辑部也很好找，就在图书馆南门小平所题大匾的正上方，如果您被上面的告示吓着了，就不要从其他门口进，可以直奔南门，在楼下大喊一声："包租公！"三楼玻璃上啪地摊上一张脸饼，那就是包某人，我会下去接您的。当前，给编辑部送快递的、送胶片的，都是这样干的。至于老包为什么不从窗口伸出头去，倒不是因为架子太大，而是由于当今的图书馆建筑为防偷书，流行安装封死的钢丝纱窗，如果老包拼了老头，硬要狂伸，伸出去的就是粉条，留在屋里的就是网格技术的牺牲品。

说了那么多，其实核心只有一句话：《大学图书馆学报》搬家了，从314迁到302。此告一出，凡投往3-2的先生和稿件，恕编辑部概不营救。

2005 年 12 月 27 日

开创图书馆学的"新轴心时代"
——谨以此庆祝北大信息管理系 60 华诞

北京大学三院：信息管理系所在地

德国哲学家雅斯贝尔斯在 1949 年出版的《历史的起源与目标》中，提出了一个著名的命题——"轴心时代"。他认为，公元前 500 年前后，是人类文明的"轴心时代"，各个文明都出现了伟大的精神导师——古希腊有苏格拉底、柏拉图，以色列有犹太教的先知们，印度有释迦牟尼，中国有孔子、老子……，他们提出的思想原则塑造了不同的文化传统，影响着人类的生活。人类一直靠轴心时代所产生的思考和创造的一切而生存，每一次新的飞跃都回顾这一时期，并被它重新燃起火焰。

和人类文明的发展史奇妙地相似，世界图书馆学也有一个轴心时代，那就是20世纪30年代前后。在这个时期，美国出现了芝加哥学派，出现了巴特勒和他的《图书馆学导论》（1933）；印度出现了天才的图书馆学家阮冈纳赞和他的《图书馆学五定律》（1931）；中国出现了"北刘南杜"，刘国钧出版了代表作《图书馆学要旨》（1934），杜定友出版了代表作《图书馆学通论》（1925），"新图书馆运动"如火如荼；苏联则拥有了一位特别关心图书馆工作的革命导师列宁，就社会主义图书馆事业作出了一系列指示，后来由其夫人克鲁普斯卡娅结集，在1957年出版了《列宁论图书馆工作》。可以说，无论西方还是东方，无论资本主义国家还是社会主义国家，在图书馆学的轴心时代，都出现了杰出的图书馆学家，形成了基本的图书馆学范式。

我认为上面提到的几本书，如果不算身份不是职业图书馆学家的列宁的著作，堪称图书馆学的"四书"，如果算上列宁的，堪称图书馆学的"五经"。在中国，由于新旧社会的交替、意识形态的巨变，我国的图书馆学一度中断了与前"四书"的接触，与之划清了界限，断绝了父子关系。时至今日，当我们在宽松的社会环境下，回望20世纪，以"年鉴学派"那种长时段的眼光审视图书馆学发展史的时候，我们才发现，20世纪30年代前后，我们的学科曾经拥有那么光辉的一个激情、睿智的黄金时代，曾经拥有那么多高瞻远瞩、披荆斩棘的学术大师。我们眼下讨论的图书馆学的国际化、本土化、实证化，讨论的公共图书馆精神、图书馆的核心价值等，原来都是捡起了20世纪30年代丢失了的接力棒。因此，我坚持认为，近几年的中国图书馆学研究就是"图书馆学原教旨主义"的再启蒙,就是图书馆学史上的"文艺复兴",其在很大程度上具有"复活30年代"的特征,有些现象简直就是图书馆学轴心时代的还魂附体,如"21世纪新图书馆运动"。这场理论变革,是中国图书馆学的一次飞跃,重新燃起了图书馆学轴心时代的火焰,是凤凰主动寻求涅槃,决心开创下一个轴心时代的征兆。

具体到北大信息管理系,60年来,它也有自己的轴心时代,那就是1947至1966这20年——王重民、刘国钧大展身手的岁月。这个轴心时代定型了北大信息管理系的血型、基因、性格、特长,使北大信息管理系成为中国图书馆学教育机构中名副其实的轴心院系。不管庆祝建系几十周年,这个轴心时代都是纪念的重点,令人骄傲、自豪、回味、感慨。轴心时代的辉煌带给后人的既有感召也有压力,光荣与梦想,兴奋与焦虑,从来都是系庆的主旋律。

然而观今日之北大信息管理系,可谓历史上最好的时期之一,已经具有了复制和超越"芝加哥学派"的实力:第一,它不但像芝加哥图书馆学院那样可以授予博士学位,而且更上一层楼,还是博士后流动站,具备了大规模推出高级人才和杰出成果的能力。第二,它以空前的气度,兼并了北大、武大的图书馆学系主任,既有擅长阅读文化研究的韦普尔斯式的人物,又有擅长理论图书馆学的巴特勒式的人物,教员不是博导就是博士,人才济济,逞一时之盛。第三,前辈图书馆学家已经带领该系度过了信息技术冲击下的"叛逆期"和"更年期",进入到了深邃稳定的成熟期。种种理由表明,北大信息管理系正在进入它的第二个轴心时代,中国图书馆学的"北大学派"或者是"燕园学派"、"未名湖学派"正在形成和崛起。以意气风发代替左右摇摆,以一心向前代替左思右想,以团结奋进代替左顾右盼，正其时也！

不讳良时，略进片言。我建议北大信息管理系的教授们，不仅要编辑出版《影响中国历史的三十本书》、《中国读者理想藏书》、《中国百年畅销书》，还要编辑出版《影响中国图书馆学的三十本书》、《中国图书馆学研究生应读书》、《中国图书馆学百年经典》，尽快划定图书馆学的"四书"、"五经"、"十三经"，大力介绍和传承世界图书馆学轴心时代的原典和大师，让"经典主义"弥漫课堂，让学生们都能在教学课件中下载"大师"的思想和形象，把学生的注意力从阐释之作引导到源头之作，引导他们不断升级学术判断力，加快科研段位的提升。

学生懵嚓嚓地来，人才喜唰唰地走，天地一甲子，河东又河西。北大信息管理系经过了高潮和积聚力量的阶段，又到了一个飞跃的关口。轴心院系必有轴心理想、轴心责任、轴心使命，祝愿它能够以世界图书馆学的轴心时代和本系的轴心时代的精华为薪，以上一代图书馆学家的贡献为油，烧旺教学科研的激情，不仅开创本系的新轴心时代，还能够在开创中国图书馆学的新轴心时代的进程中发挥领导作用。

书城太守出燕园，情报总兵未名来。愿全体系友的漂亮妈妈——北大信息管理系青春永驻、仪态万方，多与优质而非优势学科走婚，得天下的读书种子以孕之，计划生育，优生优育，当好书文化帝国的女王。

2007 年 10 月 10 日

屠鼠剥皮为读书

我天生好读书，家长明白读书好，自个儿也知道读好书。

但是在初中以前，家里无钱，街上少书。在我的印象中，供销社的新华书店分号里除了连环画还是连环画，不管是家长拨款，还是自己捡片废铁，拾块骨头，剥张老鼠皮，逮个青蛙，卖的钱都换成了连环画。我的连环画约有几十册，这个藏书规模在1970年代豫西小镇的娃娃藏书界也算是一方翘楚了。

记得当年，一只青蛙的价格是2分钱，一张老鼠皮的价格是8分钱，青蛙是供销社的收购站收购来了，用来喂养娃娃鱼的，老鼠皮是土产公司收去制造外贸褥子的。

那时候，土坯房里的老鼠相当多，每天晚上，竹篾棚顶上鼠夫妻在洞房里练习柔道，表演相扑，脚步扑朔，动静极大。和大老远地去抓田鸡比起来，捉耗子真是太容易了，家长在屋角黑暗处支几个夹子，小孩子坐在院子里，一边写作业一边守夹待鼠，写一会儿作业，基本上就能听见夹子啪地响一声，一天收获两三只硕鼠没有问题。

没有剥过老鼠皮的人以为剥老鼠跟动手术、宰鸡鸭鱼一样,是一门精妙的医术或厨艺,实际上其技术含量并不高,收购站的人向一位村民传授了,全村的人基本上就都学会了。我被母亲教过两次,马上也就变成了小屠夫。每天傍晚,做作业的时候,我总是一边写字,一边偷偷地瞟着地上的几只死耗子。胡乱做完作业,就急不可耐地把那个充作剥皮架的专用木凳搬过来,取来一枚长钉,把死老鼠的尖嘴咣地钉在凳腿上,将它挂在那儿。然后操起水果刀,在它的肚皮上从下巴到尾巴轻轻地纵拉一刀,揪住它的皮大衣,往它的脑袋上用力一翻,只要过了脑袋,再往下翻就势如破竹了,哧啦一下,一张完整的鼠皮就脱到手了,跟卖凉皮的拎起一张凉皮那样简单。

我剥老鼠的水平算是高超的,每一刀下去,刚好割破皮肉,而不伤及内脏,剥剩的鼠肉就像香肠一样干净清爽,猫咪最爱吃。不像有的小朋友,剥一次老鼠血粪横流、一片狼藉,让家长很讨厌。剥好的鼠皮,将有血的一面贴在院子里的土墙上,像乡下人晾鞋垫一样,什么时候晒干了,它便会掉下来,也就可以拿去卖了。

那个时候我大约上四年级,每天剥 3 张老鼠皮,能挣两毛四分钱,而当时一本连环画的价钱差不多也就是这个数,所以那段时间,是我少年时代最阔绰的时期,也是我读课外书最多的时期。但是好景不长,不过年把光景,国家不收老鼠皮了,我的连环画的采购业务也就断了。剩下几张老鼠皮没法处理,我突发奇想,把它们裁成鞋垫,装在我和弟弟的棉鞋里保暖,晚上回家一看,毛全掉在鞋窠里,皮全缩到了脚后跟,鞋和脚简直可以说是臭你无极限。

童年的我阅读习惯很不好,每天早上醒来,只要是不上学的节假日,第一件事就是边吃干馍片边看书,干馍片就在床头的篮子里,当时吃不起零食,小孩子都拿它当饼干吃。书就在床头的木匣子里，匣子刚好和连环画的尺寸差不多，满满的一槽子。我边吃边看，一直等到被窝里都是馍片渣，扎得光溜溜的身子实在受不了啦，才会万般无奈地爬起来。

当然，这个时期看的不全是连环画，大人的书也看，只是弄不来。家里我所能找到的又感兴趣的大开本书很少，印象深刻的是一本没头没尾的书，全是繁体字，我每天早上都翻几页，很长时间才破解出来半截扉页上印的书名是《水浒后传》，因为那个"后"字的繁体太像"俊"字了，煞费琢磨。就这样天天连蒙带猜，里面的内容慢慢看懂了。从此以后，我阅读繁体字书再无障碍，回想起来，这本书可以说是天赐礼物，帮助我完全闯过了繁体字的识读关。

我读的第一本连环画是哪本，自己倒记不清了。我考上大学后，我妈经常对人说，我小时候第一次主动嚷嚷要买的书是高玉宝的《我要读书》，别人听了都觉得我是天生异禀，佯装啧啧。对这个说法，我也是半信半疑，总觉着我妈越老，对我越像皇帝一样的巴结，就像是朱元璋的拥趸，说朱元璋小时候拉的便便都像蛋筒冰淇淋一样美观，这都是被爱涂抹变形了的童话。不过，打心眼里，我倒希望这个说法是真的，因为此后的道路证明，我和书的确有缘，读图书馆系，当图书馆员，看来要一辈子吃书喝书。书做的饭碗虽然浅，但刚好能吃七成饱，符合所有健康指南的要求。

2006 年 8 月 29 日

馆长大人,我们要读博[①]

自从馆领导做出不支持(实际是禁止)青年馆员在职攻读博士学位的规定后,青年馆员们议论起此事均感苦恼,表示不能理解,认为此项规定不太合理,影响了大家学习和工作的积极性,对图书馆的长远发展也没有什么好处。

青年馆员们认为此项规定的不合理之处主要有以下几点:

第一,从社会大环境看,学位教育制度刚刚完善,科教兴国是国家的基本国策,攻读学位是有志青年的当然愿望。无论是前团中央书记李克强,还是北大副校长何芳川的秘书都是在职攻读博士学位的,他们的岗位不可谓不重要,工作不可谓不繁杂。因此馆里以满负荷工作为由不让大家在职攻读博士学位,理由是不充分的。

第二,从北大小环境看,学校积极支持青年教师攻读博士

[①] 此文是我于2000年1月,代表部分有读博愿望的青年馆员,向北京大学图书馆第一届教代会递交的提案。文字经过了其他馆员的修改,故人称为"我们"。

学位，青年教师博士化是学校的基本政策，据我们了解，学校中除图书馆外的系、机关都没有出台类似的规定。相反，学校则规定1953年以后出生的教师如果没有博士学位不能遴选博导，而现在的正教授如果不到退休年龄几乎都是博导，其言下之意是如果无博士学位评正高都很难，很可能再过一段时间就会有某某年以后出生的教师没有博士学位就不能评正高的明文规定。所以图书馆这项规定直接影响了青年馆员的前途，对青年馆员们来说是不负责任的。同时也导致了青年馆员的自卑感，认为图书馆员不如教师重要，而这种状态无疑会影响他们的工作，不利于稳定队伍，不利于调动青年馆员工作的积极主动性。

第三，从行业对比看，无论国内或国外，无论公共馆或大学馆，据我们调查了解，这些图书馆都把学位教育作为继续教育的一部分，鼓励青年馆员攻读学位。另据北大信息管理系提供的信息，今年该系从正教授到讲师共有7人考博。已经正在该系读博的有香港、澳门、内地许多大学的图书馆员。另外，清华大学图书馆规定，在职人员合同期满即可报考在职博士，这可以为我们提供一个相同情况的参考。而我馆的规定，不仅无助于树立自己的改革形象，反而让自己的青年馆员守着最高学府而不能深造，空自扼腕。

第四，从管理思想看，我馆似乎更注重8小时以内的满负荷工作，而对馆员的工作效果和8小时以外的学习重视不够。如果以满负荷工作为由，不让在职攻读博士学位，不仅忽视了图书馆后续力量的培养提高，而且与现在国际上盛行的强调效率和工作成就的目标管理不相符合。据我们了解，在职攻读博士学位脱产上课的时间实际只有一年，每周6～8学时，如果能够争取一外免修，时间会更加缩短，大部分的学习时间还是在8小时以外。青年馆员如果工作效率高，岗位特点允许，能保质保量地完成工作任务，在职攻读学位不仅能提高自身素质，而且有利于提高业务工作水平，于图书馆的工作有利而无害。因此，我们认为，我馆实在没必要采取一刀切的做法，不论岗位特点或攻读方向，一律不支持大家在职攻读博士学位。

　　第五，从人才培养模式上看，北大图书馆历史上素来注重直接的读者服务，而对于发掘工作人员的研究潜能，直接为繁荣北大学术做出贡献似乎重视不够。新馆长上任后，大胆重用年轻优秀人才，注意提高图书馆员的地位，为大家创造进一步提高的机会，在管理方法和思路上有很多新颖独到之处，使我们年轻馆员对于图书馆和自己的前途都充满了希望。唯一让我们不解的，就是关于不再支持在职攻读博士学位的规定。现在一些大型的图书馆已跳出劳模传统，建立了劳模与学人相结合的新型人才培养模式，如中科院文献情报中心，目前已有多名图书馆学博导，培养了众多博士，其中留馆工作的不在少数，蕴藏着无限潜力，一旦新馆建成，有望步入国内图书馆前列。我馆如果不重视年轻一代学人的培养，不注意蓄积人才潜力，在发挥读者服务优势的同时，注意发掘培养研究力量，那么我馆的优势地位恐怕将难以长期保持。馆领导出台此项政策的考虑之一，可能是认为博士太多的话，会造成无用武之地，浪费人才。我们认为，如果图书馆有一批具有真才实学而又踏实肯干的博士，对于提高读者服务工作是非常有利的，一个广学博闻的博士无论是做采访、编目，还是咨询，都会具有较高的水准，将会为读者提供更好的服务。这批博士在做好读者服务这一本职工作的同时，业余时间加强研究，他们的副产品对于提高图书馆的学术水准和声望是非常有利的。

　　第六，从公平原则看，目前馆里仍然允许在职攻读硕士学位，实际上是为他们提供了在职学习的机会，而且据我们了解，在职攻读硕士要比博士占用更多的工作时间，完成规定硕士学位学分至少要一年半的时间。对于要求攻读博士学位的大多数馆员来说，他们的硕士学位的获得，是在全脱产的条件下获得的，如果把他们的硕士学位的获得与在北大图书馆在职获得硕士学位同样对待，不再提供在职学习的机会，显然是不符合公平原则的。

第七，从规定带来的后果看，如果不让在职攻读博士学位，在工作上，青年馆员受到失落感的影响，将很难保持工作的冲劲和创造力。其实馆里不让考的初衷是怕馆员流失，怕读书耽误工作时间，结果很可能是适得其反。而希望到馆工作的新人，如果不是博士的话，也很可能会因这条禁令而望而却步。在生活上，随着校内其他单位青年教师博士化的逐步落实，我馆馆员在学历、职称上将成为弱势人群，连带的还有住房、地位等问题。馆里经常说要提高图书馆员的地位，但提高地位的关键是落到实处，是给大家提供一个精神的制高点，鼓励大家向上追求，让大家在服务的同时提高学问修养，使图书馆能够凝聚一批人才，促进图书馆事业的长久发展。

我们绝大多数青年馆员是本着热爱图书馆事业的目的来馆工作的，在我们心中，北大是文明的圣地、求知的天堂，北大图书馆作为传播文明、繁荣学术的重地同样令人景仰。正是这种精神上的满足使我们能够安贫乐道，在平凡的岗位上奉献我们的青春和才智。当别人为我们不到千元的月工资表示惊讶时，是我们心中北大神圣的光环，北大图书馆作为知识圣殿的魅力使我们无怨无悔。无论是已在北大读过书的还是没有在北大读过书的，能够在北大工作的同时继续深造，获得北大博士学位，是我们共同的崇高梦想，也是我们在北大工作的巨大动力。我们希望在自己辛勤工作的同时，能够平等地获得继续深造的机会，用知识充实自己、提高自己。

几年的工作，已经使我们与图书馆结下了不解之缘，我们深深爱着北大,爱着北大图书馆。馆里的这项规定,实际上忽略了我们的这项合理要求,忽视了我们青年人的精神追求,也在一定程度上伤害了我们对北大图书馆的感情。如果说,要想读博,只有辞职一条路,这是我们所不能理解的。在此我们恳请馆领导全面考虑一下这个问题,设身处地为我们想一想。北大正处在前所未有的上升时期,北大图书馆亦当抓住机遇,向前发展。青年馆员攻读博士学位对图书馆的长远建设并无不利影响,只会优化图书馆的人才队伍。因此我们建议,图书馆应该有条件地支持青年馆员攻读博士学位。如果馆里认为读书占用了工作时间,影响了工作,可以采取一些惩戒性的措施,但不能无限期地不支持我们在职攻读学位。据我们了解,有志继续攻读在职博士的年轻馆员已经不止一两个人,压制这种愿望是不明智的,应该根据馆里和个人情况加以疏导,因此,希望馆领导能够重视并支持我们的这项合理请求,拿出更好的既有利于工作又不伤青年馆员感情的解决办法。

2000 年 1 月 20 日

答客问[1]

一、能否谈谈您在《大学图书馆学报》负责编辑工作以来的最深体会？

18岁的理想最真，我18岁的理想是上北大、览群书、写文章、当编辑。《大学图书馆学报》恰巧办在北大图书馆，基本上满足了我18岁时的4大理想，使我找到了个人兴趣、专业背景和工作饭碗的结合点。我到编辑部以来，干劲很大，经常是生理上身困眼乏，但主观上总是兴致勃勃、乐而忘疲。我总觉得，我找到了适合自己的工作，是成千上万个学习图书馆学的人中的一个幸运者。办杂志，就要对得起这份幸运，尽到自己的责任，为图书馆这个行业、这个学科多做事、做好事。编辑的权利说小很小，没有专家的支持，巧妇难为无米之炊；编辑的责任说大也大，如果把错关，导错向，话语权分配不公，经年累月，对学术的扭曲、危害作用不可小视。所以，我

---

[1] 本文是某刊对我的电子邮件访谈，事后未见回音，不知最终是否发表。

很珍惜这份工作，对待这份光荣的工作的态度可谓小心翼翼，力争经手发表的绝大多数文章，无论内容还是形式，都能过得了读者挑剔的眼光和自己的学术良心。

转眼我到编辑部工作已经十年了，十年辛苦不寻常，积累的体会很多，择其大者，主要有以下几点：

第一，长见识。

读本科的时候，我对业内专家的感情十分盲目，除了崇拜还是崇拜，缺乏分析批判精神，主要是因为学识太浅，学力太小，无从产生别的想法。读硕士的时候，有机会近距离接触一些专家，对专家们的个性、气质有所把握，也慢慢懂得从知识创新的角度评价他们的科研成果，渐渐知道自己欣赏哪类专家，向往哪类成果。当编辑之后，突然拥有了与全国的专家集中交流的平台，相当兴奋。特别是在还未盛行打印稿的头几年，每逢接到名家来稿，摩挲其手札，欣赏其书法，想想这就是本学科某某领域的带头人谁谁谁啊，真是有种幸福感！编辑的这种工作性质，能够极大地扩大与专家交流的频度和广度，这是其他工作所不具备的。在这种亲密接触中，我最大的收获是加深了对许多专家本人及对他们的著作的理解。我又是个具有旺盛好奇心的人，每接到一个专家的稿件，就把求知的触角伸到他那个领域，捎带了解他的别的成果，久而久之，对自己的知识结构的完善、知识范围的扩大，很有帮助。

第二，开眼界。

由于《大学图书馆学报》编辑部和教育部高等学校图书情报工作指导委员会秘书处是一套机构、两个牌子，编辑们在做编辑工作的同时，兼做图工委秘书处的工作，经常组织或参与一些图书馆界的大型会议，这就极大地扩大了编辑们的视野。我到编辑部工作后，通过参与秘书处的一些事情，感觉就像猛然站在了图书馆界的前沿高地上，眼前豁亮豁亮，视野好宽好大。以前读书的时候，我对CALIS、中国图书馆学会甚至高校图工委，这些业内举足轻重的项目、联盟和学会，都知之不多，毫无感性认识。到了编辑部，也就是图工委秘书处后，感觉这些"国"字头的机构突然一下子离自己很近，有些事情还能参与进去，稍稍体验到一种为国效力的感觉。有了秘书处的工作经验，知道了业内的很多大事，再干编辑部的活儿，境界就提高了不少，有些看不懂的内容现在能看懂了，也能从全局角度和行业大势角度衡量来稿的价值了，相应地，也提高了刊物的境界和品位。

第三，尚学习。

好的学术主编就是博导，好的学术编辑部就是一个优秀的学术团队，例如在《图书情报工作》编辑部先后做过主编的辛希孟先生和孟广均先生，都是学识渊博的博士生导师。在一个好的学术刊物的编辑部工作，其收获不亚于攻读一个博士学位。很庆幸，《大学图书馆学报》编辑部正是这样一个学习型团队，编辑部的领导朱强老师和李晓明老师都是高校图书馆事业的长期参与者和领导者，不仅对图书馆的业务和管理十分在行，而且平时也做一些研究工作，对学报的编辑出版也是精益求精，在他们的言传身教下，你的工作态度不得不认真，你的工作作风不得不严谨。同时，他们对年轻人的创意活动又十分支持，给予充分的施展空间，比如我到编辑部的头几年，对于刊物的封面和版式设计、广告经营活动十分感兴趣，他们都支持我放手去干，真的采用我动手设计的封面，也指挥我开启广告经营业务，给我以极大的鼓励。最近几年，我在网络图书馆学方面比较活跃，编辑部的领导同样只看好的方面，从不求全责备，是我的坚强后盾。在编辑部工作的这10年，不少师友认为我进步较大，我也觉得自己的办事效率、编辑才能、学习精神等有一定提高，由衷地说，这离不开编辑部领导的栽培和同事的帮助,甚至离不开编辑部浓郁的学习气氛和竞争气氛带来的紧迫感。2007年是《大学图书馆学报》编辑部的出书年,朱强主编出版了《高校图书馆现代化之探索》,何朝晖兄和我分别出版了《明代县政研究》和《阅读疗法》,这充分说明《大学图书馆学报》编辑部是一个学习型编辑部,编辑们在为别人的学术成果把关和作嫁的同时,没有忘记"打铁先须自身硬",十分重视自身学术水平的提高。

总之,我在《大学图书馆学报》编辑部这10年,是同事和睦、心情舒畅的10年,整日价快乐地工作,享受工作的快乐,这种欢快的情绪也充分反映到了我的许多博客短文里。团结紧张、严肃活泼的编辑部的故事已经成了我人生中非常宝贵的一部分,这份工作,我过去喜欢,现在喜欢,将来也会喜欢。有时候想一想,在编辑部的这些年就像是在阵地上给老总们摆地图、提望远镜,北大图书馆、高校图工委、高校图书馆分会的领导们和投稿的大专家们就是图书馆事业前沿阵地上的老总,他们眺望阵地、视察军情的时候,你也可以跟着看,他们不用望远镜和地图的时候,你还可以拿来摆弄摆弄,研究研究,真是长了不少见识,受到了很多锻炼。

《大学图书馆学报》编辑部这个平台塑造了我,10年来如果说我有点成绩的话,基本上都是这个平台给予的,我很感谢这个平台,会更好地为它服务。

二、为了促进图书馆学学科发展,您认为学术期刊目前应采取何种战略发展方向?

我在编辑部只是一个执行编辑,说实话,对"战略发展方向"这样的大问题考虑不多。我的人生态度是,不制定特别长远的计划,只考虑今天、今年应该做什么。只要每天的事情都做好了,小计划都实现了,未来就一定很美好。办杂志也是这样,如果能够精心编发每一期,期期得到好评,那它对学科的发展自然而然就能做出应有的贡献。

至于做什么有助于图书馆学学科发展，大家的理解肯定是不一样的，有的刊物认为，图书馆学的发展是横向发展或向宏观发展，举凡知识管理、信息管理、竞争情报、政务信息等，都属于图书馆学的发展，所以发表的论文范围很宽，只有一小部分是图书馆员能看懂、有感觉的。《大学图书馆学报》不是这样，编辑部要求它跟高校图工委的宗旨一致，就是为高校图书馆工作发挥研究、咨询、协调、指导的作用，所以我们刊发的论文范围较窄，基本上都是贴近高校图书馆实际的学术探讨，是纯正的传统的图书馆学论文。和许多图书馆人的意见相左，我一直认为，现在的不少图书馆学期刊，看着是图书馆学的园，长得其实是不明学科的苗，造成了图书馆学的虚假繁荣。

就我揣测，你问的"战略发展方向"可能还有一个意思，就是图书馆学期刊到底该走企业方向，还是事业方向。目前图书馆学期刊的确存在着这两种状况，《图书情报工作》就是企业方向的坚定探索者，开辟了做广告、发展会员、举办专业会议等许多办刊物的新形式，我觉得做得很成功。包括《大学图书馆学报》在内的很多兄弟刊物都在关注着甚至模仿着该刊的做法，我们发布广告也是从该刊学来的，对该刊的种种开拓创新举措十分理解和欣赏。美国的学术期刊的出版大都是公司化、市场化的，照样领先世界，所以我认为公司化不一定影响学术性，《图书情报工作》的学术质量就一直是很高的。如果将来图书馆学期刊编辑中能够产生出版家的话，我觉得很可能出自该刊。当然大部分图书馆学期刊还是在事业单位发展，这样也有一个好处，就是不用为办刊经费操心，可以聚精会神地做好学术把关工作，但完全不走市场的很少，大多数刊物至少都走出了发布广告这一小步。我们《大学图书馆学报》编辑部，不过度执着于哪个方向，两个方面的经验都认真学习和积累，走什么路，随未来的变化而变化。

三、您的博客"书间道"是图林博客中很出名的一个，能否请您简要谈谈博客对图书馆学发展的影响？

图书馆学博客在初级阶段是地下写作、抽屉写作、匿名写作。要么批判精神很强，对行业和学科中的人物、事件、著作直抒胸臆，不太留情面地进行褒贬，火药味大，冲击力强；要么纯粹属于自娱自乐，无厘头精神旺盛，不打算被人看到，但不留心被人发现，以其观念、情感的原生态，引人好奇窥探。

因为大家习惯了阅读冠冕堂皇、客客气气的纸面文章，刚一接触博客这种草根化、俚俗化、娱乐化的新文体，感觉很新鲜，猜名号、对原型、传观点、析恩怨，乐趣很多。很多博客上的学术观点，通过学术会议聚餐的餐桌，一传十、十传百，流"毒"甚广，刚开始还是"毒"，后来就变成了药，比如图书馆权利、图书馆精神、图书馆2.0、制度图书馆学等，经过博客群体的反复搓洗，现在是越洗越白，大白于天下，成为显学。

我个人也通过博客成功地将"网络图书馆学"放出笼，为阅读疗法造势，博名两度出现在《图书情报知识》卷首语中，尤其是认为谷歌、百度的总裁是目录学家的观点，受到中国图书馆学会学术委员会常务副主任李国新老师的认同，2007年春，经他在全国目录学研讨会上传播，武汉大学信息管理学院的副院长王新才教授还专为我的这个观点发表了表示支持的短文，令我感到十分光荣。

博客还广泛出现在学术论文的参考文献中，专论图书馆学博客的科研成果也有一些。据我所知，一些80多岁的知名学者，也在源源不断地阅读学生提供的打印版博客文章。武汉大学的信息计量学家邱均平教授专门著文计量图书馆学博客的网络影响力。博客们还结成虚体的学术性社团"图书馆2.0工作小组",成功地出版了一部30多万字的专著《图书馆2.0:升级你的服务》。可以说,博客对图书馆的影响是全面的、深刻的,是博主们在开博客时所始料未及的。

随着博名——俗名"马甲"的——透明,如今的博客已经从幕后走向了前台,而且随着博客圈的形成和RSS阅读方式的普及,博客聚合起来是公媒体,分散开来是私媒体,学术影响越来越大,已经成为图书馆学交流的重要公共空间,不仅行业新闻总是通过博客得到最新报道,许多理论问题都是通过博客进行预演、彩排和普及,博客们点燃了一条又一条的理论导火索,引爆了一个又一个学术热点。一些研究表明,目前学术界最经常将博客作为学术参考源的前三名学科分别是传播学、教育学、图书情报学,其他学科也在越来越多地引用博客上的内容,博客和学术走得越来越近了。因为读者一般通过RSS聚合阅读博客,博客的点击数字已经不能准确反映博客的影响,其实际影响远比点击量大得多。

2006年春,我曾经在上海的图书馆2.0会议上,预言图书馆学博客将出现京派、海派和岭南派,这一年多图书馆学博客的发展表明,我的预言是完全正确的,令我十分得意。遗憾的是,图书馆学比较发达的武汉、南京、成都,博客数量较少,尤其是缺少名家博客,希望图书馆学博客中的汉派、宁派、川派尽快崛起。回顾网络图书馆学的发展,经历了论坛、博客、博客圈、QQ群等几个阶段,涌现出了一问、老槐、竹帛斋主、大旗底下等代表人物,下一步向何处去?我的预言是播客的兴起,我认为,范并思、程焕文、李超平这些教授,不仅是资深博客,也是图书馆学教育界的名嘴,他们下一步应该紧跟技术的发展,不但继续更新文本博客,还要向播客进军。因为无论形象还是口才,他们都有开播客的条件和优势,开播客不仅可以让全国的图书馆员享受到中国第一流的图书馆学教育资源，也是他们扩大学术影响，传播学术理念的绝佳途径。我希望看到越来越多的图书馆学博客，摇身一变，成为业内当红、富有学术影响的教授主播、馆长主播、美女主播、帅哥主播。

　　博客越来越实名制了，越来越道貌岸然了，越来越个人门户化了，他们的锐气或许有所丧失，但学术性、专业性明显越来越强了，理性多于感性，这对学术的发展总归是件好事。随着博客数量的增多，博客圈中的核心人物也越来越突出，不久前，图书馆 2.0 工作组通过网络票选，评出了最具价值、最具专业、最具人文、最具技术、最具奉献、最具潜质、最具八卦、最具文采、最具幽默、最具怀念的博客。有人说，读好的博客不亚于读核心期刊，这"十最"博客中的前几名就是图林博客圈的核心期刊，值得图书馆人给以特别的关注，相信读过之后，一定能得到很多启发。

2008 年 3 月 31 日

SCI榜：不能不信，不可全信[①]

20世纪90年代以来，以SCI的统计结果为依据编制的学术榜成了高教界的"封神榜"。不少人以少年时期阅读《隋唐演义》、《水浒传》的热情关注此榜，评论着谁是大学家族里的李元霸、宇文成都，谁是学术梁山上的宋江、晁盖，坐头把交椅者是北大还是清华？SCI成了一杆大秤，大学和科研机构达到了何等重量级，好像拿来一称就明白了。

然而SCI称出的结果是毛重还是净重，许多人不甚清楚。此前《大学生》杂志曾发表几篇介绍文章，对SCI的重要性给予了阐述，但对SCI的短处仍认识不足，有时还发生常识性的错误。作为对SCI的统计原理——文献计量学略有研究的图书馆学专业的研究生，我觉得有必要来解构一下SCI，指出这杆秤的误差有多大。

---

① 原载于《中国大学生》1998年第2期。

一、SCI榜是系科排行榜，不是整个大学的排行榜。

SCI是"Science Citation Index"的缩写，直译是"科学引文索引"，而实际是自然科学引文索引，社会科学成果概不收录，在理工领域又重理轻工。它收录的学科谱系虽然每年都在扩大，但重点倾向于物理学、生命科学、化学、数学、医学、地球科学、天文学等，这个特点决定了SCI的评价功能是相当有局限性的：第一，SCI榜只是部分大学的"半壁江山"——理科排行榜，更确切地说主要是理化生三科排行榜，文科和工科处于旁观或半旁观的地位。因而社会知名度颇高的纯文科的中国人民大学注定与此榜无缘。北京大学即便"五四"时期的众文曲星再现，也不能在此榜上挣上一分；素有"工科之王"美誉的清华大学，工科虽棒，但处于半参战的状态，仅拿理科与人论剑，也只能名列三、四。第二，SCI榜是学科摊子之比。哪些大学的学科齐全，哪些大学的学科设置与SCI的收录重点相吻合，在SCI榜上就容易靠前。例如以前没听说南开大学、武汉大学比南京大学差多少，怎么南京大学现在一下就火了呢？这固然与南京大学的教改有方有关，但据笔者调查，奥秘还在于南京大学有一般综合性大学少有的天文学、大气科学、地理学、地质学，几年前还新成立了医学院，这些学科都是SCI的优秀得分手，难怪南京大学近几年如"芝加哥公牛"势不可挡，引得一片喝彩。

二、SCI有浓浓的科学味，也有淡淡的商业味。

SCI榜的中国女主持人张玉华年内曾到美国SCI总部访问。从她的考察报告中，我们既可以闻到SCI浓郁的科学味，也隐约可以闻到一些商业味。SCI在国际上声誉远播，当然在收录标准上是以科学性为第一原则的。但是哪个国家要想使本国有更多的期刊成为SCI的源期刊，那么对不起，也不是毫无条件可讲的，你得跟我搞好公关，多买一些SCI的印刷本和光盘。

这样一来对中国就很不利，我们整个北京愿买而且能买得起的不过两三家。所以，1982年我国大陆有13种期刊被作为SCI的源期刊，到1994年只剩下了7种。而同期，新加坡、印度、中国台湾因为分别在本地建立了SCI的代理公司，有时还请SCI的创始人加菲尔德博士前往讲学，所以它们被SCI收录的源期刊分别由0、8、2种，增加到5、12、4种。从这些微妙的变化我们可以感到，SCI在科学神圣的袍子底下，也藏着商人的计算器。当我们看到哈佛大学每年有几千篇论文被SCI收录，而我们最好的大学也不过几百篇的时候，除了激发起奋起直追的雄心，对老外们成果的质量保留一点点怀疑也是可以的，这不一定就是阿Q式的自慰。

三、引文动机复杂多样，同被SCI引用的论文质量也差距甚远。

能够表明论文科学价值的是正面引用，即前人的成果成为后人进一步研究的基础，其概念、原理和方法被后人像接力棒一样传承下去。但是引文除了正面引用以外，还有反驳性引用、叙述性引用、修辞性引用、情感性引用、声势性引用、致谢性引用和炫耀式的自引等类型。而计算机编制的SCI对各种引用的性质是不加辨别的。这样造成的结果是，一篇伪科学论文也可能有极高的被引用率。如在科学史上声名狼藉的制造伪证兼剽窃的巴尔的摩先生，他的论文一开始被作为科学上的重大突破而被广泛正面引用，后来在被证伪、被揭发的过程中，又被作为批判的对象来反面引用，被引用的次数可谓多矣，可最后还不是几页废纸，分文不值。还有一些人，出于崇拜、仰慕、炫耀、助威、自恋等种种非科学的动机，滥引名人、导师、本单位、本学派、本人的只言片论，故意追求高引用率，赚噱头而已。久而久之，易形成马太效应，使引文在一个近亲集团内滚雪球。由是观之，把SCI作为科研成果评价的唯一手段也是不大可靠的。

四、提高被SCI的收录率，有技巧和策略可寻，可以突击。

在SCI被日益重视的情况下，有的单位为提高被SCI的收录率，逐渐摸索出了一些方法。比如：加大物质奖励，被SCI收录一篇奖数千元；把上SCI作为某些系科教师评职称的资格，作为某些系科硕士、博士生获取学位的必要条件；出国访问学者在国外发表论文必须加署国内单位名称；提倡并促进跨校际合作，因为非第一作者也统计在学术榜之内；将大型项目分解，注意及时推出阶段性科研成果等。由于这些方法被各单位认识的有早有晚，有的已启动多年，有的才刚刚起步，所以我认为近几年的SCI榜不是大学的常态排序，而是基本还处在早着先鞭者早收益，迟钝者刚觉醒的状态。只有当各单位对SCI的认识达到了同一水平，在SCI榜上争雄的时代才正式开始，未来几年，SCI榜将更能反映各大学及科研机构的真实水平。

基于以上认识，我们在宣传SCI时就应该避免几种误导。

一是把SCI捧得过高，好像一所大学在SCI榜上稍有退步，这所大学就衰落了。其实不是如此，SCI榜只评比基础理科，至于文科成果它是反映不出来的。仅以SCI榜指点大学，这就好像看到了李家的老二打败了王家的老二，就断定王家斗不过李家。殊不知王家的老大不仅打得过李家的老大，王家的三妮子还比李家的三妮子漂亮呢。

二是要想有更多的论文被SCI收录，应当鼓励向SCI的来源期刊投稿，而不应只鼓励向国外投稿，国外也有很多期刊的论文SCI是不收录的。来源期刊是SCI从世界各国精选出来的学术水平最高的期刊，我国现有9种。凡在来源期刊上发表的论文SCI都收录。我国的科研人员应首先考虑将优秀成果投给国内的来源期刊，其次再考虑投往国外，以尽量缩短发表时差，争取优先权。如果成果都投往国外，评审权在人家手里，难免会延误发表时机，被别人窃去优先权的可能也是有的。而且科技成果外流，对我国的期刊建设极为不利。没有好的稿源，期刊质量上不去，当选为 SCI 来源期刊的可能性就更小，如此恶性循环下去，我们就不得不越来越依赖外国期刊。

三是宣传用语要严谨科学，以免以讹传讹。SCI 榜本来是大学科技论文排行榜，但很多媒体将其简称为大学排行榜，并在标题中用"大学四强"等字样。由于此榜不涉及文科，这样简称岂不忽略了大学的文科成就，抹煞了大学文科教师的劳动。还有的文章说某大学规定，教师评职称必须要有论文上 SCI，其实这只是对某些系科的要求，并非全体教师都得如此。这样的信息虽无大错，但毕竟不精确，被读者不加辨别地接受了，传播开去，会让更多的人跟着作者一块贻笑大方。

总之，SCI 榜只是评价大学和科研机构的参照之一。全面评价一所大学还要看它的师资、财力、生源水平、教学科研设备、历史作用、社会知名度、毕业生水平、专利产出、获重大奖励的级别和次数等诸多因素。在文献计量学领域，大学的文科水平也可以通过对重要检索期刊的统计来评比，当前国内采用的主要方法是统计各大学的科研成果被《新华文摘》、《人大复印报刊资料》、《高等学校学报文摘》收录的多少来排序，但影响不大。国际上，美国科技情报所在出版 SCI 的同时，还出版它的姊妹篇 SSCI（社会科学引文索引）和 A&HCI（艺术与人文科学引文索引）。但由于社会科学研究明显地受意识形态、社会制度及作者的主观认识影响，其价值衡量标准比纯自然科学更难确定，也有更大的国家差异性，所以 SSCI 的应用并不广，我国暂时也没有根据它的统计结果来给大学排座次。

正如一切事物都有两面性，SCI 亦是如此。我们的大学对待 SCI，一方面要充分尊重它、正视它，争取名列前茅；另一方面也要看到它的不足，不可迷信之，不能将其视为科研的导向和指挥棒，为了快出成果，而不去搞那些需要十年或数十年磨一剑的大项目、大工程。真正的一流大学应当面向未来，目标高远，囊括大典，文理兼治，精育英才，为人类知识的增长和社会的进步做出全面的贡献，而不必在 SCI 榜上计较一时之短长。

1997 年 12 月 18 日

书案煮酒

书山结书匪,书海一身藏。
书庙参菩萨,书院拜山长。

图林人物美名谈

珞珈山上落草，未名湖畔入伙。从"要就发发"（1988）那年开始，我这个曾经的"爸爸"（88）级图林新鲜人，嘻唰唰，嘻唰唰，转眼已经在图林漫步18年了，时间长得足够让一个丑小丫出落成俏佳人。18年过去了，"爸爸"这把交椅近年倒是坐上了，但是离"发发"似乎还挺远，真是辜负了戴上大学校徽那个吉利的好年景。

图林行走久了，正经的知识不晓得胸藏多少，圈子里的八卦心中却有几多，有的还是我的独家发现，一旦公布出来，恐怕可以获得图林诺贝尔奖——阮冈纳赞奖。我之所以没有公布，是因为这些发现虽然独到，但意义稀松，对自己的专业形象无甚提升。互联网兴起后，我曾经寄希望于网络论坛，希望碰上一两个网上的知心小友，能够想我所想，把我想到的东西抖落出来。可是多年过去了，我的发现是独家的还是独家，仍没有人替我公布，新成长起来的穿过尿不湿的一代多没有铁杆文学青年的经历，不像我，即便对很专业的东西，也有过度联想的能力。

前年弄璋，在给孩子起名的时候，翻了几册姓名学专著，也在脑海中把中外图林人物的名字存取、赏析了几遍。无意中大大丰富了我对图林人物名字的过度联想，这回觉得如果不把我的发现公布出来，真是有点不吐不快了。

我较早的一大发现，是关于北大的周文骏先生的。大家都知道，周先生是我国最早的图书馆学博士生导师之一，其开山大弟子是周庆山，二弟子和三弟子分别是杨晓骏和朱博文。但是大家都没有想到，如果在周庆山的名字中取一个"周"，在朱博文的名字中取一个"文"，在杨晓骏的名字中取一个"骏"，是什么呢？岂不就是"周文骏"吗？呵呵，这是姓名学干预图书馆学的极端经典的表现，不能不令人称奇。当年报考周老师而落榜的考生恐怕至今还在抱怨命运不公呢，我这么一提醒，您是不是就不后悔了？是不是就彻底释怀了？是不是觉得很有趣？说句玩笑话，其实您的姓名已经决定了您考不中，再怎么努力，也是陪三位太子读书的。不要说我这个发现是个无用的马后炮，多少能给您带去点安慰就是好发现。

我还发现，叫什么名字对能否当上馆长也很重要。因为名字对上级是一个暗示，当年大清国最后一次科举，慈禧就是觉得刘春霖的名字叫得好，而将他点了状元，取代了容易让她想起被其害死的珍妃的本来头名朱汝珍。同理，假如一个馆长候选人的名字叫涂书多，一个馆长候选人的名字叫舒见少，组织部一块提名给大学校长选择，在都不认识的情况下，校长多半会选择涂书多——谐音图书多，图书越来越多吗！舒见少——谐音书渐少，书越来越少，这怎么能行呢？但是当组织部另外又提名一个馆长候选人钱书富的时候，校长肯定又觉得涂书多不好了——订购的都是糊涂书可不行！还是钱书富——钱多书多当然最好！

由此，我不能不联想到一个人物——北京大学图书馆的老馆长庄守经。庄馆长本来是由燕京大学的进步学生成长起来的革命干部，专业是理工科，但建国后却阴差阳错地与图书馆这个职业越走越近，当过北大图书馆学系的主任，也当过北大图书馆的馆长，还是全国高校图工委的主要创始人。庄先生具体是怎么走上图林这条风雨路的，我不是十分清楚。但我隐隐觉得，和他的名字应该有一点关系。在中文里，恐怕很难找到第二个名字比"庄守经"更适合对应于一个图书馆馆长了，庄守经——庄严地守护经籍，如果我是北大校长，在选拔图书馆长时从候选名册里看到这个名字，也会眼前一亮的。不管庄先生当馆长跟他的名字有没有关系，但他的名字对于一个图书馆馆长来说的确是太完美了，简直让人叹为观止。

"庄守经"这个名字，字面意义上代表的是一种传统的藏书楼理念，那就是重藏轻用，符合庄先生父母那代人对藏书楼的认识。当时的藏书楼练的是"皕宋剑法"，念的是"连城诀"，追求的是价值连城的宋元珍本的收藏，而不是书刊的最大限度利用。庄先生一生不可磨灭的功绩却恰恰在于和这种老派的图书馆学思想作斗争，他发起建立的图工委的理想，就是要把处于单舰只艇状态的各个高校图书馆，组织成信息互通、资源共享，为中国的高等教育提供切实信息保障的伟大舰队。在庄先生和肖自力等图工委先驱的努力下，高校图书馆终于把"皕宋剑法"改造成"共享剑法"，把"连城诀"改造为"合纵连横诀"。今天，当"共建共知共享"、"自动化数字化网络化"的"三共经"和"三化经"深入人心，当CALIS乘着数字化的翅膀高奏凯歌的时候，我们不能忘了庄先生的贡献。1992年，美国华人图书馆员协会授予庄先生"杰出贡献奖"，使之成为内地获此荣誉的第一人，这代表了国际图书馆界对他的职业成就给予高度赞赏和褒奖。

无独有偶,在20世纪90年代成名的第四代大学图书馆馆长中,出现了一个名字堪与庄守经媲美的馆长——阿拉坦仓。阿馆长乃蒙古族人,22岁任教于内蒙古大学,是位年轻的博士、数学家,30多岁就被评聘为教授、博士生导师、图书馆馆长,坐镇在形状颇像元朝大将军头盔的书帐内,帐前还有一个盗版的未名湖。阿馆长的学术背景与图书馆学的大宗师阮冈纳赞一模一样,都是数学教授出身。而无数事实已经证明,数学和化学出身的人是图书馆学科班出身的人的最大克星,无论是在图书馆学理论还是在图书馆实践的 PK 大赛中,他们往往能够脱颖而出,独占鳌头,国外的阮冈纳赞、加菲尔德,国内的邱均平和叶鹰就是他们当中的杰出代表。因此,我们完全有理由期待阿馆长在图书馆界做出更大的贡献。

阿拉坦仓馆长

我是一个至今没有去过上海的乡巴佬,在我有限的关于上海的了解中,我知道上海话的"我"念作"阿拉",如果我们把上海话和"阿拉坦仓"联系起来,阿馆长的名字一下子就变得非常具有专业性和戏剧性,"阿拉坦仓"的上海话译文居然是"我全开架"。天哪!这不就是当前最通行的图书馆理念吗?阿拉坦仓当馆长真是上天弄人、天地绝配!我曾经问过阿

内蒙古大学图书馆和盗版未名湖

馆长,他说"阿拉坦仓"在蒙文中的意思是"金库",即便作"金库"讲,用来形容图书馆也是很贴切的,图书馆不就是人民大众的信息金库吗?

在感叹世间巧合的时候,我觉得这个巧合还有巧上加巧的余地,如果上帝真是位百分之百的图书馆粉丝的话,应该把阿老师放到上海图书馆当馆长,那样上海图书馆就有了个活广告、活理念,可以省下很多公关费、广告费、形象塑造费,市民们谁不愿意经常到"我全开架"馆长的全部开架的图书馆里看书学习呢?若真如此,如果上海图书馆要推出馆训,也不必像中山大学的程焕文馆长那么费劲,吭哧吭哧地从文华图专的旧箱子底下翻出"智慧与服务",馆长的名字"阿拉坦仓"岂不就是现成的馆训。想到这儿,我经常把自个儿给乐翻了,自满得一塌糊涂,忍俊不禁地为自己的"天才"想像拍案叫绝。

如果把"庄守经"和"阿拉坦仓"从字面意义上串联起来,就变成了一句 20 世纪中国图书馆史的最佳评语。什么"三次高潮"、"四代学人",管它图书馆学是不是发生了聚变、裂变、嬗变、36 变、72 变,这些都是图书馆学家的夫子自道,对读者来说,他们看到的一个世纪的图书馆的切实的最大的变化,难道不就是从"庄守经"到"阿拉坦仓"吗?再也没有比这更简明易懂的概括了。

对于外国图林人物的名字,我暂时还没有什么特别的像"庄阿论"那么像样的心得。站在大众文化的立场,我觉得我们对外国图林人物名字的翻译太僵化于音译,如果加入点意译的元素,可能会更有趣。比如印度图书馆学家阮冈纳赞,英文是 Ranganathan,本意是毛利酋长,毛利人是新西兰原住民的一支,"毛利"的本意是"普通人"或"正常人",试想想,如果我们把阮冈纳赞喊作毛酋长,把图书馆长看作是普通的爱书人的酋长是不是很有意思?即便不大改,只把"冈"字改成"哥"字,让"阮冈纳赞"变成"阮哥纳赞",也是极有趣的。我一直觉得,"纳赞"和我的一个同学的名字"广钦"是近义词,都是"让钦慕和赞美来得更多更猛烈"的意思,这两位在名字上存在沾亲带故的关系,因此我期望200年以后,在史上图书馆学大师榜上,他们两个能够肩并肩地成为 Twins。

印度图书馆学家阮冈纳赞

对于公认的美国图书馆学大师兰开斯特,我一直想将他的译名改为"兰开四朵"。我认为如此一改,一个呆板的外国人的名字便散发出了妙不可言的中国气息,兰在中国是君子的代称,弄四朵兰花做个兰冠放到大师的头上,荣誉差不多和希腊人授予某人一个桂冠一样高,充分表达了我们中国图书馆学界对大师的敬仰。当我们念到"兰开四朵"这个名字时，脑海中浮现的是一个古典的唯美的中国意境，应该说是符合北大第一任校长严复倡导的"信、达、雅"原则的，只要道理讲清楚了，相信 Lancaster 大师本人对这个名字也会宠爱有加的。叫"兰开四朵"这个名字，对图书馆员中像我这样的金庸迷还有一个好处，就是可以私下里把兰大师想像成西方图书馆界的"西方不败"，就是像"东方不败"那样的一流高手，在这样的想像里，"兰开四朵"的语义无疑就是双手双脚都打兰花指的意思，这个想法虽然损，但没事偷着乐一下还是很爽的。如果把记忆的镜头拉得更远，拉到1988年黄宗忠老师的课堂上，给我印象最深的外国图书馆学家的名字是日本的大佐三四五，当时我希望他的名字能够更长些，继续数下去，一直数到十。课堂上走神的时候，我曾经想，要是我像郁达夫当年那样，有到日本"沉沦"的机会，我便起个日本名字，就叫"旅团长二百五"。

对于中国古代的疑似图书馆学家的名字，我最欣赏的是老子，这个名字显得很霸气。对于近代图书馆学家的名字，我最欣赏的是俞爽迷，此名极为超前，有巨强的后现代气息，我希望喜欢我或我的文章的人，见到我或我的文章，都能够愈爽迷。当代图书馆的杰出人物，名字令我欣赏的非常多，与图书馆长这个职务最贴切的，当然是我在上面极力推崇的庄守经和阿拉坦仓。此外，还有很多馆长起的是总统的名字，像美国俄亥俄州立大学图书馆前馆长李华伟、北京大学图书馆馆长戴龙基、武汉大学图书馆馆长燕今伟等，不慎作了图书馆长，当然治大馆如烹小鲜。还有一些馆长起的是文化部长的名字，如中山大学图书馆馆长程焕文、湖南大学图书馆馆长郑章飞、湖南图书馆馆长常书智、华东师范大学图书馆馆长黄秀文、吉林大学图书馆馆长李书源等，办起馆来自然有声有色。

反正图书馆长的名字离不开文啊、章啊、经啊、书啊这些词，似乎是一个规律，如果您想当馆长，趁早改个名字吧。

图林美名谈不完，一篇闲话扯完了，不管您是看门道还是看热闹，撤退前我想把一句话当作赠品送给大家：不管多么沉闷、多么枯燥的职业，同样充满了美和趣味，关键是要有一颗灌了可乐的脑袋去发现！嘻嘻更健康！

2006 年 4 月 14 日

承影剑黄纯元

第二辑 书案煮酒

承影剑是中华名剑之一,它的特点是只见剑柄,不见剑刃,但是无影刃所到之处,草木皆断,快利无比。黄纯元老师英年早逝,就像无影之刃,我们已经看不到他的身影了,但是他的著作作为他的思想、他的学术的底片,仍然长存于世,仿佛承影剑的剑柄,是我们得以掌握黄老师的治学方法和精纯学问的有形物。翻开黄老师的这本《知识交流与交流的科学》,如同挥动承影剑,能够帮助我们划开许多学术迷雾,剥离出图书馆学的内核,发现图书馆学的本质。

黄纯元的一生,是为了图书馆学孜孜以求、克艰克难的一生。他生于1956年,1979年入读华东师范大学图书馆学系的时候,已经23岁了,毕业时由于年龄超限而失去了报考研究生的机会,但是他不服输,用心准备,终于在1988年取得了到东京大学攻读博士学位的资格,从此也就过上了边打工、边学习的清修苦行的生活。东京大学的文科博士学位之难得世界闻名,到该校图书情报系攻读博士学位的中国学者也有几个,但因为论文要求实在苛刻,有人放弃了,有人一而再地延期,率先拿到学位的,也是导师十分欣赏的,便是黄纯元博士。可惜天妒英才,黄老师回国不久却因肝病去世了。

黄纯元在为图书馆学的一生中,最壮丽的华章谱写于他1996年回国后的那三年,那时正值世纪之交,新兴的数字图书馆猛烈冲击着传统图书馆,关于变革、关于未来的许多问题等待着图书馆学家来解答。刚刚经历了东京大学严格的学术训练,专业境界和人生境界得到双重提升的黄纯元老师,在这个关键时刻,显示出了他突出的外语优势、国际视野、卓越识见,针对这些问题发表了许多精辟的见解,在他身后都得到了实践的验证。尤其是他通过为海外新著《信息社会》、《电子图书馆的神话》、《走向未来:后工业化时代的图书馆情报服务的基础》写评论的方式,为信息社会和数字图书馆祛魅,反对把数字图书馆神话化,坚持以人文主义平衡技术主义的看法,事实证明是完全正确的。

黄纯元对图书馆学的另一大贡献是坚定地以知识交流说解读图书馆学的本质,他通过早期参与宓浩的知识交流学说的构建,通过后期对宓浩知识交流学说思想形成的解读,把图书馆学基础理论中的知识交流学派的思想资源、形成过程、学术目标交代得十分透彻。尤其是《追问图书馆的本质》一文,就其信息量、思想密度、纯正文风而言,堪称当代图书馆学论著中的范文、名篇,不仅是知识交流学说的关注者和追随者的必读之作,但凡涉足图书馆学的人,读读这篇文章都会受到很大的启发。

黄纯元的第三大贡献是对美国图书馆学学术史和教育史上的大名鼎鼎的"芝加哥学派"的精彩解读。"芝加哥学派"在黄纯元之前,对中国的大多数图书馆学研究者来说,是一个笼统的概念,类似一个语焉不详的传说,有人知其神奇,但奇在何处,不明不白。黄纯元将他的洋博士的优势,在这个问题上发挥得淋漓尽致,他深入钻研相关文献,把"芝加哥学派"的来龙去脉、代表人物、经典文献讲解得清清楚楚,使同行们得以揭开这个学派的神秘面纱,全面地了解"芝加哥学派"的经验与教训。黄纯元关于"芝加哥学派"的研究,产生了两个比较明显的作用,一是为图书馆学研究方法向实证化转变树立了榜样,提供了理由,加上后来有于良芝等"海归派"教授的言传身教,实证研究逐渐多了起来,改善了图书馆学的科学品质。二是为中国的图书馆学院怎样开展研究生教育树立了样板,"芝加哥学派"兴起的根本条件是芝加哥大学的图书馆学院成为世界上首个可以授予博士学位的图书馆学院,从而形成了推出高级人才和学术成果的规模效应。新世纪以来,中国的图书馆院系正好陆续过渡到培养博士的层次,了解"芝加哥学派"的办学方式和学术贡献,对他们在人才培养和科研上树立高标、确定方向,无疑具有启发作用。

读黄纯元的论文集,最大的感受是视野开阔、知识渊博,我们不难注意到,在黄纯元的这个集子中,有不少直到最近几年才为大家耳熟能详的名词,如图书馆政治经济学、图书馆的制度安排、治疗社会等,不得不惊叹黄老师的先见之明。可以说近些年,在图书馆学研究进展方面有一定特色的成果,如图书馆政治经济学、制度图书馆学、阅读疗法等,在黄纯元的论文集里都能找到蛛丝马迹。常读常新,富有预见性,这是好的学术论文应有的品质，黄纯元的书正是这样的一批优秀论文的集结，读之常有钻之弥坚、仰之愈高的感慨。

我个人认为，黄纯元在当代图书馆学家中，是最有神性的一位，他对于图书馆学的感情已经超越了一般学者，达到了虔诚、献身的地步。他的求学之路，走得艰辛，走得扎实，大有玄奘求法的精神。很多领域都有向学而生的人，他们生存的目的好像就是为了这个领域的深化、纯洁和升华，如写诗的海子、骆一禾，搞文学评论的史成芳、胡河清，他们身上都闪耀着超凡脱俗的神性的光华。黄纯元就是我们图书馆学领域的海子，他以高强度、高密度的专业学术生活过早地耗尽了自己，成为中国图书馆学上空耀眼划过的流星。他颇有神来之笔的优秀成果，他可歌可泣的求学道路，无不在昭示我们，他的精神既是他自己的，也是整个图书馆界的宝贵财富，无论怎么阐释都不为过。

可惜的是，当海子被视为神明，被诗歌界海量阐释乃至阐释过度的时候，黄纯元作为图书馆界学术精神的代表，我们对他的阐释却很不够。尽管2001年，在黄纯元老师的友人周德明、范并思等的努力下，出版了具有追悼、纪念、缅怀性质的《黄纯元图书情报学论文集》，陈誉教授亲笔写序。此次出版当代中国图书馆学研究文库，黄纯元老师的这本也是唯一的去世学人的著作，丛书主编陈源蒸老师十分重视，委托范并思教授精心编选，追思之深切已经达到了很高的规格。但是相对于黄纯元纪念宓浩的文章《追问图书馆的本质》，迄今我们还没有看到深刻解读黄纯元学术思想的大作，使人不免感叹：昔有纯元解宓浩，今日何人解纯元？相信很多人和我一样，希望黄纯元老师的生前好友当中，能够出现一两个西川那样的知音，能像解读海子那样丰富地解读黄纯元。时时浮躁的图书馆学，太需要一个焕发着神性的人物作标杆了，而黄纯元老师正是能够唤起我们的崇敬心情、引导我们敬畏学术的那个精神导师。

　　读黄纯元的书，我们常常会惋惜：要是他活到现在，恐怕也是活跃在数字图书馆、公共图书馆等研究领域的一员大将了。悲情使人净化，宓浩和黄纯元的不幸，虽然为华东师范大学图书情报学系的发展造成了重大损失，但好像也为这个系的师生的成长发挥了淬火作用，使师生们在为人、教学、科研等方面，都向着纯粹、极致的方向发展。我相信，范并思老师之所以既有鲁迅的冷峻无畏，又能把日子过成段子；陆建平老师之所以扮相麻辣，连抽烟都很有情调，讲课讲到万人迷恋，在教师点评网上人气盖过易中天；金武刚副教授之所以钟情于专业研究，快乐热情，致力于让图书馆学有为而且有位……，某种程度上可以认为是生活给予的净化的结果。我们读黄老师的书，一方面要从中得到净化，戒绝浮躁心、功利心，树立严谨、庄重的学术态度，另一方面也要吸取教训，加强身体锻炼，了解学术研究是一项持久的事业，不靠拼命靠长命，学术理想越宏大，越要重视劳逸结合，以强健的身体打一场持久战。

2007 年 12 月 29 日

日月剑范并思

　　日月剑是双子剑，剑的特点是分长短两把，主攻型，越打越耀眼。这和范并思教授的特点十分吻合。范老师既长剑善舞，日光下是种好责任田的模范，教学和科研年年大丰收，又短剑不离身，月光下爱搞自留地，博客写得一级棒，可谓细大不捐、左右逢源的高手。

　　范老师不仅在开设博客方面是图书馆界的"带头大哥"，在"当代中国图书馆学文库"这套丛书的作者里，就年龄而论，也是"带头大哥"。这套丛书的每一本的封面的折页上都有作者比较详细的个人简历，像我这类年近不惑的人，看到程焕文教授、陈传夫教授等人的简历，往往很郁闷，原因是他们太优秀了，35岁左右已是教授，38岁左右就是单位的头头脑脑了。但是看到范并思老师的简历就不一样了，最开心。原因很简单，心理很原始，范老师如今功成名就、家庭幸福，已经使我们不可能对他文革期间上山下乡当知青的遭遇产生同情了，倒是因为看到他35岁才硕士毕业，而稍微有点幸灾乐祸和自我安慰。想一想，范老师那么晚才崭露头角，居然还能取得今天这么大的成就和令人向往的爱情，好像自己以前的积累都扔掉了，也没有什么大不了吗？好像一切从毕业开始，也还是有成才的可能的吗？范老师的大器晚成，容易给蹉跎岁月者以学犹未迟的错觉，无疑也是一种激励。

范老师的文集的名称很有气势，为《图书馆学理论变革：观念与思潮》，读后像吃了巨大一碗捞面，感觉很充实。范氏捞面的特点主要有三个：

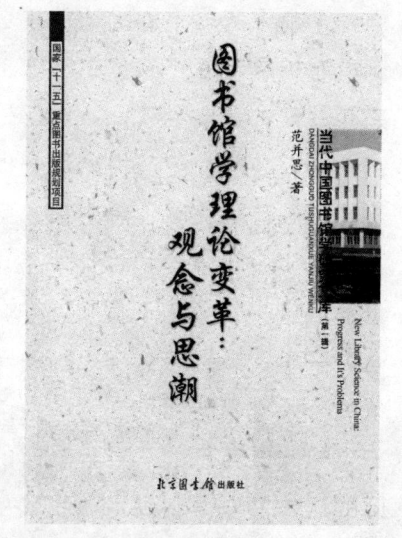

《图书馆学理论变革：观念与思潮》书影

一、捞会

范老师是20世纪80年代以来图书馆学基础理论发展进程的见证者和亲历者，又是研究图书馆学基础理论的主将，本来就以巨大的热情，主动写了不少以史带论的文章，阐述自己对图书馆学基础理论研究的主张。再加上有个在《图书馆》编辑部当主编的有"怀旧天尊"之称的铁杆老友韩继章老师在每个学术会议纪念日的约请，范老师命笔的回顾式文章就更多了。在这个集子里，追忆兼展望的综述型文章蔚为大宗。这些文章的共同特点是：观点鲜明，有社论式的宏大而且立场坚定的标题；将历史分期，以学派归类思潮，逻辑分明、层次井然地交代史实、发表主张；在具体内容的描述上，文笔流畅华美，夹杂着理论思辨和报告文学的迷人魔力，令人读起来欲罢不能。

由于这些文章描述的对象主要有三样：会议、人物、著作，又由于浓墨重彩描述的多是青年人参加的青年研讨会，所以掩卷神思起来，感觉中国这二三十年的图书馆学基础理论研究界召开的重要会议，好像都是在五四青年节召开的五四学术讨论会，眼前梦一般地出现一批又一批的青年学者，身姿朝气蓬勃，心口跳动着理想主义，英特迈往地参加学术会议，慷慨激昂地演说和争论，以充满激情的理性发表学术论文。当然，也有《图书馆学基础》这样的一本又一本的书向你飞来，也有黄宗忠、吴慰慈这样级别的一个又一个的学术大菩萨乘着想像的云朵排着队出现在你的面前。如今70后、80后的青年人，如果想知道自己的领导年轻时的飒爽英姿，或许也可以从范老师的这本书里得到满足，我就从中看到青年时的李晓明老师在会上酷酷地果断约稿的情形。

范老师对1980年以来的图书馆学基础理论研究的熟悉，简直就像大和尚熟悉他的念珠，如数家珍。目前，据说有学者在研究20世纪的图书馆学学术史，我觉得20世纪80年代以后的内容基本上不用重写了，范老师这本书已经交代得相当明确，写得非常出色了。我认为，写这些文章的范老师，不自觉地担当的是自费的中国图书馆学会秘书长的角色，应该得到学会的追认和奖金。

二、捞人

范老师思想活跃，目光敏锐，总是能发现人所未识、人所忽略的人和事、是与非。特别是在撰写《20世纪西方与中国的图书馆学》的那几年，于系统梳理学术史的过程中，他发现了两位值得重视而没有被重视的人物，于是打抱不平，敲出数千大字，无比骁勇地刮起了翻案小风暴，要把他们从中国图书馆学界遗忘的心牢中捞出来。

范老师要捞的这两个人，一位是活跃于20世纪初的英国图书馆学家克拉克，他最大的功绩是撰写出《图书馆管理》

一书，史料丰富，揭示了19世纪后期英国图书馆的建筑、布局、家具、书貌等细节，特别是他为写书而收集的25张照片流传了下来，其中有几张是满满当当的书架上，密集排列着全都拴着铁链子的书，好像穿着贞操带的女奴隶排队等待挑选，给人强烈的视觉震撼，生动地反映了图书馆不是生来就完全开放的，也有它的蒙昧时代，是循序进步的。范老师认为克拉克贡献的东西很有价值，是图书馆学史上没有好好加工和标出合理价位的6克拉火油钻，应该让其重放光芒。

另外要捞的是文华图专毕业生、留美硕士、1955年出任武汉大学图书馆学系主任的徐家麟先生。范老师发现，徐家麟不仅是国内最早介绍美国芝加哥学派的学者，还竭力呼吁以科学、理性、会通的态度和方法研究图书馆学，堪称"中国理论图书馆学先行者"。徐家麟应该复归图书馆学大家的光荣榜，受到应有的尊敬，他的理论遗产更应该被我们所珍视和弘扬。

这两次捞人的义举，都收入到了这本论文集。至于成功不成功，还要看以后的学术论著中，应该写到被捞的两位或引用两位的著述的地方，有没有出现两位。但是范老师尊重历史，为古人翻案的勇气是绝对值得推崇的。

三、捞白

古人治学，强调读书得间，就是要在不疑处生疑，找矛盾、找空隙、找盲点。范老师在博览精读，对书本的小阅读中，在体察调研，对图书馆事业的大阅读中，逐渐发现了图书馆学研究中的一大弱项、三大盲点。一大弱项是：对公共图书馆的研究严重不足，和发达国家有天壤之别，这是造成我国图书馆系统的主力军缺乏生命力、没有吸引力的原因之一。三大盲点是：精神盲，对国际通行的公共图书馆的创建理念、基本原则、终极目标不作认真学习和了解，只看脚下，不看方向；制度盲，只从机构的角度研究公共图书馆，认识不到公共图书馆是信息福利和救济制度、文化教育制度甚至是民主制度的一种安排、载体和执行渠道，不能深刻地理解图书馆的本质，只看具体，不看抽象；价值盲，忙碌于事务性工作，不思考职业的核心价值，立场游移，处事迷茫，失去职业尊严和公众的信任。

　　故而，近几年来，范老师致力于对公共图书馆精神、公共图书馆的制度安排、公共图书馆的核心价值的研究，并启发、带动了一批最优秀、最活跃的图书馆学家共同参与。有目共睹，这些专题已经成为当前我国图书馆学领域最耀眼的生长点、亮点、热点、焦点，相关成果已经快速渗透、落实到公共图书馆的实践活动，产生了良好的社会效益，受到公众舆论的关注和赞赏。

　　通过捞会、捞人、捞白的三捞飞跃，范并思老师抓住了红筹股、揪住了潜力股、逮住了绩优股，成为将中国图书馆学带入牛市的牛人之一，称之为21世纪初中国图书馆学的大鳄，恐怕没有人投反对票。

　　愿意跟着范老师学海遨游，立志成为图书馆学研究方面的大牛大鳄的同行们，不妨多读几遍范老师的这本范文集。

2008年1月7日

舍神剑程焕文

中国的学术江湖中,哪个湖最有名?未名湖。"未名"这个湖名,据说是国学大师钱穆所起。一个注定有名的湖偏偏取名"未名",往小处说,寄托了谦虚谨慎、内敛含蓄、韬光养晦、以退为进等中国人的古典情怀;往大处说,把中国的名辨之学发挥得淋漓尽致,揭示了深刻的辩证法。区区一个名字,可以说凝聚了孔、老、庄等诸子的大智慧,实在是高!

在当代中国图书馆界,谁最讲图书馆精神?程焕文。程教授将图书馆精神总结为爱国、爱馆、爱书、爱人,早已响彻业内。但是若以剑喻程老师,称之为"爱神剑",总觉不妥。因为和未名湖的命名方式相比,太直太白。而以《七剑下天山》中的一剑——称之"舍神剑",则颇得未名湖命名法的精义,正话反说,寓意无穷。

舍神剑的很多特性和程焕文教授的为人为学风格颇为神似。比如,舍神剑是一柄重剑,喻示强烈的生命力,无往不利,无坚不摧,还代表剑客的愤怒,适合于感情鲜明直接、胸

《图书馆精神》书影

怀坦荡磊落之人,而程教授正是以观点犀利、发力刚猛、爱憎分明、嫉恶如仇的铁头功、童心功闻名图书馆界。再如,舍神剑有"切、拖、引、撩、洗、黏"等六种使用技法,而这也正是程教授在论文和博客写作中经常使用的奇技大巧,让读者对他的文字如痴如醉,欲罢不能,造就粉丝无数。还有,舍神剑的最高境界是"怒拨情海"一招,程教授作为图书馆界少数应该交"靓人税"的名人,恐怕经常也要用到这一手,才能化解被粉丝扰累的烦恼。

程教授的论文集,毫不出人意料,命名为《图书馆精神》。学过图书馆学的人都知道,专利分为三种:发明专利、实用新型专利、外观设计专利。以我观之,这本书就是公布程教授三种专利的说明书。

第一种,发明专利。俗称大发明,指的是原创程度较高的发明。程教授多年来在图书馆学方面有两大原创,一是提出了图书馆精神的概念和内涵,二是提出了中国图书馆学四代人的概念和内涵。由于国内图书馆学研究一向不规范,往往发生申请不上专利或张冠李戴的怪相。比如,明明是程教授最先发表文章阐述图书馆四代人的观点,但是因为引用链条不清晰,导致业内大多数人只知道继踵者,而不知道创始者。程教授借这次出书的机会,在序中严肃抨击了图书馆学研究的不规范,狠狠地主张了一下自己上述观点的发明专利权,当仁不让地夺回了原创者的地位。段玉裁说,考据学的作用就是"以杜还杜,以郑还郑"。程焕文教授舍神剑在握,对发生在自己身上的学术迷案,不等别人考古,自己大大方方地翻案,勇敢地以程还程,实在干脆利落,只可惜毁了未来图书馆界的一个考据学选题,将未来的图书馆学考据家的饭碗打掉了一个豁口。

第二种,实用新型专利。俗称小发明,指原理不是自己发明,但经过自己的组合、改造,使产品在形状、结构上颇切合实用的发明。程教授这样的小发明很多。比如,图书馆学的奠基者、先行者很多,以前只是笼统地将他们称为前辈,程教授却将他们分成了宗师和大师两类。宗师包括韦棣华、沈祖荣、裘开明、刘国钧、杜定友等,而且还给韦、沈、裘三位安上了"三位一体"、"三维一体"的名号,表彰他们在中美两国图书馆界做出的贡献,并积极鼓吹刘、杜两位的历史贡献,将他们曾经获得的"北刘南杜"口碑广而告之。大师包括皮高品、沈宝环、毛坤、谢灼华等。无论宗师还是大师,程教授都积极地为他们著文立传,《沈祖荣评传》已出版,韦棣华的传记和裘开明年谱正在编著,诸师尊的论文级简传均已在刊物上发表,此书首次集中收录。这两年,程焕文教授四处演讲的"用户永远都是正确的",也可以看作是一种实用新型专利。以上这些小发明谈不上学术巨献,有的观点的正确性或许可以商量,但的确清新实用,对图书馆实践的推动作用是有目共睹的。

第三种,外观设计专利。程焕文教授对杜定友前辈将"图书馆"三字缩写为"圕"一字的创意十分佩服,对沈祖荣前辈创造的文华图专校训"智慧与服务"崇拜已久,早就有搞创意、搞设计的企图。出任中山大学图书馆馆长后,他亲自动手,将馆徽设计成一个光芒四射、顺时而转的光盘,中间坐着个繁体、篆写的"书"字。这个馆徽,虽然现在看来,土得像个掉渣饼，但在数字化网络化刚刚冲击中国的当时，却明艳得像刚开脸的西施，吸饱了业内关注的目光。馆训，他虽然照搬了文华图专的校训，但作了当代解释，也算是小有改进。此书中，程教授将这两项外观设计专利也记录在案，以"精神的实在"的专辑归拢之。2007年，程老师貌似阴差阳错地以图书馆学教授的身份被提拔为传播与设计学院的院长，我总怀疑，这是因为程教授上述两项外观设计专利给校当局留下了深刻印象，为他的设计才能加了分，才有了加冕设计学院院长的奇遇。

最近参与编选《胡适王重民先生往来书信集》，知道胡适有个观点，大学者必重视编选资料，此种工作看似为人，实是为己，资料不能穷尽，无以做好学问。胡、王两位都是表率，胡为研究《水经注》，收集四十多种版本，抄写百余篇长文，用了上千个证据；王在古籍善本、敦煌遗书、太平天国文献等方面，更是做了大量的手录、编辑工作。可以说，学者必备两长，一为写作，一为编辑。这两年，程焕文教授在笔耕不辍的同时，组织同事、带领生徒做了大量的资料编辑工作，成果有《裘开明图书馆学论文选集》、《邹鲁未刊稿》、《图书馆权利与道德》、《竹帛斋图书馆学论剑》等，快速实现了著作等身。从俗者眼里看来，这些编纂性的劳动比不上编者一笔一画书写而来的创造性劳动，有浮躁的嫌疑。但从胡适、王重民以及其他图书馆学宗师的成功史来看，重视资料编纂，恰恰是学者治学进入又一高境界的标志，因此，面对程教授的新成就，我们与其得白内障，不如得红眼病，由衷地祝贺和羡慕程教授！

从编辑技术的角度看，程教授这本书在全套丛书中也是比较高明的，别的文集基本上是按发表时序一排到底，不分辑，不分章，像穿了长袍的自由女神，看不出什么腰身。而程教授这本，分为实在的精神、宗师之精神、大师之精神、事业之精神、精神的实在等五个部分，不仅显示三围，而且脖子和脚踝的曲线也优雅呈现。这种排列法，虽不如笔者的三种专利的分解法更逼近实质，但毕竟做到了形式上有身段，内容上有主题，可以说是一本专著式论文集，值得一读。

要说此书有啥不足，就是写论文的时候未曾考虑将来结集出书，结集的时候对各篇论文的删改又下不了辣手，导致某些内容发生重复，读着读着，会偶遇似曾相识的段落，有一种刚

作者和程焕文教授（右）在新疆喀纳斯

分手的妹妹又跳出来缠人的感觉。不过，这就像是美人玉臂上的"井"字形卡介苗接种遗址，瑕不掩瑜，并不影响我们对羊脂丽人的欣赏。

我看好舍神剑，也看好程教授。我相信，如果中国的图书馆学教育 50 年后还有香火，那么学习图书馆学的李小新、程小文、范小思等同学，他们已经不会去看今天的研究数字图书馆的专著了，因为早就过时了，但是研究图书馆史的人肯定还有，程教授的书就有知音。统计长时段的引用率，排名靠前的必定是程教授这类研究图书馆的理论和历史的学者，这就是人文图书馆学的生命力，这就是人文图书馆学家的幸运。

2008 年 7 月 7 日

图林编辑　会师井冈

物以类聚，人以群分。我们这些图书馆学期刊的编辑，虽然在自己的图书馆里都是爹不疼、娘不爱，不评职称没人睬，编辑部就像当年的井冈山一样，处于三不管的边缘地区。但是我们墙里开花墙外香，全国有学术追求的图书馆员们对我们还是衷心爱戴的，国家也很重视，给我们这一小撮人，也成立了一个全国性的"会道门"——中国图书馆学会期刊编辑出版委员会，长期以来《中国图书馆学报》的常务副主编李万健老师担任着这一门的道长，是我们的主心骨儿。

每隔两年，李道长一道令下，我们全国的图书馆学期刊编辑就要碰一下头，会一下师，开一个图书馆学期刊工作会议，评些优秀期刊，评些优秀编辑，让好刊物摆摆功，给赖刊物加把油，让大家有个机会自我加冕、自娱自乐、自说自话、自相矛盾兼自我批评一下。

由于《大学图书馆学报》和高校图工委秘书处混在一起，我侧重于秘书处的工作，所以一般这个系列的会议我都不参加。只有1999年那一次，我刚到编辑部，编辑部的领导觉得既然来了个新人，就应该向组织汇报一下，给"江湖"打个招呼。加上会议地点在南蛮之地泉州，当时又不兴坐飞机，去一趟太辛苦，已婚之人体力不行，于是就派我这个光棍二愣子前去亮相了。

　　结果一去就捡了个大宝，据经常参加此会的老编辑们总结，泉州会议是历届开得最好的，天天吃生猛海鲜，大螃蟹、大虾随便啃，打开窗就能看到大翘角的古建筑，和超短裙加椰子树的南国风情。

　　在那次会议上，我大开眼界，认识了图林老英雄来新夏先生，认识了公共图书馆和高校图书馆最风趣活泼的两位馆长：郑一仙馆长和萧德洪馆长。到泉州的开元寺看了看孪生塔，到清源山扯了扯老子雕像的大胡子，到洛阳桥迷惑了一下它为啥叫洛阳桥，在刺桐花下才知道什么是"我的名字叫红"，在骑楼下穿梭才知道南方下雨不用打伞。走马观览了厦门的鼓浪屿、集美学村、厦门大学。和张怀涛老师在厦门大学漫游的时候，得到校友萧德洪副馆长的热情接待，请我们吃饭，印象最深的是蛏子，长的像是两片美女永远不剪的长指甲，掰开了一吸溜，一根脚趾头就到嘴里了，又美味又恶心。萧馆长还派了学长李金庆老师作陪，领我们在"一国两制、统一祖国"的大标语牌下逡巡半日，遥望大担岛、二担岛，在大海里痛痛快快地洗了洗脚丫子。张怀涛老师想尝一尝海水的味道，双脚站在大海里，从脚面上掬起一捧水品了品，又咸又酸，品完了才想起来，自己喝的是自己的洗脚水。此次厦门行，有所遗憾的是厦门大学的嘉庚楼群正在整形美容，有的划了个口子，耷拉着半个眼皮，有的刚装了个盐水袋，咯吱窝的伤口还没缝上，所有的大楼都缠着纱布，像是一群木乃伊，没有领略到南方之强的秀美。

今年，根据李道长的安排，图林编辑第 10 次会师的地点选在了井冈山，长征胜利 70 年了，这些编辑们怎么说也该集体受一受红色的教育，没有红色的思想，怎么能够为人民掌握好手中那杆红色的笔呢？由于我刊的副主编何朝晖先生去国外逍遥了，我便捡了个漏宝，滥竽充数地上了山。2001 年我曾经上过井冈山，那次是作为党员参加馆里组织的红色教育活动。本来这次可以不去，但想想天天坐着，眼看底盘就快坐成井冈山的方竹啦，再不强迫自己出去活动活动，革命的本钱就要蚀本了。加上上次我从井冈山回来后，立刻就被提拔为工会小组长，掌管着给馆长发油、发水果的大权，人不能忘恩，这次不能不去还个愿。更重要的是，据可靠情报，会上还要发给学报优秀期刊奖。要是我自己获得了诺贝尔奖，我一准不去，那样既能获得低调、超脱的好名声，又能免了领奖返程的路上被抢钱的盯上。但这次是刊物获奖，不去也太摆谱了。于是服从工作需要和身体需要，俺就又上了山。

车到吉安，在晨曦中和杭州来的编辑吴荇等老师先会了师，吴老师自称是我的博客的读者，令我很感动。吴荇老师此刻还想不到，她在西湖边生活了几十年，攒下了很多美丽和韵味，美丽了半辈子了，方在这次会后，突然被年轻小伙子顾晓光发现，在文化参观的大巴上先是封她为资深美女，后又改封为终身美女，受到大家的一致赞同。吉安市图书馆的姐妹们尽码头之谊，打车将我们送到了城南汽车站将要上山的中巴上。中巴是那种八成旧的乡村公路上很经典的招手停，泛着黄垢色和呕吐物的气味。本来在吉安人曾庆红副主席的亲切关怀下，吉安和井冈山之间已经修了高速路，但中巴为了躲避收费站，七叉八拐，高速路那是能不走就不走。我的旅行箱上车时被一大汉抢去放在了后备箱，金银细软都没来得及取出，一路上老是担心箱子放没放进去？路上被先下车的老俵拿走怎么办？熬了三个小时，好不容易到达茨坪，也就是井冈山市，打开后备箱一看，包包好好的，只是蒙上了一层厚厚的尘土，像是在书库里搁了一百年，又经过一场地震才被发现。

会议开了一天半加一个晚上。参会的高层领导有中国图书馆学会编译出版委员会的戴龙基主任和刘兹恒副主任，还有作为东道主的江西省馆的章伏源馆长和谭兆民书记。开幕式上，我的思想开了差。我在想，要是此刻陈水扁会剿井冈山，民进党军把井冈山给包围了，全国的图书馆学期刊岂不是都要停刊了。我又想，都说图书馆员发表论文难，其实也不难，谁在此时此刻，窜上山来，整两条枪，叫几位兄弟，把正在发言的李万健老师给绑架了，我们全国的图书馆学期刊，下一期一定都是他的专辑。我还想，这次井冈山会师，假如把李万健老师比作毛委员，那谁是朱总司令？老戴、老刘、老周还是老王？我们的何朝晖要是来了，地位大概相当于何长工吧，我来了，地位恐怕只能相当于林彪，充其量是个营长。

10月24号这一天主要是自吹自擂，会上11家期刊代表发了言。令人印象深刻的，一是《图书馆学研究》勾学海主编的发言。该刊已经注册为杂志社，是法人单位，有独立账户，内页光纸印刷，单月刊，发展的步子迈得较大。这种变化虽然可喜，但不稀奇，因为早有《图书情报工作》这样的榜样树在前面了。好玩的是，勾主编实话实说，口口声声说他们是国有企业，大谈企业的经营业绩。由于这个提法太新颖，勾主编说话又有东北人特有的幽默，颇引起大家的兴趣。勾主编在发言中郑重表示，虽然他们成了国有企业，什么都要按企业的生存规则办事，见到字纸就想收钱，家里上大学的孩子寄来一封信，看完后也习惯性地签上：收版面费500元（这一句是我编的）。但是对于教授、博士生、优秀硕士生的来稿是一律免费的。在此特将勾主编的意思转发一下，请教授和学生们多给勾主编投稿。

毛委员在井冈山的时候，发表了两篇光辉的文献，一篇是《井冈山的斗争》，一篇是《中国的红色政权为什么能够存在》。我在山上，代表《大学图书馆学报》也发表了一篇关于Web2.0的光辉文献《Web2.0环境下的图书情报期刊2.0》，这可能是继老槐、叶帅、凯文、一飞等网友发表的Web2.0论文之后的又一篇大作，花费了我暑假两星期的时间。我觉得把Web2.0和期刊编辑工作结合起来是我的责任，也不浪费我在倡导Web2.0的朋友圈里学到的那些知识。

我在开场白中说："我们《大学图书馆学报》这两年进入了稳定期，既不像带头大哥《图书情报工作》和《图书馆学研究》这样的大中型国有企业大刀阔斧、锐意改革，又不像小帅哥《数字图书馆论坛》这样的新兴势力意气风发、创意迭出。所以我只好谈一些展望性的东西，我宣读这篇小文，80%是为了活跃气氛，20%是提供一些建议，供大家思考和批评指正。"没有想到的是，这段话中的"大中型国有企业"一词一出口便成了热词，成了此后会议中的流行语，大家纷纷称勾学海主编为勾总、勾董。井冈山的公共厕所都要交入场费，大家都想方设法让勾总买单，勾总也颇有企业家的风范，腰带上佩块大玉，总是气宇轩昂地走在队伍的最前方。

另外一个令人印象深刻的发言人，是勾学海主编上大学时的班长，现任《图书馆建设》主编的毕红秋女士。毕老师很重视编辑部人才的培养与和谐氛围的建设，她的经验一是让编辑们轮流外出开会，既约稿，又旅游，还受到专业培训，一举三得。二是重阳节直接给各位编辑家里的老人发钱，儿童节直接给各位编辑家里的孩子发钱，年底出编辑部的个性挂历。钱不多，但暖人心，挂历质量不高，但凝聚了编辑部的人气。毕老师的做法颇有人情味和女人味，大家都很欣赏，呱唧呱唧地给予了热烈的掌声。看样子，主编们回去都要给编辑的家人发钱了，编辑们回去都要告诉家人注意准备好激动的心情，等着收钱了。

王宗义老师的发言很短，主要意思是提醒大家警惕，不要把学术争论在网上转化为阶层代言之争，这种不良趋势正在从法学、经济学领域向图书馆学领域渗透，学术期刊要认清问题的实质，坚守学术立场。

自吹自擂整整花了一整天，看到大家两年聚一次不容易，有说不完的话，领导们决定晚上继续开会，由自吹自擂改为七嘴八舌，鼓励群众自己斗自己，议论一下图书馆学期刊的战略发展问题。由于《大学图书馆学报》坚持非市场化路线，走得比较坚定，至今还不收版面费。领导可能想让我跟勾主编PK一下，特意安排勾老师和我为华北讨论组的正副组长。我觉得走不走市场化，和编辑部所在单位的政策很有关系，不是编辑部所能左右的，收费有收费的滋润，不收费有不收费的窘困，无所谓好坏，就没有和勾组长PK，辅佐他搞了一个很和谐的讨论。

第二天上午是会议的高潮，给优秀期刊和表彰期刊发证书。这次共评出了12种优秀期刊，分别是《中国图书馆学报》、《图书情报工作》、《大学图书馆学报》、《图书馆杂志》、《现代图书情报技术》、《图书情报知识》、《图书馆论坛》、《图书馆》、《图书馆理论与实践》、《图书馆建设》、《图书与情报》、《图书馆工作与研究》。评出了8种受表彰的期刊，分别是《国家图书馆学刊》、《图书馆学研究》、《新世纪图书馆》、《图书馆学刊》、《四川图书馆学报》、《高校图书馆工作》、《江西图书馆学刊》、《晋图学刊》。主要变化是，《图书情报知识》、《图书馆论坛》升位了，《图书馆》、《图书馆工作与研究》降位了。领奖之后，受表彰的期刊代表也轮流发了言。会议本来没有安排新创刊的《数字图书馆论坛》的执行主编顾晓光学弟发言,但小伙子有冲劲,死缠硬磨,弄得领导心烦,让他最后上台亮了个相。他穿着鲜红的T恤,一下子艳惊全场,给大家留下了很好的印象,在此后的活动中,亲昵的"晓光"、"晓光"的喊声一直不绝于耳。

据李道长在开幕式上的详细报告,这次评选设计了很多评价指标。作为《大学图书馆学报》的代表,我对优秀期刊的总排序是没有意见的。但是觉得把"发表的基金论文数量"作为评价指标是不科学的,对我刊也不公平,因为我刊是把论文的质量作为选稿的唯一标准,从来没有考虑过来稿是不是基金论文,这方面的文章自然偏少。我刊的优势在于发表的文章比较有新意,影响因子较高,而且还在继续提升。不足是纯理论的文章偏少,论文的半衰期较短。以后得注意在影响因子和半衰期之间做好平衡。

此次评选还有一个主观评价指标——"专家投票",请了29位专家,据说有4家得全票,但具体哪家刊物得几票不公布。我想,就凭我们的敬业态度,我们《大学图书馆学报》应该是得全票的刊物之一吧。希望今后有更多的同行支持《大学图书馆学报》,不仅投稿,而且提出宝贵的意见和建议。

人生苦短,掐指头算一算,为祖国健康工作五十年,也只能编300本学报,我希望这300本学报本本都是优秀期刊。

2006年11月13日

四个好编辑

2006年11月,井冈山上,秋风送爽,大编云集,我终于有机会和仰慕的大主编们有了亲密接触。

邹荫生主编

刚一上山,手忙脚乱开完房间,扭头就和一位先生结结实实撞了个满怀,定睛一看,原来是赫赫有名的"贺岁刊"导演、《图书馆论坛》的常务副主编邹荫生老师。

我和邹老师在2005年的中国图书馆学会桂林年会和2006年在京召开的第七届中国图书馆学会编译出版委员会成立会议上都有见面,邹老师十分敬业、相当健谈,不是骄傲地让我看他们刊物下一期的目次,炫耀有多少名家,就是以广东省民间图书馆协会会长自居,让我看他怀中宝贵的专家联络图。

有一次在大巴上,他让我随便点一名专家,他翻开联络图,唰唰唰地就找到了这位专家的门牌地址、手机号码,更神的是,连这位专家的子女的门牌地址、手机号码他也一一记录在案。看到我惊讶而崇拜的神情，他像个孩子一样满足地笑了！

据去过广州的朋友回来报信，邹老师的民间图书馆协会会长的头衔不是白当的，那是真当真办事，真豪爽，真讲义气。有了邹老师在，在广州被抢了也饿不死，邹老师就是现成的救助站站长，比官方图书馆协会的会长程焕文老师还管用。

这次和邹老师寒暄过后，邹老师又习惯性地往怀里一摸，像是搞到了政治局的绝密文件，又像是给我捎了二两白粉，我就知道他要干什么了。果不其然，在神秘兮兮的肢体语言中，他掏出了《图书馆论坛》的"贺岁刊"——第6期的目次页，从头到尾给我数着有多少名家参加今年年底的论文团拜会。由于名家实在太多，我也记不过来，只记得范并思老师好像写了篇《博客在海峡两岸图书馆学交流中的作用》的文章。

邹老师谈兴极浓，全然不顾我灰头土脸，急着要进房间梳洗打扮的心情。看着邹老师滔滔不绝、眉飞色舞地谈他的杂志，我又一次被他的敬业精神由衷地感动了。

邹老师的普通话是广式的，不太好懂，据某位资深编辑在饭桌上爆料，这几年还算好多了，早几年那真是糟糕，所有的动词都是"搞"，如果邹老师对你说："我昨天晚上和顾晓光在大堂的沙发上搞到10点，回到房间又和王波在床上搞到半夜2点。"你千万不要惊讶，他说的不过是："我昨天晚上和顾晓光在大堂的沙发上聊到10点，回到房间又和王波在床上聊到半夜2点。"以"搞"代"聊"而已。

这几年我读过几篇邹老师的人生感悟文章，觉得邹老师是当今名利世界中的真正的善良人和明理人，他对人生、社会参悟很深，爱憎分明，但从不改变乐观、宽容的态度，对朋友、对弱势群体，有一种发自内心的关爱。最近我又读了他写的悼念徐冬节老师的文章，那真是情真意切。从网上看到，他在上井冈山的时候,阻止同伴和摩的司机讨价还价,大喊:"行了,行了,人家也要活!"这些都进一步加深了我对他的菩萨心肠的印象,令我不能不欣赏、敬佩这位可爱、博爱的敬业老头。

张欣毅主编

张欣毅老师是我读本科时候就闻得大名,并且十分仰慕的名编。他所主编的《图书馆理论与实践》,在我的成长道路上也发挥了相当大的作用,当我在家乡的大学图书馆,比现在还籍籍无名的时候,该刊就发表了我好几篇文章,有两篇还被人大复印报刊资料全文转载。我的《图书馆的"白象症"探析》一文还被安排为某期的开篇之作。

张主编有伟人之相,要不是他在宁夏居住时间太长,鼻子长得像中亚人,略显大了,简直可以当毛委员的特型演员,无论个头、身材、下巴上的肉痣都相当逼真。还有人说,张主编还很像当今的文化部副部长周和平,乍一进会场,还以为周部长来了。

以前见过张主编,但只是远观,对他的个性不了解。这次参观的时候,上了大巴,就和他坐在一块,从而有机会近距离观察偶像。在井冈山这几天,我是夜陪王宗义老师、昼伴欣毅主编,您说幸福不幸福?

张欣毅老师和我崇拜的另外一位名编——"造星大腕"和"怀旧天尊"韩继章老师不同,韩老师腼腆内向,张老师豪放外向,喜欢展示酒量,一吃饭就喝酒,一喝酒就脸红脖子粗,说话滔滔不绝,声如洪钟。张老师作为塞外大汉,身体倍棒,天气越冷穿得越少,在山里转悠的时候,大家都穿外套,只有张老师粗臂大膀,穿件乌黑的冰丝短袖T恤,就像是全队的保镖。那架势是,谁敢伤我编辑,我就把谁揾在怀里热死。

从言谈中得知,张老师家是图林中难得的子承父业的家庭，孩子学的是图书馆学专业，已本科毕业，目前正在考图书馆学的研究生，张老师对图书馆的钟情和热爱由此可见一斑。

李金荣和王景发主编

李金荣老师是我的老朋友。

王景发老师是李金荣老师的老朋友。

所以我们三个是好朋友。

李金荣老师是位神人，某年在泉州开会，我第一个发现他居然穿了双草鞋，非常有性格。这次到了井冈山，一见面我就看他的脚，他却非常令我失望地穿了双皮鞋。他在这次会议上收获最大，淘得了一张古画，大大满足了他的收藏癖。尽管他信心满满，但是作为朋友，我还是很担心他买到赝品，毕竟价格不菲。但从网上看到他的留言，得知古画经受住了回家后的仔细验证，他很高兴，我也很替他高兴。愿他有机会再上井冈，再得异宝。

王景发老师的敬业精神，这两年有目共睹，他到处转场子接触专家，还多次谦虚地和我当面及电话交流工作。他不仅保留了李金荣时期奠定的《图书与情报》的鲜明特色，还使之有一定发展。有一次和他谈话，他站在逆光的地方，我看见他富态的大脸盘、超大号的耳朵金光四射，刹那间有种敦煌大佛下凡的感觉。我觉得王老师是众编辑中最有福相、最有佛面的人，相信有自己的努力，有佛保佑，《图书与情报》重返核心期刊指日可待。

在去南昌的大巴上，王老师说别人的博客的读者主要是自己的学生，你的读者主要是谁？我说，是嫂子，因为我见过好几个夫人也在图书馆工作的老兄，他们一见面先不说自己对我的博客的态度，劈头就说："你嫂子是你的粉丝！"

据我自己对留言者的分析，其中虽然不乏老师、朋友、学生,但主体是嫂子,嫂子们的留言是我写博的最大动力。我告诉王老师,在某个合适的时候,我一定要写一篇博文《致嫂子》,好好地祝嫂子们快乐!

所有的编辑都很可敬、可爱,因为时间的关系,先写这几位。博客月月写,早晚写个遍。编辑朋友们,早安!

2006 年 11 月 14 日

为图书馆学教育找良芝

21世纪初,一位留着羽西头的女博士从英伦之拉夫堡大学学成归来,在津门精舍南开大学开坛授徒,运思帷幄,功溉图林,尤其是《图书馆学导论》一出,像是一记迷踪拳,让人们知道,在南开大学图书馆学系这个精武馆,除了王知津、柯平这两位"霍元甲",还有一位神功盖世的女拳师——于良芝师傅,实际上于师傅不用拳而用剑——欧洲那种像加长手术刀般的细细的西洋剑,轻了用,可以鞭辟入里,雕刻水仙花的根头,重了用,可以庖丁解牛,切中肯綮,称她为"巾帼佐罗"更为合适。

于师傅的剑术精妙无比,剑气被我收到之后,使我增加了两层认识:一是洋博士的确了得,海归的皆有上佳表现,前有张晓林、吴建中分掌中科院图书馆和上海图书馆南北两大信息要津,今有于师傅的理论飞刀截断众流,自成一家。二是华东师范大学原图书情报学系的确了得,当于师傅一出,我碰巧又认识了范并思、叶鹰、刘炜这几位华东师范大学出身的前辈,深深地为他们的道德文章而折服,惊呼此门此派真是图书馆学教育的"黄浦军校"!黄浦江边的这个学校走出了一大批服务上海、建功上海、个性独特的"海派图书馆学家"。

于师傅的剑招多是欧式的、贵族式的,比如图书馆政治经济学、图书馆的现代性构建、图书馆学的科学化、图书馆的职业精神等,都让我等没有出过国门的图书馆工作者大开眼界。最近于良芝老师为图书馆学教育献良芝——优良的救治灵芝,在《图书与情报》2006年第4期上又发明了一个新概念"图书馆学教育的殖民化",我认为非常带劲,十分准确地概括了图书馆教育的现状。无独有偶,最近武汉大学在中美图书馆学教育研讨会上也提出了一个新概念"去图书馆化"。这两个"化"一呼应,把中国图书馆学教育的尴尬与危机勾画得入木三分。图书馆学教育该向何处去?一时又成为业界议论的焦点。

我认为关于"图书馆学教育该向何处去?"的问题是一个位子决定脑子的问题,不仅受过图书馆学教育的人和没有受过图书馆学教育的人想法不一样,馆长的想法和系主任的想法不一样,同一个人,随着年龄的变化和学历的变化,想法也不一样。比如我,20多岁的时候特别想当新闻记者,认为那样可以天天发表文章,可是现在就觉得当记者很无聊,不是搂大官的粗腰,抱大款的大腿,就是捧明星的臭脚,一辈子积累的东西零散龌龊不成系统,还不如于老师的东西有价值。研究生的时候特别想当图书编辑,于是就写出版学方面的学术论文,毕业的时候恨不得毕业证上写的是"哈佛大学——全球出版战略管理学院——东亚出版集团改制决策系——总裁、社长、总编专业"。现在,干了图书馆学期刊的编辑工作,又觉得图书馆学教育很有用、很可爱。所以图书馆学教育，如果老听学生的意见，跟着市场跑，患上"多动症"是不应该的，小动或许受欢迎，老动就不仅会让别的学科，甚至会被自己的学生看不起。而且无论怎么动，也跟不上市场变化快。倒不如像文史哲那样，万变不离其宗，没有市场，反而到处都是市场，管你是长安市上当街卖猪肉还是国家图书馆里当馆长，反正我就教你这些内容，看你的造化了。特别绝的是中文系，宣传中文系不培养作家，只培养对文学有感觉的人。我们图书馆学系其实也可以提个口号，就是不保证培养图书馆员，只保证培养对图书馆有感觉的人，或者培养能够像图书馆学家一样思考的人。你当了百度的总裁固然给母系争光，你当了城管的队长，见了不认识的图书馆员业余违章练摊卖红薯，出于专业感情，就放他一马，也算是优秀毕业生。图书馆学教育该往何处去，关键还是要靠图书馆学教育界拿大主意。

我觉得无论什么专业，作用就是教给你一套专业的话语系统和共同的文化背景，图书馆学科班出身的人的核心竞争力，实际上就是图书馆文化。正如企业最终拼的是文化，图书馆最终拼的也是文化。一个图书馆，如果大多数人没有图书馆文化，这个图书馆也就没有什么竞争力，没有多少职业精神。图书馆文化是什么，就是知道"南杜"是杜定友而不是杜月笙，"北刘"是刘国钧而不是刘志丹；就是出差到上海，首先想起的不是姚明、刘翔，而是吴建中、范并思；出差到广州，首先想起的不是毛宁、杨钰莹，而是程焕文、邹荫生；就是知道《公共图书馆宣言》、《中国图书馆职业道德规范》，知道国际图联，知道中国图书馆学会，知道高校图工委；就是和图书馆学家谈话，有共同语言，少知识障碍，愉快而且投机等。这些都具备了，办图书馆才能随心所欲不逾矩，才能不贻笑大方，才能不倒行逆施，才能在规范中创新。

什么事情发展久了，就要老化，面对老化，无非有两种选择：一种是出个戈尔巴乔夫、李登辉、陈水扁，与历史割袍断袖，与未来勾搭不上；一种是在制度创新中探索，走一条有特色的道路。武汉会议和于老师的文章表明，教育界已经认识到了图书馆学情报学被"帝科主义列强学科殖民化"的危险，正在掀起一场新民主主义学族革命，一方面要反帝科主义、反殖民主义，一方面要反保守、反封建，争取建立一个新民主主义的新学族，摆脱"半封建半殖民地学科"的尴尬地位。

武汉大学是中国图书馆学的发源地，自从韦棣华这位外族"皇太极"入关以来，图书馆学帝国已经经历了沈祖荣时代的康熙盛世、彭斐章时代的乾隆盛世，下一步该怎么走？是走向辉煌还是没落，是如今的掌舵人不能不考虑的大事。武汉议程的出台表明，武汉大学信息管理学院显然没有忘记沈祖荣宗师创业的艰难，勇敢地担当了对图书馆学帝国兴衰的责任，决心开创一个新的辉煌的时代。

和图书馆学教育紧密相关的是职业资格认证制度。随着就业形势的严峻，图书馆显得越来越有吸引力，但如果没有职业资格认证制度，就无法为图书馆学教育保有图书馆这个市场，不良循环就会继续。但是在皇帝和军机大臣都不是进士的情况下，非要满朝文武都有进士文凭，无异于痴人说梦。可行的办法，恐怕是要求新进人物大部分有进士文凭就可以了。要说明职业资格认证制度的必要性，还必须要有几个试点单位，中科院图书馆、中山大学图书馆、南京大学图书馆显然应该成为先行者，因为它们是图书馆学教育和图书馆实践结合较好的图书馆，如果它们都不能确保新进人才大部分是图书馆学专业，或者如果它们这样做了，仍不是国内一流，超不过每年进5个非图书馆学专业新人的北大图书馆，那职业资格认证制度确立的必要性就会大打折扣。反之，如果它们为图书馆的建设和职业资格认证制度的确立贡献了成功的范例，那么其他图书馆还有什么理由反对或者回避职业资格认证制度呢？中国图书馆界职业资格认证制度的确立条件也就成熟了。

2006 年 10 月 16 日

图林自有逍遥派

因为我的好几位亲朋没有过好退休关,在健康方面出现了这样那样的问题,所以我对图书馆界那些退休后更时髦、更快乐的老人,尤为羡慕和钦佩。辛希孟、陈源蒸、丘东江,这几位在京城活力四射、退而有为的前辈,我都发自内心地为他们喝彩过。

又因为我是河南人,乡情观念极重,即便在河南人被妖魔化最厉害的时候,也从不隐瞒自己的籍贯。我觉得,说河南人这样那样的坏话,都像"说河南人不会武功,少林寺和尚笑了"一样滑稽。我经常以"河南图书馆界在北京图书馆界的卧底"来定位自己,对河南图书馆界的一举一动都保持着特别的关注。

河南图书馆界前辈们的退休生活,也是我关注的一个方面。这几年,我关注并结识到了一个退而有为的典型——郑州大学的崔慕岳教授。崔老师是改革开放后全国第一个晋升到副校长层次的图书馆学家,他自己的档案——"人体使用手册"

上注明已年过花甲，但是见到真人，你绝对要打个问号，面前的不就是个40岁的小伙子吗？

　　崔校长驻颜有术、精力旺盛，讲起话来慷慨激昂、周密严谨，一看就有派儿，一听就拔份儿，令人肃然起敬。作为高校图工委的副主任，他因为讲话逻辑性强、艺术性好、感染力大，所以一直被公推为图工委年度会议的总结专业户。

　　有时候，盯着崔校长，陶醉在他豪迈的发言中，我常常会想到金庸小说中返老还童的天山童姥。崔校长有60岁以上的武功，却有40岁左右的身材，真可以称之为嵩山童翁了！另外，我还发现，崔校长的返老还童之术似乎有传染力，可以传授，在他身边锻炼的人都有这样的功法，整个郑州大学的图书馆学团队，简直就是一个青春万岁的逍遥派。

　　当年，柯平老师、代根兴老师跟着崔校长锻炼的时候，30大几了，还个个都像花骨朵。有一年到郑州大学开会，满酒桌的人都在等着柯平大馆长现身，后来经秘书长介绍，才知道柯馆长早就到了，身边那个学生模样的人就是，众人都对着他那张娃娃脸赞叹不已。如今柯、代二位双双北飞，另筑高枝，事业是进步了，可惜也被事业搞大了肚子。脱离了逍遥派，返老还童的功法好像便没了，花骨朵经风历雨，眼看着不再俏生生、嫩绰绰了。继柯、代之后，索传军、臧国全两教授成为逍遥派的主力，也像是服了人参果，喝了不老水，越活越年轻。可惜的是，逍遥派总是留不住人才，国家图书馆悬赏十万年薪招学术带头人，索老师便效法师兄，舍了返童术，到北京城里慢慢变老去了。

　　不过，逍遥派里仍不乏精兵强将，作为郑州大学副馆长，崔波老师如今以其年轻、干练、渊博的形象照样撑起了逍遥派青春无敌的天空，堪比金庸作品中逍遥派里的虚竹先生。每逢图书馆界大型会议，在白发、谢顶高度密集的会场上，你总能发现一张硬朗有型、朝气蓬勃的脸，像哪吒、红孩儿一样雄姿英发，那就是以前的郑州大学研究生会主席、全国学联副主席，如今的副馆长、秘书长、博士后崔波先生。崔波老师长着一双骨节粗大、掌面宽阔的手，看起来扛枪握锄都可以，唯独不像是做学问的手。但是，崔老师却出版了厚厚的《周易解说》，对《易经》中的每个字都有研究，在博士论文的基础上还出版了《甲骨占卜源流探索》，书中他手描的大量甲骨图片，每一道线条都细如发丝。读崔波老师的书，我常常会联想到张飞画仕女，他们的确都是粗手出细活的奇男子。

如今，崔校长依然是河南高校图书馆界的旗手、主心骨，另外还出任了郑州大学升达学院的院长，日理万机。崔波也在他的秘书长、副馆长的岗位上不是一般地忙碌着。有了二崔奋力领航，郑州大学乃至河南的图书馆事业总是那么活跃、那么和谐，图书馆学教授们和图书馆员们总是那么青春不老，过着逍遥派的逍遥生活。

在最近的图工委年会上，两位崔老师因事缺席，没能见到家乡的嵩山童翁和虚竹先生，心甚念之。对河南出身的图书馆员们来说，逍遥派一直是大家的娘家和精神家园，为了保持年轻，复习一下返老还童之术，我们也要常回家看看。

2007 年 9 月 19 日

师生情，同学谊

《大学图书馆学报》2006年第6期开篇之"专稿"栏目，重点推出了两篇文章，一篇是《论图书情报领域理论研究水平的提升与创新——周文骏教授〈文献交流引论〉出版20周年有感》，作者是我的导师王锦贵教授和我的师妹王素芳同学；另一篇是《周文骏教授文献交流学说的理论建树管窥》，作者是浙江师范大学图书馆的研究馆员、诗人金明生老师。这三位作者分别代表北大信息管理系的教师、学生和周文骏教授家乡的学人，对周文骏教授《文献交流引论》出版20周年表达了真挚的祝贺之情和崇高的学术评价。我们《大学图书馆学报》以比较快的速度，在显著位置刊发这两篇文章，则表达了我们编辑部对周文骏教授的爱戴和敬意！是我们向周老师80大寿献上的一份特殊的生日礼物！

学术的师承关系也可以看作是一种理论传销，从周文骏教授到王锦贵教授，从王锦贵教授到本馆本刊的领导，再到本人，就是一个形象的图书馆学传销路线图。周老师作为上上线的老板、文献交流引论的教父，在图书馆学的学术银行里零存整取了大半辈子理论，终于等到了我们这些下线和下下线，有能力为其提取点理论利息和口碑分红的时候了。

由于我已经专门写过一篇博文，对周文骏教授的《文献交流引论》出版20周年抒过情了，这次就不再翻唱和二重唱了。"举贤不避亲"，在这里我要花点小篇幅，稍微谈一谈我的导师王锦贵教授和我的师妹王素芳同学。

王锦贵教授和我的师生关系是天作之合。这突出地表现在，他的老家在豫东的洧川，我的老家在豫西的栾川，都有一个川，我们是一个省的老乡。更巧的是，王老师的名字和我父亲的名字只差一个字，凡是熟悉我的人，听到我导师的名字，一准会认为我的导师就是我的亲叔。因为这两层原因，所以我很少向我的家乡人炫耀我的导师，我很怕那些联想丰富的四邻们以讹传讹，由此怀疑我考上北大的正当性，还以为我开了多么大的后门，走了多么大的关系。

我在初中的时候，某日逢上赶集，曾被母亲拉到具有本乡第一神算之称的卦师跟前相过面，卦师说我虽然气宇不轩不昂，长相反俊反帅，人见人不爱，车见车不载，但好在我要脖子没脖子，两耳自然垂肩，要腰身没腰身，两手自然垂膝，遇事有高人点拨，遇难有贵人相助，也算是世间之有福人。所以整个青春期，我都像李香香等待王贵，李隆基等待杨玉环那样，等待我的贵人。然而等来等去，等到了北大我才发现，我的贵人不是爱情方面的，而是学术和事业方面的，我的导师的名字中有个"贵"字，我的导师就是给予我巨大帮助的贵人。

王老师温柔敦厚、低调中正，北大著名副教授孔庆东说他的导师严家炎"礼数周全，谦虚谨慎，令人钦仰"，对我的导师，我也深有同感。可惜的是，在为人处事方面，我接收到了老师的真传，却没有发扬光大的素质，每逢大事无静气，哪里热闹哪里钻。尤其是到了狂欢的博客时代，在万民鼓噪、众生喧哗的氛围中，已经找不到一个安静的男人了，即便自省能力很强如孔庆东者，也参与了博客的大合唱。我自然不能免俗，终于也在图林博客里扮演了一个小角色。

因为从理性上，我真正向往的是我的导师和我的上司那种低调沉稳的风格，而在充当文学青年的时代所种下的写作痒痒虫，又总是让我抵挡不住不写就手痒的感觉。所以我开博客总有一种初中生早恋的感觉，一方面我想向全世界表达我的兴奋，另一方面又生怕家长们知道。我可以向很多人推荐我的博客，但从没有信心向我的导师和领导推荐，因为我知道，按照他们的标准，我的博文70%恐怕都要删掉。我甚至有一种感觉，我写博越多，废话越多，我的罪过就越大，他们的失望就越大。我之所以坚持，是因为我快乐，而不是因为我正确。但是导师和领导的目光作为一种道德上的监督力量，总是驱使我在写好的文章上改了又改，直到它们符合应有的伦理规范。

我的导师特别善于以师德感化人，以宽容激励人。这几年，王老师就像20世纪90年代的孟广均教授，招收了一批天资聪颖、勤奋用功的好学生，毕业的博士生中有澳门第一位北大女博士；有当今图书馆界很大的大腕，大的我都不方便提他的名字；有被北京其他大学作为人才特别引进的学界新秀；有考上了杨芙清院士博士后的IT高手；有博士论文一发表就有可能成为开放存取领域新贵专家的应届毕业生；有外界广泛称赞的在读女博士生。无论是这些新博士，还是我这个陈年古代的老硕士，我们都有一个共同的感受，那就是特别难以忘记王老师所给予的全方面、大覆盖的春风化雨式的学习上的关心、生活上的关怀。我硕士写的是出版学方面的选题，论文答辩时，王老师给我聘的两位校外专家，一位是《中国图书馆学报》常务副主编李万健老师，一位是中国编辑学会常务副会长邵益文老师，可谓精心周到的安排，为我今后在图书馆学界、出版学界各有发展、左右逢源，打下了极好的基础。

王老师自己走的是王重民、刘国钧的学术路线，长年研究历史文献学，特别是对纪传体文献的宏观研究造诣颇深，著有《中国纪传体文献研究》，列于北大国学丛书之一。但他从不要求学生顺从他的学术路线，而是鼓励各自创新，尤其是鼓励在图书馆学和出版学的前沿占位拓疆。有位同学在博士论文的"致谢"中说："如果你想享受学术自由的空气，那你就去拜王锦贵教授为师吧。"我经常对向我咨询、打算报考王老师的考生们说：如果你想拥师自重，尽快学点现学现卖的外功，王老师或许不是最佳的选择。但是如果你对自己的功底很自信，想再学点内功提升境界，那你就争取考到王老师门下读书吧。

我从王老师门下毕业留校之后，生活密度空前加大，8年里经历了恋爱、结婚、父亲生病、父亲去世、生孩子、买房子等人生的大事件，大喜大悲都体验过了。在岁月的强力磨砺下，我由一个刀脸骨感、笑声爽朗、双眉紧拧、无事自忧、总是被领导批评为脑子里一根筋的有志青年，变成了一个海豚肚子、胖鱼头、研究阅读疗法、不知道生气、放大快乐、一点也不惹领导麻烦的脑子里没有筋的无为中年。看着我的一系列变化，我的导师也是一会儿乐在心里，一会儿急在心头。在我最倒霉的时候，王老师相当"巧合"地研究起了"苦难"，写好后传给我看，给我打气，后来还发表在校报和杂志上。如今在百度上，用王老师的名字随意一搜，还可以搜到他在《新视野》2004年第5期上发表的《论苦难》。在我超脱乐天的时候，王老师又担心我丧失理想和进取精神，不时地加以提醒。诸位见过在学问上精心传道、授业解惑的优秀导师，但是您见过这样的在生活上也对学生如此关心，以至于和老学生同欢欣、共忧愁的极品导师吗？

近几年，大学生自杀成为一种亚时尚，像一股幽灵徘徊在许多著名大学的校园。看着那些夭折学生的朝气蓬勃、英姿勃发的生前遗照，看着那些老来失子的父母无限悲伤的泪眼，王老师再也坐不住了，他不仅认同了我研究的阅读疗法的价值，而且申请了一个教育部的项目《经典文献与21世纪大学生素质教育研究》，旨在以图书馆学研究者的立场和能力，用经典文献的巨大精神力量来唤起青年学生笑傲人生的勇气。有所遗憾的是，我近在导师的身边，原本可以做他学术上的助手，合力完成一些大项目。可惜的是我白天的本职工作就是择文煮字，晚上还要择文煮字，生理上实在吃不消，所以这几年在王老师那里领的任务很少，心中颇感愧疚。

党和政府的眼睛是雪亮的，眼看着王老师能把他的学生，不管是自卑、悲情、郁闷的杨过，还是冷淡、伤感、委屈的周芷若，都能培养成乐观、幽默、潇洒的令狐冲和小黄蓉。北大和教育部一下子就把王老师树立成了对学生进行学问和思想辅导双肩挑的典型。在2006年4月27—28日在上海复旦大学召开的"全国高校辅导员队伍建设工作会议"上，王老师作为全国唯一的重视学生思想教育的博导代表，给全国的大学校长和辅导员代表们上了一课，发表了《把"双肩挑"看作一种光荣使命》的精彩演讲。大家现在每天看到"书间道"都乐开了花，殊不知这里面还有王老师的一份功劳。没有王老师的精心教导，就没有今天乐观开朗的书骨精。

不久前，教育部还下发了一个文件，号召全国的高校教师重视学风和师德建设，在我的印象中，这是第一次将师德和学风并列起来倡导，表明中国的大学已经走过了唯才是举的粗糙阶段，进入到德才兼重的新时代，像王老师这样的导师一定会越来越受欢迎。

我是一个极度向往创新的人，对别人的文章标题从来没有抄袭的兴趣。但是这一次例外，我觉得不借用一下"图谋"兄曾用的文章标题《有一种感动，叫师德！》，就无法确切表达我心中的感受，我要用这个标题，向我的导师——王锦贵教授表达我由衷的敬意。

我的师妹王素芳同学是好样的。她引起我的注意是有一天她赠予我她的硕士学位论文，我一接就觉得分量不轻，打开一看，居然有几十页，14万字，我见过长的硕士学位论文，但没见过这么长的硕士学位论文，厚重得简直可以当博士学位论文了。相比于我那薄薄的3万字的硕士论文，我对师妹那是不佩服都不行。而且十分难得的是，该文资料翔实，并没有太多的无用文字。我记得我到了硕士毕业以后，才慢慢有了万字以上长篇论文的掌控能力，可是师妹小小年纪，就这么能开动脑筋、调遣文字，出手就是万字文，她要是有我那样的发表癖，恐怕发表的著作已经有长筒靴那么高了，的确令我刮目相看。后来因为工作关系，我又拿到了师妹的一份简历，才知道就像经济领域流行GDP一样，目前高校流行GPA，师妹的GPA不论是在南开还是北大，那都是名列前茅。而且她还有经济学的第二学位，英语学得呱呱叫。我已经不止是佩服，而是嫉妒了。

通过王素芳同学，我觉得近几年学生的状况好像变化很大，我上学的时候，班上的女同学聪明是聪明，但都是托福叔的大侄女、吉阿姨的外甥女，只把学术当口红，抹两下增点书卷气，毕业拿个文凭就可以了，根本目的是进外企、留美国、拿美元。现在的女博士生，好像真有拿学术当回事，要以当教授、立学说为志业的了。但我相信，这样的博士生仍然是少数，因此我想提醒柯帅、叶帅、竹帅、槐帅大家注意了，今后要是招兵纳将，可不要忘了未名湖畔还有一位穆桂英呢！

北大以前实行异常严格的近亲繁殖制度，留学生只留蒋中正校长的，不留周恩来主任的，把林彪、陈赓都推到了别的学校，这两年又实行异常严格的非近亲繁殖制度，即便是蒋经国，也得送给共产党。所以正是各校选优拔尖的好时候，可不要错过了。据我所知，王素芳同学已经在一些教授、编辑那里留下了好印象，希望她能够克勤克谦，交好博士生的答卷，不辜负大家的厚望。我觉得本科不在北大，而后来考上北大深造的人大多数更有志气，成名成家的很多，北大哲学系的陈来，中文系的陈平原、王岳川，莫不如此，值得好好崇拜和学习。

2006 年 11 月 24 日

书槌敲边鼓,书箕扫战场。
书国小江湖,书侠仗笔行。

书庄会盟

我和上海图书馆的两个交情

第三辑 书庄会盟

在图林晃荡久了,有染的个人、单位便越来越多。上海图书馆举办的图书馆2.0大会即将开幕,马上就要进行沪上处女行了,这两日不由地把脑袋这个硬盘分出一个扇区,想了一下与上海有什么交情。一想,倒还真记起了两件往事。原来,俺虽然没有去过上海,对上海图书馆却还是有贡献之人啊。

第一桩交情,我是"我为新馆所建设出份力"的征文获奖者。

1996年,上海图书馆新馆建成,春风得意,业界叫好。当时,《图书馆杂志》曾搞了一个征文,题目为"我为新馆所建设出份力",希望各地人士建言献策。这个时候,也正是我考上北大研究生的第二年,也正处于春风得意的年华,黄昏时分没有女友可约,在台灯下恰好看到征文信息,便把过剩的精力用到征文上了。当时写了什么,现在已经记不清了,大意好像是以赞扬为主。印象中,我好像说,在国人的心目中,唯一可与北京平分秋色的国内城市就是上海,上海是中国的金融之都、文化之都，上海图书馆在人们的心目中也不是普通的省级图书馆，而是第二国家图书馆，上海图书馆应该以第二国家图书馆的目标来进行建设。对上海图书馆和情报所合并而造成的实质上的图书情报一体化也狠狠地表扬了一番。

没想到，过了一段时间，就收到《图书馆杂志》的大礼包，共三件礼物：一是刊登获奖名单的当年第4期杂志，二是服务宣传周的纪念金卡，三是有吴馆长签名的《21世纪图书馆建设新论》。打开礼包的时候，不巧被某位张姓同学看到了，他是班上出名的图书馆学爱死党，对吴馆长那本书自然垂涎三尺，没过多久，就找个理由把书借走了，至今没有归还的意思。不过我现在守着图书馆，看书方便，也不打算向他要了，算是送给他作学生时代的纪念品吧。

我对所有的荣誉都非常珍视，那期刊物和纪念卡至今仍然保留着，中间搬了三次家，居然也没丢弃。1996年的时候，包括我在内的很多人都没有用上银行卡，不知道纪念金卡是干什么用的，我当时以为，里边肯定有超过100块钱吧，要不后面要条形码干啥？所以，10年来，这张金卡一直和我的细软放在一起。昨天，星期天，我翻箱倒柜找到它的时候，发现它居然和我的大额存折放在一起，可见它在我心目中的珍贵地位。

如今想一想，我当年之所以能够获奖，肯定是《图书馆杂志》想找一个在北京市某图书馆工作的或身份为在校研究生的获奖代表，搞一下地区和阶层平衡，正在盼呢，恰巧我这个傻小子就写了一篇，正中下怀，赶紧把奖授给我了。因为是照顾的，所以我的建言并没有登在杂志上。

第二桩交情，我为上海图书馆手稿部募集过北大名师手稿。

约在1998年前后，上海图书馆历史文献中心手稿部想征集北大几位老先生的手稿,我的导师王锦贵教授是受委托人之一,导师又把收集张岱年、邓广铭、王重民三位大师手稿的任务交给了我和师弟曹宽增。此时,我已到北大图书馆工作,比较忙,宽增是个很有活动能力的小伙子,联系基本上就由他来做了,我只陪着他去过邓先生家和张先生家。邓先生家放着黑压压的一屋子书,张先生家的书山书海和家具之简陋把我震撼坏了。从此我便养成了一种以办公室和书房脏乱差为荣的名士习气,能不整理便不整理。我追求的是大师们那种以书窝子当救生圈,乱中有序的境界。可惜的是,我的赠书总是很少,至今达不到书籍围到脖子的程度,因此我总觉得图书馆编目部的同行最有福了,很羡慕他们。

手稿收了一部分后,上海图书馆的马远良馆长、王世伟书记亲自来北大举办接收仪式和答谢,请张岱年先生、王锦贵老师、宽增和我在北大的资源宾馆吃饭。之前,我从没和这么大的人物吃过饭,比较紧张,向来不打领带的我,把在研究生宿舍走廊里买的两块钱的领带打上了。到了饭场一看,除了张岱年先生,大家都打了领带,十分庆幸自己没有失礼。

这场饭局印象深刻的是:马、王两位领导进来的时候都穿着黑色的风衣,极有派,让人联想到《上海滩》里的许文强,给每人发了一张带着浓浓香水味的蓝色名片,让人联想到上海滩上的浮华精致的生活。因为当天打着领带,像是鱼鹰卡着脖子,所以饭吃得不怎么好,记的点的是淮扬菜,张岱年先生好像最爱吃狮子头,也不说话,闷着头吃,让人容易想起老将廉颇。老先生80多岁了,胃口还那么好,一桌子人都啧啧称赞,非常羡慕。饭后,我和宽增还像蒋介石侍侧孙中山似的,站在张先生的太师椅后合了个影。可惜的是,这张照片导师至今也没有给我们,不知道是不是他这个摄影师给照砸了。

不睡午觉，说了这么多，无非是想告诉上海图书馆的朋友们，咱对贵馆还是有贡献的，如果大后天去了上海，可别小看咱哟！

            2006 年 5 月 22 日

在上海图书馆2.0会议上的感言

非常感谢上海图书馆以科技周和服务周的活动之一、Web2.0研讨会的名义制造这么一个机会，让图书馆学的博客作者们欢聚一堂，感谢Keven老师、Leon老师及你们带领的上海图书馆东道主团队和顾问老槐老师等领导的精心策划和安排。

我能否来参会，编辑部领导开出的条件是必须编好第3期，所以直到昨天上午都在忙刊物的事情，下午才打印了日程，在网上浏览了一下上海的地铁示意图，匆匆赶来，以至于没有准备PPT文件。

对召开这个会议的意义，我的认识是：

第一，会议是图书馆学博客的狂欢节，是网络图书馆学分会的第一次全国代表大会和成立大会。

本次会议有两条主线：明线是一个关于Web2.0和图书馆2.0的大会；暗线是图书馆学博客作者们的大聚会、狂欢节、大派对，是网络图书馆学分会的第一次全国代表大会和成立大会。

如果会议单纯地是一个研讨图书馆2.0的大会，我可能就不会来了，因为我对于图书馆2.0的了解只限于范并思老师、叶鹰老师的两篇投稿和网上的零散言论，并没有自己的心得，岗位的工作性质既不要求也不允许我有很多的时间研究和实践图书馆2.0，参加这个会议应该说是不够资格的。

我来参会主要是奔着博客大会而来的，在我的想像中，这应该是一个青春、热闹、先锋、话题时尚、人物有趣、形式新颖、悬念丰富的"江湖大会"、"草根大会"，有别于图书馆界其他的秩序井然的交椅摆放整齐的大会。当然这个会议不会选出网络图书馆学分会的会长及各种头衔，也不会发布网络图书馆学分会的章程、宣言和纲领，但会议开过之后，我想必将会推动网络图书馆学的发展。

我认为，有时候，草根史和精英史是很难分清的，许多团体、许多大家都是从江湖和草根走出来的。上个世纪80年代，当研究生范并思和程焕文出席青年图书馆学家理论研讨会的时候，既江湖又草根，戴着"青年图书馆学家"的帽子还有点不是那么理直气壮，可如今，他们已经成了名副其实的广受青年爱戴的图书馆学家。因而我对这次会议的影响充满信心，对各位参会人员的未来充满信心。

第二，会议是图书馆学的博客作者们在假面舞会后的卸妆相会，可以极大地满足好奇心。

长期以来，我对于那些才华横溢、幽默风趣、专业造诣精深、职业热情旺盛的博客作者们保持着由衷的敬意甚至崇拜，其中，有少数博客作者是出过书、经常发表文章的专家，他们在书刊上、网上留下了太多的手纹、脚印、口水、笔迹等，属于"作案前科一箩筐的惯犯"，容易被我一眼侦破，但是个别修为奇高、隐藏极深的和年轻一代的70后80后才俊我就破解不出来了，不怎么爱写文章或研究的方面不是我所关注的我也破解不出来。我这次参会，很大程度上是想弄清楚到底谁是编目精灵，谁是游园惊梦，谁是 Leon，谁是泥鳅，谁是空心菜，谁是花生壳等，亲近一下偶像，与偶像们交个朋友。

另外，如果仿照统计藏书家的地区分布的方法，将博客作者们按地区统计一下，我们会发现长江三角洲一带的图书馆学博客作者是最多的，博客的质量也是最高的，尤其是上海地区，已经形成了以老槐为首的"海派"图书馆学博客，老槐把他们归结为"华师派"，实际上也可以叫作"海派"。而图书馆学发达的北京、武汉却没有形成"京派"和"汉派"，这是很有意思的现象，感兴趣的同行可以分析一下背后的原因。文学上、政治上的"京派"和"海派"都是各有千秋、相映成趣的，是长盛不衰的研究课题，图书馆学博客的地理分布和地域特色问题，早晚也会成为一个研究题目。最近，随着"竹帛斋主"开博，已有一定基础的"粤派"或者叫作"岭南派"图书馆学博客正在崛起，相信不久的将来可与"海派"或"江南派"相抗衡。

我这次来参加会议，第二个好奇心，就是想了解一下作为一个群体的海派或江南图书馆学博客有什么共同的思维特点和治学特点，等将来图书馆学博客的星星之火燎遍全国的时候，用图书馆学社会学的方法统计分析一下图书馆学博客的地理分布及原因。

第三，会议研讨图书馆学前沿学术热点，来者必将满载而归。

作为一个编辑，不管出差参加什么会议，最关紧的公务目的只有一个，就是旁听会议，报道会议，最大限度地捕捉学术信息，抓住前沿热点，把会议的收获消化吸收后，体现到编辑出版工作中，提高选稿、用稿的水平。拿到会议的日程后，我很高兴地发现，会议的主旨报告发言人范并思老师、叶鹰老师、任树怀老师，也正是我们《大学图书馆学报》近期开篇专稿和重要文章的作者，范老师的文章今年第1期已发表，叶老师和任老师的文章发表在第3期，大家马上就能见到，他们的报告都是在论文的基础上进行了扩展。这说明，我们《大学图书馆学报》还是能与图书馆学的热点基本保持同步的。

我已经很认真地听取了上午各位专家的报告，收获很大，感觉不虚此行。下午还要洗耳恭听各位小将的精彩见解。争取把会议的成果全部掌握到手，带回编辑部，提高选稿、用稿的水平。这项任务完成得好不好，决定着我这次上海之行是自费还是公费，为了全额报销，我要把我身上的音频接口——耳朵、视频接口——眼睛敞到最大，高保真地记录下会议的全部内容。

哪里无战火，哪里就有和平鸽！哪里有和谐，哪里就有不老哥（blog）！全世界图书馆员博起来，图书馆界的和谐和图书馆2.0就一定能够实现！

2006年5月17日

沪上两日印象

一、报告印象

在网友们的追忆中,刚刚在上海图书馆召开的第一届图书馆2.0会议,好像是图书馆界博客作者们的见面会、聊天会和认亲大会,实际上这只是会议的尾巴和次要方面,会议的精华部分主要还是2006年5月25日上午和下午上半场的专家发言。因为会议的幕后领导缪其浩副馆长因故未能参会,吴建中馆长只出席了开幕式,如果单看网友们的报道,我怀疑两位馆长会对会议的内容产生错判,会对以Keven为首的老师们策划、组织的这场会议的巨大成功认识不足,因此觉得有必要把专家发言的情况粗略介绍一下。

专家发言中,老槐的发言视野相当开阔,完全是从Web2.0和大信息服务的角度讲,其中讲到图书馆2.0的地方不是很多,从这篇演讲,的确可以感到他是信息学系的主任而不是图书馆学系的主任。

叶鹰老师的发言中，Web2.0和图书馆2.0的内容各占一半，此外他还超前地提到了网格技术可能带来的Web3.0和图书馆3.0，超后地提到了数字图书馆以前的图书馆1.0和更前的图书馆-1.0。

老槐的手下老陆的发言，主要是讲博客、RSS聚合、豆瓣等Web2.0网站怎样赚钱，使人感觉华东师大的信息系的确是离开图书馆学走得很远了。

Keven老师的发言，主要是讲Web2.0背后的技术——语义网。

Leon老师的发言比较生动，结合Web2.0的特征，把爱因斯坦的相对论公式进行了几度改造，使爱科学家好像变成了图书馆员的大表哥，随请随到，而且到了就写黑板报。令人印象深刻的是，Leon老师的主持风格很不错，既能适应馆长，又能适应草根，声音清晰嘹亮，听着很顺耳。

编目精灵调研了国外很多图书馆的OPAC输出方式，收集了很多典型方式的截图，我印象深刻的是某个图书馆的OPAC能够输出某本书的馆藏位置图，一个光标一闪一闪地指着立体示意图上的某个书架，很有意思。

上海大学图书馆任树怀副馆长的发言表明，他们在图书馆2.0方面，不光是推出一个RSS聚合器，还有一整套的设想，要把开源软件应用到底。

厦门大学图书馆的Sogg等人，从Web2.0的涂鸦开始，全面介绍了该馆在2.0方面的设想。

以上这些发言人除了任树怀馆长，都是博客作者，但他们发言的认真劲头完全是以专家的身份在交流学术问题，内容丰富翔实，思想新锐庄重，富有启发意义，和科技周、服务周的意图相当吻合。我想，即便是信息技术和信息产业领域的专家来谈Web2.0，大概也就是这个范围，《纽约时报》的记者如果报道会议，重点应该也是专家演讲的这些内容，这些内容具有全球普遍性，论得精彩，应能够引起各国专家的共鸣，体现了上海图书馆在看待新技术革命问题上的开放、活跃的姿态。

为了体现会议的自发性、草根性，会议居然没有统一安排，只提供三个可以选择就餐的地点。我是和a、游园、编目精灵拼桌在就近的面馆吃的饭，由于外界错误地盛传北大工薪高，所以由我请了客。可能是因为Leon老师中午也是吃的面，他在做报告的时候，居然把"图书馆"写成了"面书馆"，生动地论证了物质决定意识的伟大真理。

气氛轻松的博客作者相会只是下午3点以后的两个半小时之内的事，因为这一段日程上名为"PK"，现场字幕上打的是"全世界图林博起来!"，加上有超平老师这样的冷热幽默兼擅的名角主持，场面一下子火油交加。加上博客作者们的露脸就像彩票开奖，捂了很久的东西突然真相大白，潜水员们也很兴奋，于是大家伙对这一段的报道便不厌其烦，真是有点喧宾夺主了。实际上，就内容的价值而言，专家们的发言要远远大于PK阶段的互诉衷肠。

二、人物印象

参会之前，受武侠影视、小说的影响，我认为凡是江湖、草根之类的大会，参会者必定是胖者极胖、瘦者奇瘦、形貌不扬、行事怪异的一群人，但是到了会场一看，居然是靓哥美女济济一堂，我俨然是其中最反帅的一个了。我到会场时，前面已经坐满了，就在后排找了个位置，正要坐下。这时，老槐就像开启了实时防护的诺顿，一下子扫描到了我这个病毒，走过来握手，并向我引见他身边的编目精灵、a和游园。

编目精灵，我一向认为是个在编目部里浸淫已久的老生，谁知却是个窈窕轻盈，看起来和我的年龄差不多的青衣，我问她贵姓芳名的时候，老槐一直以保护的姿态站在她的前面，似乎想解释又不太好解释的样子。超平老师见状，在旁介绍道："你不知道，他们是一家人啊。"我大为惊讶，说："真没想到啊！"老槐说："怎么了，版本不一样？"我说："是呀，您是宋本。"说真的，这两位老师站在一起，还真是有点像是线装书和电子书站在一起，有比较大的反差。会上，有此感受的不止我一个，北京某个IT公司的先生在发言时不止一次地说没想到，没想到老槐的牵手人那么年轻，说得老槐心里我想一定美滋滋的。在晚饭的时候，据老槐老师正面招供和从别处得来的情报，得到的答案是：悬殊大，倒不是师生恋，而是因为老槐老师极会做菜，甚得保养太太之秘法，故而使得编目精灵老师就像永远不老的小龙女。通过这次接触，我对老槐老师的魅力的外延有了新的认识，原来他不仅在学术上有魅力，在其他很多方面也是魅力无边啊。

a在我的想像中，本来是个高大白净的男孩，因为他被教授的女儿看中，人家的学历又比他高，必然是貌比潘安的。见面之后，却发现既不白也不算高，和想像出入不大的是他的性格和为人。看来，老泰山一家更多的是看中了他的内在美。

至于游园，我在网上见过他的照片，真人和照片差不多，在我的想像中，觉得他是个爱问人所不知的学术狂，很怕冷不丁弄出个咱从来没听说过的学术概念请教一下，岂不傻了眼？谢天谢地，在几天的亲密接触中，高兴地发现他居然是个深沉的家伙，从来没难为过咱，话语不是很多。

或许是为了帮助我增长见识，老槐老师还专门引导我见了往主席台上走的吴建中馆长。吴馆长在我的印象中一直是他网站主页上那个英俊潇洒、秀发拂动的形象，头发清逸得可以当洗发水的代言人。这次见面，却见他赫然留了个板寸，白发依稀可见，分布均匀，好像是故意挑染白的。看来，今后吴馆长是要走董建华特首的形象路线了，这种形象精干沉稳，我觉得是非常酷的。

会上的另一大酷人是老陆，陆建平，他穿着军绿色上衣，声音磁性响亮，发型是前面板寸，后面留长，发色黑里透白，显得是既沧桑又时尚，据说在华东师范大学属于万人迷型的老师。

这次上海之行最应该感谢的是 Keven 老师，他在会后的第二天，脱下白领，换上蓝领，就像村里早几年出来的包工头，大清早出发，带着我、a 和游园，就像带着村里刚来的打工仔，穿行在上海的大街小巷，开各种各样的洋荤。Keven 老师是个实在人，把我们这三个草根当成张晓林老师接待了，一会儿带我们到新天地参观一大会址，看石库门的西洋景；一会儿带我们到人民广场，看紧挨着大街的亲民政府、大剧院和博物馆；一会儿带我们到南京路，和摩登女郎、乡下游客摩肩接踵；一会儿带我们到城隍庙，看绿波亭，吃灌汤包；一会儿带我们到外滩，看万国建筑、黄浦江流；一会儿带我们乘坐"紫云雾"（"磁悬浮"的上海话读音），体验上海速度；一会儿带我们到陆家嘴，登东方明珠，体验上海高度。最后还把我们一直送到火车站。路上，我偷偷对游园说，尝到写博客的甜头了吧，他说，尝到了，尝到了！坐到火车上，我的脑海里老是浮现 Keven 老师未开口先眯眼一乐，说完话再嘿嘿一笑的甜蜜蜜形象，觉得真是迷死人了。Keven 老师这一日的精彩安排，以至于使我觉得好像没有再来上海的必要了，下次再来，需要看的地方好像只有复旦大学、华东师范大学这样的名校了。Keven 老师的安排甚至使我们觉得有点受宠若惊，一路上，我甚至想，多亏一问、钱涂等桂军和粤军没有来，要是都来了，不把 Keven 老师劳累坏了，也把 Keven 老师整破产了。为给我们照相，Keven 老师的相机还掉在地上破了相，弄得我们很不安。以后 Keven 老师有用得上我们的，不赴汤蹈火，看来是说不过去了。

会上印象很深的群体是华东师范大学信息系的学生，研究生们一个接一个地提问，个个都是女生，甚至连个把"洪常青"都没有见到，让人感觉这个职业真是越来越女性化了。本科生也都是女生，与叶帅（叶鹰老师的昵称）这样的老师合影，每人脸上两个富士苹果，让人见到了久违了的纯天然的绯红。

会议的收获很多，眼看着今天已经变成了明天，就不一一细述了。厦门大学图书馆的代表以精彩的演讲和借来的美女吓退了代表浙江大学申办图书馆学博客第二次全国代表大会的李超平老师，取得了二大的举办权。想去游大海、眺金门、集美学村走一走、鼓浪屿上吼一吼的图书馆员们，赶紧开博吧。我也要继续写博，争取名气更大一些，让萧德洪馆长在会议之后带咱第二次逛逛美丽的厦门大学。

2006 年 5 月 29 日

2006，年会追忆

2006年的中国图书馆学会年会已经过去一周了，要是在过去，我也许就将其当作一周前吃过的饭菜一样不再提及了，反正日子都是一次性的，回忆反倒会浪费正在使用的这个一次性的日子。不过现在有所不同了，有了博客，过一段时间不往上面填点东西，那种感觉就像农民让土地撂荒、博士生交不上毕业论文。那就将最近的行程和感悟向大家汇报一下吧。

匆匆把学报打扮停当，系上杨白劳大哥我给她做的最后一根红头绳，送出嫁，我就向南昭国的图林大会出发了。因为会议通知上没说接站，到了昆明，我也就没有仔细扫描接站群众中是否有本帮当地的接应，径自叫了一个西南流行的绿的士，直奔大会扎营的寨子。我本以为"云安会都"是云南省公安局或安全局的局办宾馆，心存一份安全感，在车上向的哥打听，才知道"云安"是当地一个富豪男的名字，会议举办的营盘原来是一个私寨。出租车行驶的路线似曾相识，因为去年我曾半自费地随本馆的春游队伍经过此地，路边都是买卖瓷砖、石雕的建材市场，本来就不怎么干净，加上路上正在修建两条高架路，以至于出租车基本上是在工地上穿行，尘土飞扬，要不是我是第二次来，知道昆明别的地方还是不赖，肯定对春城留不下好的印象。

车像坦克一样激沙扬尘、高低颠簸、拐弯抹角地来到会都，已是下午4点多了。照例忍受了像凯文描述的繁琐的报到手续，终于住下了。云安会都是一个包括好几栋楼的社区式宾馆，随温泉活跃点而建，所以各楼的命名十分有特色，我被安排到了叫作"清莲池"的宾馆，感觉像是哪吒官邸。后来了解，一问被安排到了"水晶宫"，感觉像是南海龙王府。超平老师被安排到了"清华池"，感觉像是杨贵妃下榻处。各楼门口都有一个露天游泳池，以"池"为楼命名倒也名副其实。

未出发就急着接见我的有两个人，一个是《新华书目报》的记者姜火明兄，一个是网络红人赵宣兄，在路上接连收到他们的短信。住下后，赶紧发信求见，先是姜兄带着同事李漓美眉来接见我，在宾馆为每个房间都准备了的麻将桌边坐了一会。赵宣兄去瞻仰西南联大旧址了，傍晚我去吃饭的时候，在门口撞上他。他一下就认出了我，说上海的图书馆2.0会议已经把我的形象像通缉犯一样昭告天下了。不过面见的他和我想像中的他有些差距，他的文字所传达出来的是一个孤傲的学究青年，而一见面，从他的热情中我就感觉出来他是一个非常灵活和善于交际的人。

晚上是预备会，凡是要发言的人和作为服务生的学术秘书都要出席。赵宣和我都在一个分会场，自然坐在一起。程焕文老师进场稍晚一点，穿着红黑相间的休闲T口，像克林顿来到了戴维营，他在离我稍远处坐下后，看到了我，对我做了个小动作——放在桌上的右手翘起他的一代巨擘（大拇指）晃了晃，我知道我的博文没有令他反感，也就放心了。赵宣兄马上过去贴上他聊了一会,他们是第一次见面。

　　第二天上午的会议,我被秘书组组长分配的任务是记录开幕式的内容。所以就选了第3排正中间的有利地形占位,把一支秃笔像一支狙击步枪似地对着领导瞄上了。组长说的十分可怕,说领导话音一落,报道就要上网,吓得我中场休息都没敢动窝,赶紧把记录整理出来了。这次年会策划的味道很浓,逻辑清晰、结构合理,主旨发言大家都了解了,有政府主管领导,有公共图书馆馆长,也有高校图书馆馆长。三位主旨发言者中,戴龙基馆长是我的老板,讲的内容我比较熟悉,李南生副局长谈的图书馆之城的理念在期刊上我也有所了解。褚树青馆长我接触不多,对他也最感兴趣,感兴趣的倒不是他的理念,因为其理念超平老师的博客已经告诉我了,感兴趣的是他这个人。褚馆长的长相和精神气质我觉得很像蔡国庆,因为偏瘦,站在台上显得袍袖宽大,颇有仙风道骨,他说话清而柔,柔含坚,主持人陈力老师说他气质儒雅,深有同感。

　　下午的大会发言主要是阐释各个分会场主题设计的意图、思路和目的,给第二天的分会场做广告、拉票房。但是做广告的路数每个人是不一样的,有的是总序式、综述式、引言式,有的是提要式、分列式。我个人比较欣赏总序式,因为阐释得好了,跟做主旨报告差别不大。巧合的是,当群众舆论发出"南程北李"的评价时,本次年会也给他们安排了重头戏,看来行业上下对他们的赞赏是一致的。这两位新图书馆运动的王子果然不负众望,对人们的看好表示了充分的尊重,都穿戴得体体面面,扎着领带,做了精彩的演讲。他们的阐释走的都是总序的路子,实际上是对这两年的新思潮和分会场设计意图的总概括、总交代。

　　程焕文教授的演讲十分从容,语速慢、吐词清,这次给人的感觉不像是帅师,倒像是个说话时讲究口型的淑女。不过经过多年的历练,他已经形成了傲气、有风骨的个人气场,是再温柔的语调也调和不了的。我觉得程老师的气质很像一个人,如果他穿上美式军装,戴上墨镜,叼上雪茄,那就是图书馆界的麦克阿瑟,他总是抱着在圣诞节前建成天堂式图书馆的美好理想。

李国新教授的演讲一以贯之地激情饱满,设问句和赶牛鞭子似的长句子,排山倒海似地向观众席上扫射过来,话是空气看不见,如果看得见,我想一定就像周星驰电影中的情形,稠密的话语就像洞庭湖刚出网的彩色鱼儿那么多,鱼贯涌入人们的耳朵。李教授的演讲给人一种一定要唤起工农千百万,不达目的誓不休的决心和气势。我坐在台下想,李老师也像一个人,如果给他剃了头发,下巴上栽上三角胡子,再给他弄一件黑呢大衣披上,那就是图书馆界的列宁。不过我后来又想了想,如果把这个想法告诉李老师,他一定会推荐另一个人来胜任这个形象,那就是陈力教授。的确,就激情而言,李、陈二人不相上下,但就外形来看,陈老师无疑更像列宁。我一边听演讲,一边在想像中给二人用 Photoshop 改头换面,乐在其中。网友们谁有时间和兴趣,不妨按照我的思路,将这两位老师的照片 PS 一下。

程教授的演讲给我印象最深的一句话是,他说公共图书馆宣言开宗明义说得很清楚:创办图书馆是政府的责任。我想上一阶段他与一些同行争执的焦点,就在于认同不认同这句话,其他的问题都是次要的。我个人比较赞同这句话,我觉得通俗地讲,如果把图书馆比作企业,政府就像是图书馆的董事长,普通纳税人就像是图书馆的小股东,卡内基、邵逸夫、李嘉诚这样的图书馆慈善家就像是图书馆的大股东,"北刘南杜"这样的一流馆长就是图书馆的职业经理人,馆长的职责就是以专业水准管理好图书馆,至于投资、融资要靠董事长率领的董事会来决定。馆长不能把自己作为经理人的职责和董事长的职责弄混乱了、弄颠倒了，那样就会越俎代庖，越弄越糟。李教授的演讲给我印象最深的一句话是，他说教育和医疗的产业化所带来的直接后果是服务质量低下，失去民众信任，再想得到政府的投资便通不过人民的审议，尽管我国财政对教育的投资和医疗的投资都没有达到世界的平均水平。图书馆行业应该以它们为鉴，放弃以降低服务质量为代价的没有希望、没有前途的产业化之路，回到争取政府支持，一心一意服务民众的公益道路。

分会场研讨那天，我是第4分会场的学术秘书，负记录之责，不敢擅自串岗，所以对其他会场的精彩没有亲闻。我们会场的主题是"大众阅读指导与和谐社会"。我觉得在这个会场，最幸福的是结识了不少名人、生人，比如吴晞馆长，我虽然知道他在北大图书馆和《大学图书馆学报》编辑部干过，是位前辈，但我来时，他已经走了，这次终于会面，了却了一桩心愿。邱冠华馆长，以理念先进，善于处理危机大名冠业内，这次也认识了，我发现他体阔身沉，是个粗壮的爷们，但是心细如发，文章写得缜密而有文采，骨子里洋溢着书生气质。年轻的陈晓梅女士，是新创刊的《出版人·图书馆与阅读》的主编。我给她提了一堆意见，比如按科普与阅读指导委员会的分支设置栏目，多发图书馆员写的书评。她好像对图书馆员写书评的能力很怀疑，问有这样能力的图书馆员有多少，我的回答是"成千上万"。其中我觉得自己提的最重要的一条建议是，封面要本土化，要上中国普通图书馆员在图书馆的工作照，这些草根图书馆员封面人物必须要有个性化的造型和浓浓的书卷气，比如像顾□老师那样的络腮胡，像顾文佳老师那样的美丽无双，像王龙老师那样的大胡子，像刘炜老师那样的潘冬子，等等。将来如果有一天，哪位特型图书馆员真的上了该刊的封面，请在心里感激我，请在饭馆里请我吃汤面。分会场上久仰大名的还有严红编审。我在武汉大学图书情报学院读书的时候，看的很多教材，责任编辑就是严红老师。我都毕业十多年了，心想他一定是个糟老头子吧，见了面才知道是位还很年轻的女士。另一位久仰的是袁海旺先生，他因为参与了邱东江老师主编的那套丛书，以一本《虚拟图书馆的今天、明天》为国内同行所知。

　　本会场和我最有缘的是肖希明教授，他是我的授业老师，我刚由中学生变成大学生的时候，他就给我讲授《文献资源建设》。期末论文让我写对文献资源建设的看法，我当时哪里知道写专业论文是什么路数，于是就找到一本专业杂志，将肖老师一篇关于三线典藏制的论文一字不差地抄下交上了事，心里还自鸣得意，因为当时脑子里还是中学生的思维，以为找到了老师的文章，那还不是标准答案？岂不是就要得满分？结果，有些城里来的孩子，用逆向思维写的文章都得了高分，我老实巴交找到了标准答案，得分却极低。如果查查我的本科考试成绩单，他这门课可以说是我的滑铁卢，对我的自信打击很大。

　　当时，有位叫卿家康的老师留着分头，个头不高，但相貌英俊，从我填的档案中看到我的字还凑合，所以一入学就把我等数人召去帮他抄写《阅读社会学》的书稿，抄完后还在新4楼对面的小馆子里请我们吃饭，那是我有生以来第一次吃有点档次的宴席，他漂亮的女朋友还在边上使劲吹捧我等的"书法"，弄得我们这帮小男生个个酒不醉人心自醉。那时候，我们对卿老师这种才子佳人的生活方式极为羡慕，觉得卿老师是最可爱的人。

　　可是世事弄人，十几年哗哗过去了，卿老师杀出图林，了无踪影，再也没有相见。肖老师因为出任过高校图书馆的馆长，在图工委的服务范围，近4、5年来我们屡屡相见，缘分不断。我曾和肖老师一块游过武侯祠、杜甫草堂和其他不少地方,合过许多影,这个当年给我打分最低的老师反而成了我毕业后接触最多的老师。肖老师近几年在会议和闲谈中所传授给我的东西,要远远多于在校时教给我的东西,我也越来越多地发现他的可爱和魅力。

本次会议,我登记的时候说好是两人合住,第一天晚上却并未来人,一个人享受了标间的寂寞。第二天中午,我突然发现床头柜上出现了一个粉红的洗漱包,心想不会把女代表分到我这个房间了吧。晚上快睡觉的时候,有人开门冲进来了,吓我一跳,一看却是肖老师,我们师生相视,开心而笑。肖老师现在的身份是武汉大学图书馆学系系主任,不过我告诉大家一个小秘密,和系主任同室睡觉也没有什么特别的感觉,肖老师还是和以前一样谦虚地和我高谈阔论。

开幕式那天晚上还有一个联谊晚会,我早早赶去,看见汤更生秘书长身边座位空着,得到领导许可后就坐了下来,李超平老师隔着汤秘书长和陈力教授坐在另一端,我和李老师就越过领导寒暄了几句。晚会的演员都是各地的图书馆员,服装、道具都是千里迢迢自行携带过来的,内容上以歌舞为主,阵容上以云南省图书馆的馆员为主力。因为演出由当地演员主打,所以民族风情体现得比较充分,感觉云南省图书馆帅哥靓女真是不少,不知道图书馆长是怎么管理这支文艺大军的。不争气的是,在抵制日货的时候,受网友苹果核的蛊惑,我买的是柯达 LS753 相机,这是一款反浪漫主义的现实主义相机,拍光天化日之下的东西性能还不错,但一到了暗处,对灯光下的美丽统统不认账,一打闪光灯,彩灯下再美丽的肌肤、容颜一律打回原形,惨不忍睹,不打闪光灯,出来的就是模糊的一团光线。所以,尽管我比较爱拍照,几乎没有放过舞台上每一个漂亮的姑娘,但回来一整理,能够还原现场的照片还是少之又少。

　　晚会有个环节是竞猜，去年我还因为答出了中华图书馆协会成立的时间，得到了一套回顾20世纪的光盘。今年出的题一来不够专业，题目模棱两可，不好回答；二来坐在领导身边，不好轻浮地跳出来，怕答错了没面子，况且我偷看了一下别人得到的奖品，好像是价格疑似不高的书签，也就没有参与。还有个环节是抽奖，我拿到的号码是423，汤秘书长说我一定得大奖，因为这个号码恰好与"世界阅读与版权保护日"的日子重合，况且晚会的主办单位是《出版人——图书馆与阅读》杂志，整场晚会我都难抑心中的激动，坐卧不安，心想要是晚会授予我大奖——一头西双版纳的大象，我可怎么弄回家？谁知，晚会从头走到尾，抽奖无数，却根本没有我的份，可能是晚会策划人根本就没有想到在号码上做文章，由此可以看出年会的抽奖的确是随机的、公平的，今后大家要多多参与。晚会和去年一样，又上演了动人的一幕，给当天过生日的馆员发了纪念品，领导接见了一下。据汤秘书长说，是通过查阅住宿登记提交的身份证号码得到的生日名单。我的生日不在夏天，看来是很难让年会祝我生日快乐了。

　　在分会场盯会那天，会间休息期间见到了叶鹰老师，据超平老师讲，叶老师未到就提出了评价会议的重要指标——观赏性。我当即表示十分赞同，因为对教师、编辑这类惯于追踪学术前沿的人来说，要想从会议中得到很多书刊网络上所没有的学术情报，可能性不是很大。参加会议，主要还是感受名流、大家、新秀的思想感情、精神气质，深化对他们学说的了解，因而观赏性十分重要，我就特别喜欢听那些有个性的演讲，不管你是自负、幽默、谦卑、害怕、紧张，最好有一样，甚至出点小差错，都很好，但要是没有感情地背书就很没劲。我认为"南程北李"的报告都鲜明地体现了他们的特色，所以告诉迟到的叶老师亏大了，竭力向他推荐。我觉得程、李二人近乎完美的演讲应该录下来，对正处于学术巅峰期的他们本人也是一个很好的纪念，挂在网上还可以让更多的没有参会的图书馆员领略年会的精髓，可是据我观察，在会议现场，好像没有人在做摄像这样的事情。晚上吃自助餐的时候，我看见程教授和被他在网上激烈地批为"叶公"的人正坐在一起，相谈甚欢，觉得有一丝丝的好笑。

超平老师在闭幕式上作了年会征文的点评。征文点评是本次年会的首创，超平老师说她是作为试验品被赶上台的。因为云安会堂很大，金碧辉煌，上下两层，像个小人民大会堂，坐满了人，看得出来，超平老师刚开始那一分钟略微有点紧张，但是后来就放开了，讲得非常好，赢得了热烈掌声。超平老师曾经说过，她演讲从来没有搞砸过，事实证明这个海口的确不是夸的，而是有坚实的海南岛垫底的。祝贺李老师演讲成功！

会余碰到刘炜老师两次，第一次是我晚上要乘火车去贵阳，上午退了房，中午无处去，就在鱼池边的小石桌上赶写报道，刚好被他看到，打了个招呼，所以就有他博客中所写的包租公临池洗笔一说。第二次是在当天傍晚，我看见他们在照相，就走了过去，和刘老师合了一张。刘老师是个好领导，去好地方不忘带着他的两个女兵——空心菜与花生壳，领导当得不到位的是，自己不带电源线，霸用人家花生壳新买的电脑，比较欺负人。会场上还碰到阿拉坦仓馆长，问起他对我的《图林人物美名谈》的读后感，他说很好，还告诉我蒙语中的图书馆叫"糯米仓"，"仓"在蒙语中本身就有"书库"的意思，所以我将他的名字用上海话解读成"我全开架"，是完全正确的。

本次参与年会，我觉得有两个方面的遗憾，一是名家较少，副理事长都没有来全，很多分支委员会的主任都没有来。

名家很多不爱参加年会,因为草根太多,老朋友都淹没在草根中,影响他们彼此交流。但我觉得草根参会,主要还是想聆听名家教诲的。名家不来,会就开得很疲软,久而久之,草根也不愿意参加,从而会形成恶性循环。因而希望名家接近群众,多多参会。年会为了扩大代表面,不可能参会的都是精英,普通馆员势必要多。会议期间我从《新华书目报》上看到,美国图书馆协会年会的规模比我们更吓人,有 6 000 多人,把一个平静的小镇都住满了,闹哄哄的,快变成中关村了。二是本人这次参会受任务所压,错过了很多东西。比如,我去年在桂林,报到那天还偷空出去看了芦笛岩,还在广西师范大学附近的一个王府贡院里匆匆中了个状元。那天贡院的导游让我们在设计成厕所隔间的古代考场里考试,武汉大学和北京大学的馆长轮番给我传口信、递条子,结果一不小心,我就中了状元,激动得给了人家 10 块钱小费,穿着状元红袍照了个相,只是忘了是同行的哪位领导给我照了相,至今我也没有收到我的状元照。这次在昆明,哪也没有去,多亏我此前来过一趟,否则真要被人骂为景色太监了。

年会过后,光荣的参与基层图书馆长培训的志愿者出发了!他们像是新四军、八路军、抗日联军,奔赴湖南、陕北、东北,去创建弘扬公共图书馆精神的根据地了。随着由北往南气温的升高,我对三支队伍的敬意也是一支比一支高。

这次年会上新创刊的《出版人·图书馆与阅读》杂志第一次亮相,它和《新华书目报·图书馆专刊》性质相似,都是沟通出版界与图书馆界的传媒,意在帮助出版社看准从哪里切分中国图书馆界每年 60 亿元的购书经费这块大蛋糕。我发现这一报一刊上都有大量的关于国外图书馆的编译文章,供稿者都不认识,我希望钱涂和游园能够主动跟它们联系一下,多给它们供供稿,反正要开办图林译站,一直都在不断地翻译,不如用劳动所得，换几文银子，也有点将译站坚持下去的动力。王余光老师是这份新刊的主要策划者，我觉得当他的学生还是十分幸福的，老师在学术上和社会活动方面开疆拓土的能力那么强大，不断扩大势力范围，做学生的发表几篇文章那还不是像抛弃男朋友一样轻而易举，如果愿意，单作文字长工也可以赚够学费了。

年会年年开，明年更精彩！

2006 年 8 月 3 日

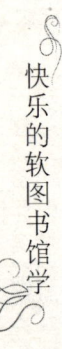

北大座谈《文献交流引论》出版20年

2006年教师节,北京大学信息管理系举办了一个具有特殊意义的,也可以说是颇有创意的体现尊师重教的活动,庆祝周文骏教授的《文献交流引论》出版20周年。

受业师周庆山教授的邀请,我在星期天起了个大早,迎着晨光赶到了校园,穿过风光如画的静园大草坪,准时到达了信息管理系所在的爬满了常春藤的三院,但见门口有个男生把守在那儿,挨个儿告诉来宾,会议转场子了,变址到了"英杰交流中心"。

和我同时"门下问童子"的还有一位老师,我粗看了他一眼,立马看到张维迎的头发和王志的嘴唇,一下子就和《图书馆》某期上的封面人物对上了,我知道我中奖了,居然碰到了王子舟教授。自从王老师调到北大以后,我曾经设想了许多种和王老师相遇的情景,但都是在会场上和课堂上,从来没有想到，一个传说中的大腕竟然会以这样平淡的状态被我给见了。

出于对自己判断的自信，我直接喊他王老师，并报上了自家的小名。没有想到的是，王老师居然也听说过俺，便弃了两轮铁驴不骑，和我一边聊着，一边大步流星赶场去。

英杰交流中心挂着"纪念周文骏教授《文献交流引论》出版20周年座谈会"的横幅。在2楼第4会议室门口签到的时候，每人领到了一本简装论文集，里边第一页是以程焕文教授为首的中山大学资讯管理系领导班子签署的贺词，正文中有陈源蒸、王锦贵、范并思、柯平、周庆山等专家写的纪念文章。

进了会场，已是高朋满座了，来宾中既有孟广均、辛希孟等与周老师同辈的超一流大家，也有柯平、李万健等外单位的教授和编辑，更多的是像我这样的，多少与北大信息管理系有些学缘关系的周老师的徒子徒孙。

我很幸运地在最后一排的角落里找到了一个位置，属于名副其实的忝列末座。可是当会议开始，闪光灯嚓嚓乱闪的时候，我却发现，我这个位置恰成了周老师身后靠右的背景，估计很多照片里都有我的"倩影"，像个人形家具杵在那儿。唉，真是想低调都不行。

座谈会由周老师的弟子，现任副系主任的王益明老师主持，第一个节目是献礼。图林资深书法家辛希孟老师送了一幅字，写的是"芝兰树惠，桃李芬芳"。据辛老师解读，这是京师大学堂门口的联句，也可以认为是大学堂的校训，用来形容周老师的育人生涯是很恰当的。学会的汤更生秘书长代表学会送了一盆花和一套函装的纪念中国图书馆事业百年的丛书。第二个节目是系主任王余光教授代表主办方发言。余光老师说，举办此会，有三层意思，一是庆祝教师节，表彰前辈专家的贡

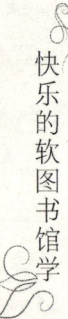

座谈会现场

献,在北大和系里进一步树立尊师重教的风气。二是《文献交流引论》是一本很薄但具有原创性的重要学术著作,要借着对这本书的纪念,引导图书馆界特别是研究生们阅读前辈经典,抵制学术垃圾。三是要对今年迎来八十寿辰的周文骏老师表达美好的祝愿,祝周老师健康愉快。随后,王益明教授宣读了中山大学资讯管理系的贺词,撰写了纪念论文的作者陈源蒸、王锦贵、柯平、程德邻等,来宾孟广均、李万健、汤更生、王知津、秦铁辉、李明华等,分别代表个人或机构发了言。

专家们的发言高度集中于这么几点,一是公认《文献交流引论》是图书馆学理论著作中的精品,有人引用了范并思老师和上海社科院的名著遴选结果,两榜上,建国后图书馆学名著都只有《文献交流引论》和《情报检索语言》,可见经过时间的考验,这本书基本上立住了,周老师不愧是一代名家。二是服膺周老师的学术预见力,进入 21 世纪后,新闻传播学院大量建立,图书馆业务外包,书目整理业务上移,数字图书馆兼顾文献的生产与批量整序和整合,新闻、出版、图书馆、情报、档案的一体化的趋势越来越明显,文献交流越来越表现为一个联系紧密的产业链、业务链,"文献交流"理论的概括力越来越被实践所证实,成为与文献生产、流通相关的学科的共同的基础理论。三是一致肯定周老师治学严谨,有一说一,文笔洗练,不以怪名词和字数唬人,虽然著作的篇幅都不长,但经得起时间的考验,至今仍为学术界不断引用,显示出很强的生命力。四是敬仰周老师品德高尚、为人诚恳，热爱学生、奖掖后进，敏锐多思、生活朴素。

　　有几位老师的发言令我印象深刻。一是陈源蒸老师的发言，他是标准化的狂热崇拜者，极力倡导把文献整理的工作一直前移到作者，希望借助严厉的标准化的力量，让作者严格按照模板生产知识。他这种观点，人文学者估计赞同的人不是太多，因为模板太死硬，会影响大家写作的心情，恐怕易中天这类学者是不太吃他这一套的，王余光老师可能也会反对，因为作为《大学图书馆学报》的编委，王老师对繁琐的著录规则一直是不大感冒的，认为好文章何必拘泥于形式，需要标准化，也是编辑的事，主张累死编辑。有意思的是，论文集中范并思老师认为，图书馆学以机构——图书馆为研究对象是滑天下之大稽，但陈老师认为，图书馆学的研究对象就是图书馆，其他对象说都是把简单问题复杂化了，毫无必要。他认为，周老师的文献交流说是面向整个文献交流领域的理论概括，并不专属于图书馆学，图书馆学把此说独断地视为图书馆学的理论创新，是把复杂问题简单化了。

　　二是孟广均老师的发言，他先通过回顾和周老师的多次愉快合作，称赞了周老师的为学严谨和生活简朴。接着话题一转，对两件事谈了不同看法。头件事是对有些学校把"终身教授"叫作"资深教授"不认同，认为这冲击了普通名词的使用，本来退休的教授都是资深教授，但当"资深教授"成了专门的荣誉称号后，绝大多数老教授连"资深教授"这样普通的词也不敢用诸自身了，哈哈，可笑啊。其次是对当前的博士生质量很不乐观，认为很多人是极勉强做论文，极勉强毕业的，遣词造句都不过关，更别提创新了。他认为周庆山、柯平那一批素质整齐的青年学者读博士才真叫读博士，现在的学生如果不决心搞研究，其实真的不用人人做论文，个个拿学位，像国外那样,喜欢动手不动笔的学生学完课程,拿个硕士后其实也蛮好的。

三是《中国图书馆学报》李万健老师的发言,李老师从事编辑工作几十年,阅稿无数,他盛赞周老师是刘国钧之后图书馆界文字最干净洗练之学者。

周文骏老师在座谈会的开头和结尾都发了言。周老师思路清晰,开头的讲话极为诚恳地感谢大家出席会议,为20年前出版的一本小书汇聚一堂。总结的时候,又极为谦虚地感谢发言者的"鞭策和安慰"。针对李明华老师提出的建议系里为他整理出版未刊稿和文集,他说自己真的没有什么东西,一辈子除了这本小书,称得上论文的也只有那么两三篇,大家风范老而愈彰。

会上高人多,时间紧,校外的老师都没机会全部发言,校内的就更排不上。会前我也大致想了想,如果万一有人点将点到了我的头上,我该说些啥。其实我跟大家对周老师的印象也差不多,周老师虽然没有教过我,但在迎新会上给我们那届新生讲过话,很有诗人气质地说北大校园"春有兰、夏有荷、秋有菊、冬有梅",希望大家在美丽的校园里发奋学习,当时的情景终生难忘。周老师的朴素也是出了名的,去年还是前年,有位网友曾在网上授予周老师图书馆界"最差着装奖",开的就是周老师不讲究穿着的玩笑。在我的印象中,周老师退休前一直穿着一件领子毛边、颜色洗白了的蓝色的卡中山装,和季羡林先生有得一比,如果不开海峡两岸研讨会,那周老师一般是不穿西装的。退休后,周老师则经常穿一件普通夹克,满头白发在风中轻舞,在同样白发的师母的搀扶下,迈着相当细碎的步伐,行走在校园里。每次碰巧跟在他们后面,看着他们的背影,我都会在心底里说:好一对神书侠侣呀!我多么希望我也有这么好的福气,将来能和娃他妈白头偕老,相牵着散步在美丽的校园里,成为校园里缓慢移动的风景。

　　周老师的学问也是我所崇拜的,他的《文献交流引论》因为简短易读,我曾经细读过好几遍。读这本书的时候,我总是想起另外两本书,一本是《论出版自由》,一本是《人是机器》,这两本书都在商务印书馆出版的"汉译世界学术名著"之列,篇幅极其短小,和《文献交流引论》类似。我上研究生那会儿,不管哪科的研究生都把商务印书馆的这套汉译学术名著当神书敬,看的越多越牛气,我也找来一些翻过,但很少细读。有一次,在书店里,我偶然发现了两本厚度几乎可以忽略不计的书,引起了我的极大兴趣,那就是《论出版自由》和《人是机器》,站在那儿一口气读完了。从那以后,我知道名著是不分长短的,并对此有了深刻的感性和理性认识。我觉得《文献交流引论》在 20 世纪中国图书馆学经典中的地位,就像是上述两本书在汉译学术名著中的地位,薄不伤其厚重,短不害其精审,立得住、站得稳。如果用一本别的学科的中国书作比较,我认为《文献交流引论》类似于宗白华的《美学散步》。《美学散步》写得极为精炼,北大艺术系主任彭吉象和学术超男易中天在他们的书中,都认为该书中的任何一个小问题就足以让三流的美学家写一本砖头厚的"大书"。

　　我觉得老一代图书情报学家有一个很好的品质,那就是独立思考、个性表达,比如周文骏老师、王万宗老师,不但在课堂上重视引导学生们思考,他们自己的著作也都是独立思考的结晶,连文章的句式也都是自己特有的,有鲜明的语言特色,读他们的书会不由自主地联想到他们在课堂上的语调,好像不是在看书,而是在听他们说话。而如今的很多书,因为大部分材料是攒的,当然语气也是攒的,缺少原创,没有风格,阅读书籍没有晤对作者的感觉。这样的书,怎么可能成为精品呢?

　　今年是周文骏教授八十大寿之年,根据与会者的建议和北大信息管理系的透露,可能还会举办一些其他活动为周老师祝寿。希望通过这些活动,能够实现王余光教授所说的三种愿望,尤其是帮助青年图书馆工作者走近和认识图书馆学大家和经典,学会为人和做文。

衷心祝愿周文骏教授健康适意!

2006 年 9 月 12 日

站在巅峰看风景

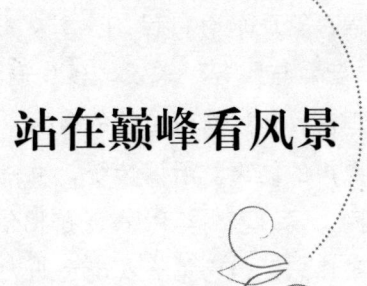

隆重热烈的北大信息管理系 60 周年庆典过去了,但是在该系网站上,除了发现一篇极为骨感的纪要,没有看到半条丰满一点的花絮,我觉得有必要站出来,帮助没有到会的同行,重新回味一下那个气质不凡的系庆,特别是她那令人印象深刻的三围。

胸围,高端壮观,无疑是开幕式。有人认为最精彩的是主持人祁延莉教授念了半个小时的重要来宾名单,表明图书馆界三山五岳的各路好汉尽数出席,啸聚燕园,众星拱月。有人认为,最出彩的是关懿娴老教授重新解读王重民先生的字——有三,认为是他的三个愿望:建系、办函授、培养研究生。有人认为,是北大戴龙基馆长的深情回忆,戴先生当年在内蒙古插队,发奋考上了北大,却因为大雪封山,差点收不到通知书,半年后才入学。还有人认为是中国人民大学的赵国俊院长,用莎士比亚式的排比句,喊出了庆典最强音:找不到北时,看北大!摸不到路时,看北大!……但是在我看来,胸围上的明珠无疑是王余光教授在介绍系情时,对北大信息管理系传统的概括:"儒雅、爱书和奉献"。我在北大求学多年,从未听说过信息管理系有自己的系训,相对于文华图专传诵久远的校训"智慧与服务"来说,多少有些遗憾。依照我对王余光教授的理解,他这次对传统的概括,一定不是随便说说的,而是深思熟虑的结果。所谓传统,也就是特色、品质,和系训实际上是同义词。多少年以后,我相信,60周年系庆的很多细节都会被遗忘,但它第一次确定北大信息管理系的系格或者说是系训的功绩却一定会被牢记。"儒雅、爱书和奉献"这句话将回荡在系史的长河上,一遍又一遍地被阐释。

腰围,小巧隐秘,自然是图书馆学教育和学科建设讨论会。作为一个教学单位,信息管理系的亲姊妹无非是其他院校同类的教学单位,彼此的共同语言、知心话儿、私密交流也最多。据说这个会开得畅所欲言,十分热烈,引得台湾大学图书馆学系教授黄慕萱女士大发感慨,盛赞大陆的图书馆学教授十分能说,理念都是一套一套的。由于这个会范围小,有些甘苦自知的内容又不足与外人道,称之为系庆活动的小蛮腰还是挺合适的。

臀围,富态圆满,是为大名鼎鼎的开放论坛。论坛分为两半,左半边是图书馆学论坛,右半边是情报学论坛。我参加了左半边,图书馆学专场请来了彭斐章教授、朱永新教授谈阅读文化,请来了黄慕萱教授谈图书馆学方法,请来了程焕文教授谈"用户永远是正确的"。会议吸引了很多人,中国图书馆学会秘书长汤更生女士以听众身份督会;南开大学于良芝教授专程从天津赶来听讲;为抢到好的观赏角度,苏州图书馆邱冠华馆长提前以重磅之身到教室里霸位。彭教授主要介绍了近20年来俄罗斯的公众阅读状况调查的情况及对我国的启发。朱教授的观点除了著名的"一个人和一个民族的精神发育史就是他的阅读史"，号召我们学习犹太人。他还认为，人在求知欲最旺盛的青少年阶段，如果不养成阅读习惯，形成精神饥饿感的产生机制，就很难拥有终生学习的能力。因此，阅读应从娃娃抓起，应大力开展亲子阅读活动和书香校园活动。黄慕萱教授认为，图书馆学信息学的专业方法主要有两个：文献检索和文献计量，这是图书馆学信息学和其他信息学的重要区别。她认为图书馆学不应该是亚里士多德式的玄思，而应该是欧几里德式的计算，要从思辨走向实证，从经验走向科学。

毫不出人意外，最吸引人、最有争议的演讲属于带着一只手表的人才——一表人才的程焕文教授。因为工作关系，我和程老师一同参与过多次会议，经常见他穿得很帅，但从没见过像这次穿得这么帅的：深色套装西服，考究的衬衣领带，皮鞋像两只刚从煤窑出来又跌进油田的黑鸭子，发出乌贼乌贼的光亮。至于为什么穿得如此庄重，程教授打趣道，是因为得到了王余光兄的多次提醒："儒雅！一定要儒雅！"程教授上来就向先行讲过的黄慕萱教授道歉，说十分不幸，黄老师刚刚批判过亚里士多德式的玄思，可我讲的偏偏就是亚里士多德式的玄思。他说怎么看待"用户永远是正确的"这个论断，关键是立场问题，就像一个男人经常被问到的："老妈和老婆同时掉到河里，你先救谁？"。解答这样的问题，没有标准答案，你只要认为自己的立场正确，你的答案就是正确的。为了说明自己的观点，程教授还发明了一个分析工具：图书馆时钟。他认为，用户的需求就像分针和秒针，在一刻不停地转动，图书馆的服务就像时针，在用户需求的驱动下，必须跟着作相应的转动。否则图书馆时钟就要停摆，图书馆就要灭亡，从这个意义上讲，用户是永远正确的。程教授还回顾了"用户永远是正确的"这一论断提出后所引起的争鸣情况。

由于程教授的演讲生动精彩，举止儒雅可爱，语言风趣幽默,课堂气氛极好,听身边女同学嘀咕:只顾关注程老师的风采,都不知道讲的是什么内容了。邱冠华馆长提问:"用户永远都是正确的"是不是和"客户就是上帝"这样的商业口号在性质上是一样的呢?或者说和"人民是国家的主人"这样的政治口号在性质上是一致的呢?如是,"用户"代表的是抽象的概念,那么"用户永远都是正确的"这个论断就是正确的,否则,"用户"指称的是每一个具体的用户,那这个论断就不成立。程教授说,我已经反复声明,赞成不赞成"用户永远都是正确的"是立场问题,不反对这样理解,但它只是立场之一。于良芝老师站起来说,听完程教授的演讲,很容易使人陷入是非不分的困境,如果这个问题只是立场问题,那么怎么使人辨别是非,这个论断难道是以是非不分为前提的吗?程教授笑一笑,坦言于老师的提问也让自己陷入了困境!

系庆给人留下的最大印象是拥挤,我进入开幕式会场的时候,已经座无虚席,门口挤了一大堆学生,于慌乱之中,见有人让座,便坐了下去,抬头一看,竟是周庆山老师,甚为不安。所谓开放论坛,实际上安排在系里的一个50座的小教室,我第一场还占了个座位,后几场都是坐的插座。休息期间,因为空间窄狭,给黄慕萱教授赠书的时候,居然碰翻了她的咖啡杯,显得自己极没风度。难怪程焕文教授在演讲的开场白中说,他从来没有在这么小的会场演讲过,如此小的会场似乎在刻意提醒大家:这是在中国图书馆学的最高峰。越是尖尖的巅峰,越是没有立足之地,不像在别的地方,都是平地,自然能容纳很多人。

站在巅峰看风景,这边风景独好!

2007 年 12 月 7 日

《中国图书馆学报》知天命

"7"是中国图书馆事业的幸运数字,进入2007年,各种纪念活动轮流冒泡,简直让图书馆界的各路诸侯跑断了腿。这不,9月20号,中国图书馆学第一刊——《中国图书馆学报》就迎来了她的50岁生日。

我是以参加一个30人的小型座谈会的散漫心情赶往会场的,结果迟到了,当我缩手缩脚地推开会议室的门,哎哟,书她妈呀!满满一大屋子,足足百八十口,来的大都是腕啊!

但见会场的桌椅,仿照电影《无极》中城池的模样,摆成了方环套方环的"回"字形,除主席台那厢只有一排桌椅,其他三厢都是三环,馆长、教授、编辑这三种人坐得密密匝匝的。

大眼扫了一下,发现会议的规格真是高啊。不仅国家图书馆的领导半数出动,詹福瑞馆长正在讲话,张玉辉副馆长主持会议,极难得的是还来了许多退休后深居简出的老先生。鲍振西先生、黄俊贵先生、袁咏秋先生、倪波先生,这些听人说过,书上看过,但是没有亲眼见过的前辈,这次都近在眼前,从传说中走了出来。尤其是周文骏、倪波、辛希孟等几位白发先生,银丝飘飘,状若仙人,为会场增加了许多神圣、庄严、权威、飘逸的气氛。我最喜欢这种规格高、专家多、老先生多的会场,感觉坐在那里,仿佛被一个学术气场罩着,即便发呆、迷瞪,强大的学术气压也会把学问逼进你的皮肤,提升你的功力。

特别满足我的好奇心的是见到了袁咏秋先生,袁先生编选有《外国图书馆学名著选读》一书,选文精当,影响极大,是迄今为止海外图书馆学著作选编方面的代表作,堪称经典。在图书馆学研究方向发生转变的每个关键时刻,图书馆学家们都要重读此书,从中吸取有益营养。在反思图书馆产业化的时候,在呼吁图书馆回归人文主义传统的时候,在弘扬公共图书馆精神的时候,在思考图书馆权利的时候……,《外国图书馆学名著选读》都会悄然出现在参考文献当中。袁先生还编辑出版过《中国历代国家藏书机构及名家藏读叙传选》、《中国历代图书著录文选》,皆是重要的专业资料书,以长销不衰的资料汇编惠及业内几代专家,给后学留下深刻印象,从而也极大地提升了自己学术地位的图书馆学家寥寥无几,袁先生是其中的佼佼者。袁先生还是《中国图书馆学报》的资深编辑,她在会上深情回忆了在国家图书馆原副馆长丁志刚、馆长刘季平的言传身教下,千方百计办好刊物的故事。可以说,无论编刊还是编书,袁先生都把编辑当到了极致,令我们这些后来从事图书馆学专业编辑的人由衷敬佩。

和绝大多数庆典活动一样,会议分两个阶段进行。如果用两位图书馆学家的名字的谐音来概括,第一个阶段叫作"阮冈纳赞"(挨个纳赞),大家轮流给《中国图书馆学报》评功摆好,提点希望,只不过角度不同而已。包括任继愈先生、吴慰慈教授、彭斐章教授在内的很多发言人，都从专家印象、业界声望、文献计量等方面论证了学报好在何处，办刊有方。我在想，如果把这个会场绘个漫画版，那每个专家脑袋边的发言泡里边都会填上一个大大的汉字：赞！如果把这个会场转换为网络论坛，那每一个专家的跟帖都是：我顶！令我感觉有意思的是，博客在如今的图书馆学专业会议上可谓无孔不入，科学院图书馆前后两任领导徐引篪和张晓林，对学报的希望之一都是要学学范并思教授、程焕文教授开博客的做法，建立网上阵地，加强网上学术讨论的引导。程焕文教授对已经发言的专家小心论证学报的龙头地位不以为然，他认为这个地位是明摆着的，不用论证。已经有一些高校出台了邪门规定，在学报上发文一篇，奖励人民币一万元。他希望学报更加国际化，设想将来在国外也能很容易见到《中国图书馆学报》，国外的图书馆员在学报上发表一篇文章，也能在本国本校拿到奖金一万英镑、美元、欧元什么的，那学报的学术质量和国际影响一定是没得说的。

第二个阶段叫作"谢拉"（谢啦）。座谈会开完后，国家图书馆设宴款待各位专家。主持人张玉辉副馆长说，他刚出访了韩国，学会了两句韩国话：干杯、一口闷，叫"完下"；呷一口、随意喝，叫"闻下"；请大家量力而行，为《中国图书馆学报》50岁生日举杯！话音刚落，几大桌宾客便此起彼伏地"完下"、"闻下"了，气氛热烈。我和兄弟刊物的编辑们围坐一桌，左边张欣毅主编，右边王景发主编，但见这两位西北汉子不停地"完下"，我也只好陪着不停地"闻下"，最后居然也闻得满面绯红。

在这次会议上，给人留下最深刻印象的是在"挨个纳赞"时，詹福瑞馆长插了一句话，他表态，国家图书馆明年不再给《中国图书馆学报》编辑部自负盈亏的任务，要全额拨款，引发了热烈的掌声。因为大家都知道,学术期刊的质量、权威、公信力假若有所降低,很大程度上来源于财政压力,而不是办刊人的水平问题,编辑们只是代银子受过而已。国家图书馆的这一决定,只会促使学报编辑们全心全意为学术、公正公平审稿件,办刊水平只会提高不会降低。况且以行业之大,养活一个刊物又有何难?此决定实乃五十知天命之举,其示范作用更加值得期待,如果各省的图书馆学期刊都群起仿效,那将是对中国图书馆学期刊形象的大改变,中国图书馆学研究的整体水平都将因此而有所提升。我刚在孩子他妈的引导下看了电视连续剧《金婚》,感觉《中国图书馆学报》的这个变化,就像是在40多岁搞了一场婚外恋,在50岁知天命的生日宴会上,又郑重宣布回归家庭了。我感觉,《中国图书馆学报》的这个生日,因为专家云集而过得隆重,因为馆长的一句表态而过得实在,真值!

会上还对《中国图书馆学报》创刊50年来发表的优秀论文的作者进行了表彰。很不幸,我发表在该刊的两篇关于阅读疗法的论文都没有获奖,令我有点吃醋。在我的心目中,只有两种期刊最令我尊敬,一种是《北京大学学报》,本校顶尖,一种是《中国图书馆学报》,本专业顶尖,往这两种刊物投稿,我首先想到的不是文章发表后有多么荣耀,而是考虑文章发表后,被那么多一流专家盯着,会不会因为硬伤、软伤而给自己丢人。至今,我从未给《北京大学学报》投过稿,给《中国图书馆学报》投了三次,中了两次,这倒不是因为学报编辑是我的亲戚,给了我特殊照顾,主要是因为我对学报太重视了,的确把自己最有心得的文章献给她了。据山西大学安美荣女士发表在《情报科学》2004年第6期的《硕士研究生在<中国图书馆学报>发文分析》的考证,我是硕士阶段在《中国图书馆学报》独立发表论文的少数幸运者之一,令我对学报编辑部十分感激。

获奖作者得到的奖品是一个小碟子一样的银色合金铭盘，我借来旁边肖希明老师的碟子研究了一下，发现它既适合程焕文老师这样的"人文烟鬼"拿来当烟灰缸，又适合张晓林老师这样的"技术酒徒"拿来当酒碗。我回家之后，也从厨房里找了一个与其一般大小的瓷碟子，盛了一碟醋花生，打开电脑，边写边吃，狠狠地写了一篇好文章，就是这篇。

2007 年 11 月 19 日

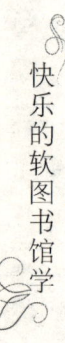
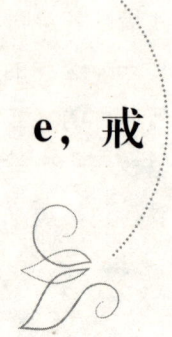

e，戒

2007年11月，当电影《色，戒》登陆中国内地、急冲票房新高的时候，纪念中国数字图书馆建设10周年的会议在深圳大学城图书馆隆重开幕，"票房"也很可观，约有300人与会。尽管这次会议的主题是"中国数字图书馆十年：回顾与展望"，但开完会后，我觉得这次会议的主题定为"e，戒"，可能更加形象、更为叫座。

这次会议的详情，各路媒体已有报道，基本上是回顾多、展望少，摆好多、揭短少。我认为，会上会下虽然表面上一派和谐，但深层里存在着两种主张的对冲，一种是e派，一种是戒派。

e派以中科院图书馆的张晓林馆长为代表。张老师在开幕式上作了饱含激情的演讲，他认为当前的数字图书馆建设不是很e，而是e得不够，根据对科学家资料查找习惯的调查，彻底实行e–first、e–only才是出路。他认为，如今再搞数字图书馆门户都已经是小儿科了、老土了，因而中科院图书馆已经在数字图书馆门户上大大地写了一个"拆"字,正在完善"e点通"这样的小插件、小程序,力争把偌大的数字图书馆压缩进贴身紧逼读者鼠标的方块小贴士,从而实现打造随时随地随身的数字图书馆的目标。

张馆长当过多年的四川大学图书馆学系的教授,也曾经相当地"人文"过,在图书馆学基础领域颇有造诣,是个不折不扣的"人文烟鬼"。如今,当了几年科学院图书馆的馆长,与科学家打交道久了,又成了纯粹地道的"技术酒徒",可谓能文能武。正如鲁迅所说,回马枪是最厉害的,张老师演讲技术的时候,动用的是人文气质,激情四溢,不亚于任何一个言必称"人文"的教授。一缕被技术酒水保湿了的头发,很人文、很潇洒地从秀发的大部队里逃跑出来,参与了对 e-only 的论证。从侧面看,张馆长像是一个博学、雄辩的德意志宣传部长,令包括人文主义图书馆学家在内的听众们听得如痴如醉。以至于有国家图书馆外交发言人之称的陈力副馆长,在接着张馆长演讲的时候都感慨,千万不能让领导听到张晓林的发言,那样必然会问:人家张馆长的设想那么好,咱们打算怎样赶上呀?

为了证明自己的 PPT 演讲文件不是"骗骗他(她)",张老师还特别推荐大家关注跟他一块到会的两员年轻虎将——张智雄博士和乐小虬博士的演讲,张、乐俩博士随后从更技术的角度,详细地介绍了落实科学院图书馆"e 之梦"的详细路线图。中科院图书馆的意图很牛气,那就是打造像空气一样介入人们生活的须臾不能离开的数字图书馆。

戒派以中山大学的程焕文馆长为代表。程老师作为人文学者,一向对纸质资源情有独钟,他服膺倪晓健馆长的说法:"出生一张纸,痛苦一辈子;毕业一张纸,奋斗一辈子;婚姻一张纸,折腾一辈子;……火化一张纸,了结一辈子。"认为纸张是个老不死的东西，一切有字的纸都是有用的。他一向对基于烧钱和基于对纸质资源进行强暴性扫描，而且划条划块，读者过了这个村越了那个店，就不能享用的数字图书馆不感冒。

这次，纪念中国数字图书馆建设10周年的会议在深圳召开，程馆长作为广东省图书馆学会的理事长，对在广东地界上召开的会议有尽地主之谊之责，在开幕式上只能以和为贵，但还是顽强地放出了"技术始终是手段、信息资源是核心、人文理念是根本"的小嘟囔。离会之后，更是小动作不断，先后在博客上发表了《数字图书馆的天敌》、《大狗狗啃了我的数字图书馆手稿》、《数字图书馆新概念》、《揭开国家数字图书馆的神秘面纱》、《狼狈得志更猖狂！》、《狼狈正在凶猛地向着我们扑面而来！》、《数字图书馆的邪恶》等7篇文章，猛烈攻击数字图书馆的虚伪、脆弱、不靠谱。

凑巧的是，会议安排了观看不色版《色，戒》。如果以《色，戒》的故事模版来解读中国数字图书馆的10年，基本情节将是这样：

10年以前，中国图书馆处于纸张的绝对统治之下，是一个纸张帝国，堪称纸统区。1997年，列强新势力——数字图书馆进入中国，纸张图书馆不敌，纷纷臣服，许多图书馆成为数字图书馆的沦陷区，纷纷开辟租界，供数字图书馆占领。

海外出版商见中国为数字图书馆广开租界，重金求购数字资源，大喜过望，纷纷派出名为"使用权数字资源"的金发婆姨，并放出"只要姨（e-only）"、"先要姨（e-first）"的理论，勾引沦陷区的管理者。以Z馆长为代表的沦陷区管理者有海外情结，为科技粉丝，对"只要姨（e-only）"、"先要姨（e-first）"之见推崇备至，被一向视纸张为正统的C馆长的支持者们称为"e教教主"、"e先生"。"e先生"们认为，这都什么年代了,还讲资源的所有权,能使就行了,不求"天长地久",但求"曾经拥有",不求"拥有",但求"存取",对"使用权"这位金发婆姨的投怀送抱热烈欢迎,还给她起了个中文名字"枉假之",乃"不枉假借之"之意,昵称"王佳芝"。高校图书馆的"e先生"们更过分,还采取集团采购的方式,把成批的"王佳芝"引进国内。有的图书馆看见"王佳芝"好看,决心把纸版馆藏"姨(e)"化,打造"土著版王佳芝",把许多民国书刊摁住就烫、就熨,活生生将其搞成了金黄的卷发。数字图书馆的沦陷区内顿时一派春意浓浓。

但是好景不长,海外出版商看见中国的"e先生"们上钩了,产生了"姨(e)"依赖,骤然提高了"王佳芝"的价格,"e先生"们傻了眼,不买吧,陪了婆姨又折钱,买了吧,实践证明,买的婆姨总是靠不住。以C馆长为代表的"戒先生"们见状大喜,虽然自己受潮流裹挟,也订了"王佳芝"一类的电子资源,人家要回娘家,也有些失落,但毕竟一直不赞成这种做法,未免有些理论上得胜的快感。在得意的时候,捎带对糟蹋本土小姑娘——民国书刊,硬要打扮成"土著版王佳芝"的做法给予了愤怒声讨。

总之,在数字图书馆的10年建设过程中,"技术酒徒"和"人文烟鬼"一直就是情敌,或者说纸统区与沦陷区存在着隔阂。数字图书馆的力倡者陶醉于烧钱的快感、对高科技的驾驭、存取资源的流畅,数字图书馆的反对者沉醉于纸林页丛里探险的神秘、对字大如钱墨亮如漆的迷恋以及邂逅资料的大惊喜。孰对?孰错?e乎?戒乎?恐怕还要一直争论下去,调和在理论上固然是最佳的结果,但双方急吼吼的架势都表明:调和的不要!

真不知道,下一个10年,中国的数字图书馆会发展成什么样子,难道还是高校图书馆的读者看不了公共图书馆的数字化豫剧，公共图书馆的读者看不了高校图书馆的数字化《自然》，高校图书馆和公共图书馆的读者都用不了科学院图书馆的"e划通"，那国家重金建设的数字图书馆还有啥意思？

2008年1月10日

这真是个青春的盛会！
——在浙江大学"web/lib2.0：西湖论剑"会上的发言

我讲四层意思。

第一，组稿。

会议接近尾声，有一种人最高兴，那就是编辑，因为又可以捡宝了。我这次来，不仅要为我们《大学图书馆学报》选稿，同时接受湖南的《高校图书馆工作》敬卿副主编的邀请，要为该刊今年第5期组织一个关于"图书馆2.0"的专栏，敬请本次会议的主报告人不吝赐稿。在座的各位如果有这方面的文章，也可以投给我们。《中国图书馆学报》的常务副主编蒋弘女士、《数字图书馆论坛》的执行主编顾晓光先生也在场，大家的选择余地相当大。

第二，图书馆2.0世代的崛起。

图书馆2.0第一次会议在上海召开的时候，《大学图书馆学报》的读者论坛还十分火，随后我发表了《网络图书馆学的兴起与发展》一文，俨然处于网络图书馆学的核心地带。但是随着程焕文教授主持的"图林博客圈"的超人气发展，金武刚副教授主持的"大旗底下QQ群"的雄起,我在网络图书馆学方面的地位旁落,越来越感到没有发言权了。博主们的身份也发生了很大变化,中午吃饭的时候,收到一些名片,发现到场的很多都是参考咨询部的主任或数字系统部的主任,还有不少人考上了博士,如豫阳先生、金妮女士。还有一些博客以特别能读书震撼图林,如我经常就有"三天不学习,追不上俞传正;五天不读书,赶不上刘青华"的压力感。最近,中国图书馆学会的常务副主任李国新教授说,再过5~10年,这批博客作者们都要走上中国图书馆事业的前台,我觉得这绝对不是溢美之辞。台湾岛喜欢以"世代"这个词表示政坛新势力的崛起,如"美丽岛世代"、"辩护律师团世代",我相信,在中国图书馆学界,在中国图书馆事业史上,将来或许会出现一个"图书馆2.0世代",那就是在座的各位。

在博客兴起之初,还有人担心青年们会玩网丧志。事实雄辩地证明,这种担心是完全多余的,相反他们是一个刻苦学习的群体、天天向上的群体,在此我要向图林的博客作者们致敬,向他们学习。

第三,两个建议。

首先,作为高校图工委秘书处的工作人员,看到此次会议上图书馆2.0的主要成就都是高校图书馆做出的,感到很自豪。特别是重庆大学的图书馆2.0系统和上海交大的图书馆2.0系统,很好很强大。但是也有一个感觉,就是如果各个图书馆都分头做自己的图书馆2.0系统,是不是人、财、物的浪费?因此我建议中国图书馆学会数字图书馆委员会或高校图工委,应该对重大和交大的系统作个评测,将双方或更多方的图书馆2.0系统的功能进行整合,以重大或交大的系统为基础,推出一个模范系统,以免费或廉价付费的方式,安装、应用到有需要的图书馆。

其次，大家看到，这个会场中间的前三排，混进了几个西装男，都是学会的领导同志，他们有个共同的特点，就是多数参加过20世纪80年代的"中青年理论研讨会"，在目前的学会领导中，实际上存在着一个"中青会世代"。但是进入21世纪后，承袭"中青年理论研讨会"的"青年论坛"虽然也在开，但似乎没有图书馆2.0的会议影响大，因此建议图书馆2.0会议今后和"青年论坛"整合到一起开。青年人多是草根，出差机会不是很多，这样可以扩大信息的吸收量。

第四，相扑、柔道、竞走。

本次会议虽然命名为"西湖论剑"，但我觉得交锋的气息不凶，和谐的氛围很浓，与其说是"论剑"，莫如说是其他的运动项目。我认为，昨天报到的时候是"西湖相扑"，我亲眼看见，有的人也不知道是真师兄师妹，还是假师兄师妹，就相扑着拥抱到了一起，尤其是肥而不腻、像横纲九段的"大旗底下QQ群"群主，就抱了好几个美女，令人眼馋。今天开会是"西湖柔道"，大家娓娓道来，一个比一个精彩。明天希望成为"西湖竞走"，大家要暴走西湖，不要客气，把江南的春色全带走。尤其是未婚的男生，最好在断桥邂逅白蛇、青蛇，未婚的女生当然要和许仙哥哥一见钟情。桃红柳绿、青衫红袖，不枉西湖一游也。

这真是个青春的盛会，图书馆2.0精神万岁！青春万岁！

2008年4月16日

念唱做打　学术有戏
——中国图书馆学会第四届青年学术论坛侧记

在杭州"图书馆2.0"会议上，我上奏"馊议"——把一年一度的"青年论坛"和"图书馆2.0会议"合并，并冒傻气地断言以往的青年论坛没有图书馆2.0会议影响大。不知是不是这些话刺激了相关人士的神经，时隔仨月后青年论坛在上海召开，果断约请图书馆2.0会议的常任总策划范并思教授担任总导演。

看到网上提前透露的会议日程，我的感觉是，范皮尔伯格先生把图书馆2.0会议的许多元素整合到了青年论坛，表演的元素明显增多了，肯定会比以往的论坛好看，但是会不会比以往的论坛更学术，我有些担心，因为日程从字面上透露的信息是：这届论坛有点"去学术化，来表演化"。

或许是为了煞煞我的"毒气"，使我的"反动言论"不攻自破，论坛放下身段，邀请我出席。看来刘炜老师说的没错，青年人在成长阶段，不妨多些破坏性，有时候还会给自己带来意外的惊喜。

这是我第一次参加青年论坛，事后再来评价青年论坛，我的评语是：念唱做打，学术有戏。

一、念

本次青年论坛,邀请了十几位中年专家做报告,有詹福瑞、程亚男、王世伟、周德明、慎金花、李超平、汤更生等,有人认为这不够"青年"。但我的感觉是,如果你亲身参与了整个会议,你会发现这些专家、教授的发言和主持,就像是古典戏剧中时不时跳出来的老生、青衣的念白,对掌控节奏、介绍剧情还是非常必要的。

青年人聚会,无非有两大渴望,一是交朋友,二是见偶像。完全杜绝偶像级中年专家与会,也是青年不答应的。"中年为骨,青年为魂"可以说是这次会议的最大特点。

在念白的专家中,程亚男老师我是首次见到,果然风采优雅、气度不凡,对图书馆服务中的普世价值的认识相当周到和前卫。在参观同济大学图书馆的过程中,我主动凑近搭讪了几句,表达了憋了许多年的敬意。

上海图书馆的周德明副馆长也是初见,以前只在黄纯元老师的论文集序中见到这个名字,知道周老师有情有义,对筹款出版黄氏遗作十分热心,对其颇有好感。按照李超平老师的说法,周老师擅长于故事烧烤,将先进的理念的孜然往故事上一撒,听起来有滋有味。他就图书馆如何应对媒体发飙和如何与媒体恋爱谈了许多切身体会,招招实用,大受欢迎。

王世伟教授是我第二次见到,其身上特有的儒雅气质更浓郁了,衣着严谨,举止有范,会上发言,起剑式和收剑式均用中国先贤名言,运剑式则是古今中外娓娓道来,信息量密不透风。会下与人讨论,共识是,到了世伟书记这个境界,读书博、见闻广、经事多,关于图书馆的任何话题恐怕都难不倒他。以身作则的王书记,在会上提出了图书馆服务的"双百方针"——百问不厌,百问不倒。

我觉得就图书馆界而言,这个提法十分精辟,不亚于文艺界的"百家争鸣、百花齐放"。写这篇短文的时候，我犹豫良久，琢磨着是否起个开玩笑的搞怪的标题——《我们的队伍是二百伍》。我深深赞同王书记的双百概括，认为是本次青年论坛所产生的最佳语录，也是作为学会副理事长的他给青年人的硬建议和软指示。

其他专家见面机会较多，就不一一细表了。

二、唱

专家们的友情客串引出了许多话题，也竖起了许多靶子，接着便是青年们主唱了。有八位青年展示了唱功。我为来自高校图书馆的五位青年的发言作主持和点评。

第一位是同济大学的小生章回波先生。在介绍他的时候，我说上海图书馆员的名字有不少起得很好，世伟书记的名字不用说了，谐音"市委书记"，大家都爱这样叫他。上海少儿图书馆劳丽达馆长的名字也很好，总是让我联想到"劳力士"，联想到图书馆服务的精细和卓越。将要发言的章回波老师的名字也很有特色，一看就使人联想到章回小说，联想到文学，联想到书卷气，联想到图书馆，是很标准、很经典的图书馆员的名字，下面就闲话少说，请章回波老师言归正传。

章老师在发言中，介绍了同济大学图书馆在百年校庆期间举办的校友书展。该书展的最大特点是借鉴了出版社参加大型书展的方法，搭建临时性的中国古典建筑，有牌坊、门楼、展示廊等，使校友在参观的时候，犹如进入古代书肆一条街。我不知道同济大学有没有专门的校友文库，在点评的时候提醒他们以书展图书为基础组建校友文库，形成校友著作展览的可持续机制。同济这种展览需要借校庆大势，需要有建筑院系的支持，在同济大学可以，在其他学校难度较大，所以是有特色的，也是难以复制的。

第二位是中山大学的花旦王蕾女士。我在主持时说，大家知道，娃哈哈卖矿泉水，都需要找大帅哥王力宏当代言人，图书馆服务实际上也需要代言人，需要建立代言人制度和新闻发言人制度。中山大学图书馆在高校图书馆中之所以很有特色，其中一点就是馆长程焕文老师自觉扮演了代言人的角色，到处散发个人魅力，对该馆的公共形象有很好的提升作用。除了馆长带头，该馆在人力资源管理中，也很重视代言人的培养，各个部门都有潇洒先生、漂亮女士。下面上台发言的王蕾女士就是中山大学图书馆普通馆员中的形象代表，相信中山大学图书馆派王蕾女士参会，显然比北京大学图书馆派我参会，在公共形象传播方面高明多了。

王蕾女士综述了中山大学图书馆因为公共形象传播做得好而取得的重大收获。比如说服哈佛大学把喜乐斯分馆"裸捐"中大，和岩波书店建立亲善关系，而源源不断得到东洋赠书，等等。我其实想补充王蕾的发言，说一说援助震区图书馆人的"图书馆家园计划"也是一种公共形象策划。但考虑到该计划客观上虽有这样的作用，出发点却肯定不掺杂这样的想法，就没有说，还为自己的这一闪念羞耻了一下。

第三位是福建中医学院的花旦刘海霞女士。她主要介绍了本校图书馆以论坛、讲座、展览等形式，发挥馆藏优势和学科优势，宣传中医药文化的主题活动。我在评点时说，"百家讲坛"受到青年朋友的热捧，说明读者了解传统文化的需求很大，远未得到满足，图书馆有责任结合本地、本校的优势，打造"土百家讲坛"。公共图书馆在这方面很擅长，高校图书馆在这方面有些缺位，一般推给了院系和社团。刘海霞老师的报告表明，在学科相对单一的大学，讲座这种形式还是很受欢迎的，图书馆应该在这个方面有所作为。

第四位是浙江林学院的小生刘勇先生。他主要介绍了本校图书馆组织的"书香东湖"文化节活动。文化节这种活动形式，在我的印象中，由图书馆出面组织的不太多，多是由院系、社团、团委、学生会包办了，我是很渴望了解图书馆是怎么组织文化节的。刘老师介绍的很细，交代了方案从策划到落实的方方面面，我觉得其他图书馆完全可以照搬过去，举办类似的活动。

第五位是华东师范大学的花旦周键女士。她讲怎样提高图书馆宣传周活动的交互性。我评点说，图书馆2.0不一定非要应用到Web2.0的技术，吸收Web2.0的精神同样是图书馆2.0，"交互性"就是Web2.0的重要理念，华东师范大学图书馆的这个宣传周可以说是个2.0的宣传周。

五位唱完后，我也做了个"让读者一见钟情——高校图书馆新生入馆教育策划"的小发言，调研了北大、清华的做法，将入馆教育策划要点总结为：选人应合宜；路线不冲突；时间要卡准；讲解分对象；手段多媒体；生动有重点；事后有激励。

在发言的最后，我说，举办会议也是公共形象传播的一种很好的方式，很多图书馆都在新馆启用的开馆典礼上拖挂学术会议，效果很好。探讨策划的会议更需要策划，通过这次会议，相信大家已经爱上了青年论坛，爱上了长宁区图书馆，说明这次会议策划得很有水准。这个赞扬赞到了范并思导演、金晓明副导演和京沪两级制片人的心窝窝里，会下有人称赞我的发言有个闪光的小尾巴。

三、做

有一首流行歌高呼"爱要说，爱要做"，同样，理论既要说，也要做。本次论坛大出彩的地方，就是安排了四场"扮馆长"戏，实现了学术可视化、论坛话剧化。专家的理论一讲完，还是热腾腾的，就拿到虚拟的剧场图书馆来试验，马上便能辨一辨真假，约一约斤两。

戏是四幕折子戏,由黄晓曼和刚刚访美归来的张广钦副教授主持。

第一幕是读者甲在图书馆打手机,声音大,读者乙不满,甲先动手,却不慎摔伤,起诉图书馆。老槐——范皮尔伯格导演,让我和北大信息管理系的徐珊同学、刘璇同学扮演记者,轮番发问。我们准备很足,从宏观到微观为10分钟戏准备了十几个问题,但是范导演并没有要求我们使劲发难馆长,所以演得很斯文,双方和气问答,没啥火药味。

其中有一个提问让我稍感得意,就是我觉得既然闹到了起诉的地步,馆长出来接待记者不够专业,图书馆有没有考虑聘请一个兼职的法律顾问,来替图书馆解决和应对一些法律问题?后来在专家点评环节,秦健教授说读者之间发生纠纷,通常需要掌握两个要诀:一是尽快将当事人带离现场,既保护当事人的面子和隐私,又维护了其他读者安静阅读的权利。二是交给律师,馆长不是万能的,遇到法律纠纷,心情糟糕,影响工作,类似问题应交给律师或法律顾问处理,自己该干嘛干嘛。这就等于肯定了我的提问。

第二幕是一位70岁老人在图书馆摔伤,图书馆已支付部分医药费,家属前来要求追加,认定图书馆的实木地板太滑是导致老人摔伤的祸首。或许是从第一场中看出了不足,从这一场开始,范导演要求演员由站姿改成坐姿,加大了发难的力度。《新华书目报》的赖雪梅总编和余姝记者扮演老人家属。赖、余两位把北京女人在菜市场买小菜的讨价功都用上了,显示出深厚的吵架功力,气焰十分嚣张,风头盖过了馆长,让人觉得"赖总"怎么变成了"总赖"。

第三幕是地震当中,某名人赠书全部损毁,名人家属义愤填膺,找图书馆长理论,要求赔偿损失。李超平、金武刚等人扮演名人家属。李、金两位将沪杭一带百姓的刁蛮味道演得很足。张广钦感慨地说，和名人家属打交道难，和沪杭一带的名人家属打交道更难。

第四幕是少儿在图书馆电子阅览室打游戏，被记者发现，前来质问。印象深刻的是《中国图书馆学报》的执行主编蒋弘老师将学术期刊编辑的认真劲儿发挥到了极处，打破砂锅问到底，质问馆长有没有当馆长的水平，把假馆长快逼成了真发疯。

我以前认为，以人文主义为根本特征的公共图书馆精神的传播只到达了发达地区的若干大馆，通过这几处戏的观赏，我才发现其传播范围既广且深，远远超乎我的想像，因为不少扮演馆领导的青年来自中小馆，其在答复问题时的理念却出自最先锋专家的最前沿理论。我想，这是令与会的专家最欣慰的。

后三出戏的总特点是"强读者、弱馆长"。弱不是弱在能力和水平，而是弱在处理问题时太讲究人文精神，一切为读者着想，不惜节节退让。有的专家在点评时认为，馆长们其实不必那么"窝囊"，图书馆精神、人文主义也是有原则、底线和范围的，对超出界限的无理要求也完全可以强硬一点。

四、打

打在这里指的是PK。本次论坛设计了三种PK方式。

第一种是文明礼仪的规定动作PK和自选动作PK。参加者有上海图书馆、温州图书馆、无锡图书馆和大学图书馆联队，每队四人。

三个公共图书馆队好像都出自本馆的礼仪队，着统一制服，训练有素，配合默契，举手投足整齐划一，看得出来累积立正时间都在100小时以上，单次微笑时间记录都在30分钟以上，都有给领导递剪彩的剪子，给冠军拿金银奖杯的经验。大学图书馆联队是参会的高校图书馆代表临时混搭而成的，乃一"乌合之众"，站成静止的一队时看起来很美，算得上帅哥美女，但是一配合表演起来就露了馅，杂乱、无章法。我到不少高校图书馆开过会或参观过，还没遇到过比较正规的礼仪队，感觉在这个方面，高校图书馆真该向公共图书馆学习了。

规定动作要求二人开门纳宾，站在图书馆门口，笑不露齿，来一位读者哈一下腰，说声"欢迎您来某某图书馆"。这一设计事后被专家拍砖，评价为热情过度，没有必要，李国新老师引经据典，说图书馆的服务达到礼貌、得体就行了，没必要像饭馆、酒店。

其余二人一人负责咨询，一人负责借书。图书馆员的表演比较平和，都很符合身份，也很敬业，不太容易出彩。

倒是表演读者的代表，有两位大放光芒。有位稍胖男士，到了咨询台，嗯嗯啊啊，假装哑巴，咨询员使出浑身解数，也不能让他明白他的书拿多了，只能借两本，最后馆员灵机一动，写在纸上，哑巴读者方才作罢。还有一位瘦高男士，卷起一条裤腿，扮演拾荒者，背着印着 love 的大号垃圾袋，到阅览室里看书，图书馆员秉着平等礼貌相待的态度，要求他将大包存起来，他说那是他的钱袋，死活不肯，弄得馆员没辙。

在自选动作环节，上海图书馆和大学图书馆联队表演的是日常工作模拟。温州图书馆表演的是书车舞，成为一大亮点，使会议气氛达到高潮。无锡图书馆表演了一个小品，讲的是一个模范男馆员，下班了被丈母娘紧急约见，不巧的是来了个读者。他以工作为重，耐心接待这位读者，最后才得知，此读者乃自己的小舅子，皆大欢喜。

我在点评的时候，谈了三点看法。

一是读者服务要注意把握读者的利益点。秦健老师说了，遇到违规读者，第一反应是将其带离现场，那么怎样做到带离现场呢？关键是把握读者利益点，比如对那位堵在阅览室门口，任凭图书馆说什么都不动心的拾荒者，假如你说刚开过

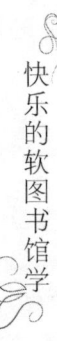

温州图书馆的美女馆员注意了,史上最犟读者苏乞儿来了!

优美的书车舞

会,有很多矿泉水瓶需要他去收,或者有旧报纸需要他去收,试试看,他马上就会离开,并听从馆员的其他安排。有些细节也可以做得更聪明,比如遇到哑巴,把电脑翻转过来,屏幕上打几个字就可解决。当然这都是旁观者清、事后诸葛亮之见,真上了台,我肯定没有他们表现得好。

二是礼仪表演特别是规定动作的表演让我大开眼界,上海图书馆礼仪队有国际大都市图书馆员的大气、从容和规范,不亚于空姐，温州图书馆礼仪队活泼、可爱、优雅，无锡图书馆礼仪队亲切、平和、人文。特别是温州图书馆礼仪队表演的书车舞，让我联想到电影《功夫》中的斧头帮舞，我觉得一个行业打造一套职业操还是很有必要的，可以在运动会、专业会议间隙调节气氛，建议中国图书馆学会以这个书车舞为基础，邀请艺术家进一步加工、改编，形成职业操，像美国那样，举行全国性的锦标赛。这个评价和建议在会议总结时，得到李国新老师的认可和引用。

三是通过小品式的表演，看得出来青年图书馆员中很多人有明星潜质，和这么多才华横溢的人做同行，我觉得很自豪。

无锡图书馆帅哥馆员，后来出演小舅子。

第二种是图书馆标语和规章制度改错PK，分别叫作"锦上添花"和"点石成金"。像大专辩论会那样，各分两组抢答、陈述和辩论。我本以为标语是代表们提交的，后来才知道是会务组从一些图书馆的墙上直接下载的，从头看到尾，没有

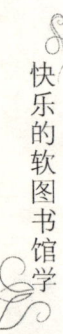

上海图书馆的空姐部队

留下深刻印象的特别有创意的。有的还很傻,比如"捧着一颗心来,莫携半本书去",本意是劝读者不要偷书,但给人的感觉是这个图书馆不让借书。可惜的是,"锦上添花"的朋友们居然没有发现。当然也有改得很棒的,但因为标语太多,眼花缭乱,记不清了。"点石成金"阶段,两组的表现相当好,不仅会务组用黑体提示的部分被改正了,没提示的瑕疵也都改到了。青年图书馆员所表现出的法律意识、人文理念,让热心这方面研究的专家对自己的研究更加有信心,对中国图书馆事业的未来更加乐观。

第三种是专家发言后,自告奋勇与专家PK。这种PK大大扩大了论坛发言的人数,扩大了论坛的参与性。给我印象较深的一是专家PK专家,比如詹福瑞理事长也没有特权,老老实实跟在青年后面排完队,向专家发问:读者真的是上帝吗?图书馆员真的是上帝的子民吗?引人深思。二是研究生通过PK得到锻炼。李国新、范并思、李超平等教授发扬前辈老师带徒"从游"的教育理念,近年开会都带研究生出来开阔视野,会上争取发一次言是他们领受的作业。我观察了一下,三位教授的学生都抓住了至少一次的PK机会,表现很棒。

PK除了排队抢位,还用了发短信抢位的方式,最后一次发言共有六次机会，按向会务组手机发短信的顺序抢夺。会务通知也一律通过群发短信提醒，这也是本次会议的策划亮点之一。

青年论坛举办期间正值上海"出梅"，即走出凉爽的梅雨的日子，室外骄阳似火、热气腾腾，室内发言热烈、PK 火爆。难怪范并思教授在会议总结中，以浓浓的湖南口音，引用其著名湖南老乡的话说：这是一个团结的大沸（会）！圆满的大沸（会）！胜利的大沸（会）！在范老师的沸沸扬扬中，青年论坛拉上了帷幕。我心下念叨：范导啊，范导！要是图书馆界的什么事都像此会一样用心策划，那么不但青年论坛有戏，学术有戏，中国图书馆事业也一定会更有戏！

2008 年 7 月 22 日

书丁解书

好书喊声赞,化蠹钻书腹。
立刀书市口,剖书如解牛。

网络图林入正史
——《网络图书馆学的兴起与发展》导读

美人应该是这样一种人，戴着眼镜看着好看，不戴眼镜看着更好看。可是再美的美人，如果天天拿了放大镜和显微镜来看，痦子、痣子和茧子分毫毕现，还是令人比较闹心。这两周，本人天天校稿，干的就是显微镜下看美人的细活。稿子虽然都是一见钟情选出来的，但是仔细看到第3遍的时候，也的确疲劳得很。

正在疲劳，忽然接到改版后的《图书与情报》，2006年飞天1号，发现拙文《网络图书馆学的兴起与发展》，赫然印为前茅篇，那感觉就像哈利·波特乘上新飞毯，阳光下一块飞红巾蒙住了眼，有点不相信，有种幸福感。

严格说来，这篇文章不是一篇"黄花"文章，2005年7月我在中国图书馆学会桂林年会上像"九阴大喜咒"似地快速朗读，像AK47似地一梭子20分钟打了一万多响的就是她，她穿着PPT的红裙子在互联网上站街的时候，骨灰级和准骨灰级的网友很多都曾经免费光顾过她。

让我闹不明白的是，我曾经深情怀胎，克服生娃娃难、生娃娃贵的艰险，到一流的大医院里精心分娩，以ISO9000大家闺秀的标准，生出了一些自以为美佳佳的"妙"文，可是反响却大多不理想，常有"兰心蕙质无人识，秀外慧中乏君赏"的幽怨。

而唯独这一胎，本没打算生，偏偏人下单，先是2004年的《中国图书馆年鉴》约我怀之，后是2005年春中国图书馆学年会约我到山水甲天下的桂林表演现场分娩，我第一次像个代孕女人，尝到了被人约稿的滋味，有点紧张，有点兴奋，像制造工业化产品一样，尝试孕育新一胎。

因为是第一次，所以不能不重视，2005年春天单位组织去云南采风，我在飞机上奋笔疾书的就是她，害得同事们笑我酸。在苍山，在洱海，在大理，在丽江，在崇圣寺三塔，在玉龙雪山……这篇文章随着我的江湖足迹慢慢丰满起来，从胚芽到成形，渐渐地有了小模样。

沾染了江湖味，此文就成了我最有圈子感的大块头文章，里面充斥了马甲、法号、真假错乱，网络图书馆学界俨然一个小江湖，里面的人物就像归元寺的罗汉、雍和宫的喇嘛，左一堆，右一堆，弄得不常接触网络的同行读到了，可能就像误入了座山雕的藏身洞，既搞不清土匪的名号座次，也听不懂"宝塔镇河妖"一类的黑话。

但是对于网络图书馆学来说，此文的发表窃以为还是有较大的意义。如果说桂林年会上我随风而逝的宣读，表明网络图书馆学第一次受到主流学术界看待小妾似的关注和认可。那么这次文章以白纸黑字的形式发表，则表明网络图林乘着我的秀笔，已经悄悄地潜入了正史，因为《图书与情报》虽然暂时不是核心，但毕竟是具有统一刊号的正规刊物，不是锁在抽屉里的野史稗闻。

不过潜入正史是一回事，在正史的哪个角落落座是另一回事。至于网络图林中的各色豪杰将来要进入正史中的哪个传？

我想不大可能是《拍砖传》、《拍马传》或《无厘头传》，因为26史中根本就没有这三个传，尚袭前人的国人估计也不大可能再增加这三个听起来就俗耳的新传。大伙最大的可能是分头进入《游侠传》、《刺客传》、《滑稽传》、《外戚传》、《文苑传》或《儒林传》。

或许大家应该统统归入《外戚传》，因为网络图书馆学的地位，很长一段时间将相当于现实图书馆学的外戚；河边、永福、雨僧这样的人估计能够被放到《游侠传》或《刺客传》，因为他们或者没有自己的博客根据地，或者根据地不巩固，喜欢挑刺和教训人；包租公这个人保准被放到《滑稽传》，因为超平老师让他干啥他就不改样，写来写去都是好玩的东东；老槐、超平、编目精灵、数图研究、学林望道等，运气好的话，差不多可以进入《文苑传》和《儒林传》，君不见他们写博写在教案边，博文随意不逾矩，不知道是教授型博客，还是博客型教授。

那么到底大家最后能够进入哪个传，我想不是我所能预料的，全靠大家自身发展方向的选择和造化。我的任务就是当当大家的吹鼓手，敲敲边鼓打打锣，像运载火箭的第一级，将大家送入历史的天空，亮一下剑就可以了。至于火箭分级后，飞船怎么运行，大家能不能飞到月球，能不能返回地球，这基本超出了我的能力，我就管不着了。最近听人议论，说我图书馆学都没学好，还是不入流，怎么转眼就成了网络图书馆学家了？我想这都是这篇文章惹的祸，其实看过我文章的人都知道，我只是网络图书馆学的总结者，但从来没有以网络图书馆学家的身份自居，网络图书馆学的旗手我文中说的很清楚，有得一拼的是老槐和一问。要知道，大人物的评传往往是小人物写的，而写评传的小人物往往当不了大人物。

《网络图书馆学的兴起与发展》虽然绝对意义上不是"黄

花",但相对意义上仍是"处"级文章,因为它虽然被宣讲过,可是却从来没有被发表过,所以打着著作权的名义,一向对文章的贞操十分在意的期刊们还是对其表示了兴趣。出于对编辑敬业精神的感动和友谊,我将其献给了《图书与情报》。为了表示我对该刊的敬意,在文章出塞之前,根据桂林年会后那些PPT光顾客的建议,我对文章又进行了全面的修复、再造和装修。

首先,根据游园等网友的意见,对文章的议论范围进行了校准,在引言部分专门说明,该文主要讨论的是内地的网络图书馆学的兴起与发展,而没有谈国外和港台的。文章标题上之所以没有加上"内地"之类的限定词,是因为会影响标题的简洁性和美感。

其次,对文章进行了理论装修。重点引用了蒋永福、于良芝两位老师关于学术公共空间、图书馆的现代性、学术相对主义等理论观点。

第三,对文章进行了语文装修。重点是把各个小标题修改得基本对仗,把文中所有用词的准确性进行了重新检查,斟酌和修改了一些词句。

范围校准、理论装修和语文装修应该说是论文修改的通用方法,希望大家今后在给《大学图书馆学报》投稿前,也能在梳妆台前多花点时间,让文章以更姣好的面貌打动编辑的凡心。

由于这篇文章也是我为《中国图书馆年鉴》准备的作业,年鉴要求我写的时间范围是2004年以前,所以在2005年这个"博客元年"火起来的博客和网络人物,如学林望道、雨僧等,以及今年活跃起来的叶帅——叶鹰教授等,文中没有落墨或着墨不多,希望各位能够谅解。对于桂林年会后,被我的文章漏掉了名字,大喊不公的那些刺儿头、钉子户,据我实地考察、认真分析后，认为确系革命有功，网上战斗力超强，不将其作为统战对象，将来文章发表后，势必遭其批判、埋汰的，就在文中加大了推荐的份量，典型的如游园惊梦，我甚至专门为他增加了一段，介绍他的年度龙虎榜、风云榜。

该文中大家认为最腐朽、最不赞成的观点可能是我不赞成大批普通图书馆员开设博客。我觉得这个表态虽然不讨人喜欢，但从事业发展的全局角度来看，应该还是有益的。这篇文章虽然讲的是边缘性的事物，但主调是符合主旋律的，何况我还在一个高校图书馆的协调指导机构里兼差，除了这个表态，好像也没有其他的选择。赞成不赞成只是一个态度，不是命令，大家觉得不顺耳，可以打开耳朵放飞了它，只不过在写博的时候，或者在评职称之前，把所有的发帖时间做一下技术处理还是很有必要的。作为一个馆员、编辑，我经常禁不住诱惑，在博客上"游手好闲"，说实话，我也是经常相当自责的，可能是一不小心就成瘾了，就像小崔一不小心就抑郁了，都是有病，但愿全国其他的千千万万的馆员、编辑千万不要学我。

我希望该文能够成为新网友加入网络图林时自愿乐读的入门手册，由于该文谈的只是内地的相关情况，所以还需要两个姊妹篇来形成系列，一篇是《国外网络图书馆学的兴起与发展》，一篇是《港澳台网络图书馆学的兴起与发展》。由于工作性质的关系，我对内地网络图书馆学保持关注已经感觉时间不济，更没有精力泛览非内地的相关信息，所以后两个姊妹篇的完成非我所能，建议由熟读中外的老槐、KEVEN、游园、钱涂等诸君中的某一人操笔完竣为最佳，如此则网络图书馆学的全貌可尽收眼底，于图书馆学研究功莫大焉！

我入道以来，有两篇文章享受到了破格的待遇，以超常规的篇幅放在了重要位置发了表，一篇是《阅读疗法原理》，另一篇就是《网络图书馆学的兴起与发展》，前一篇是上帝对我扮苦脸、陷害我的时候，我照着他打出的一记最满意的"黯然销魂掌"，后一篇是上帝对我苦脸变笑脸，希望我原谅他的时候，我没有原谅他，对着他打的最好的一记"百花错拳"。不知怎么搞的，在网上写文章，因为没有编辑做中间人把关，我总觉得每一篇都是错的，不写手痒，写了心乱，感觉拳拳都是"百花错拳"。

幸运的是，这两篇文章都遇到了知音，这使我觉得图书馆学界真是非常的公平和温暖，只要你真心真正为学界奉献了心血，学界是会欣赏和认可你的。在此，我要特别感谢韩继章主编和王景发主编，谢谢你们用编辑语言向我伸出了大拇哥，我将在你们的鼓励和言传身教下，出更好的成果，做更好的编辑。

桂林年会后，老槐曾说，听了我的发言，不知道以后怎么写博客了，以后他的博客越来越专业。会后，被我提到的《新华书目报》也提了速，加大了图书馆专刊的力度。我不知道这些变化跟我的发言有没有关系，但我相信关系即便很小很小，小到忽略不计，也是有的。

如果学一学以"测不准"闻名的伟大的图书馆界预言家兰开斯特，我想做一个"测不准"的预言：2098年秋，建校200周年的北京大学已经成了世界一流大学，这一天《大学图书馆学报》编辑部来了一位新编辑，名字叫臣涛，她刚刚从北大信息管理系博士毕业，不久前用德菲尔法完成了一项课题——"21世纪网络图书馆学史纲"，她的博士论文写的是《第一功名是写博——老槐网络图书馆学思想研究》。她硕士毕业于浙江大学信息资源管理系，硕士论文写的是《西子捧心——超平网络图书馆学思想研究》。他自考本科毕业于某走读大学图书馆学系，学位论文写的是《散达书骨精——包租公网络图书馆学思想研究》。

各位，我是不是做梦了？我是不是想得太美了？不过我真的觉得，老槐第一功名是写博而不是写诗，超平经常写些发自良心肺腑的话，让人很容易联想到西施最美的姿势——西子捧心。至于我吗，我要做个散漫旷达的书骨精。上面几个书名大家如果觉得起得好，将来就用上吧。

我以前对《图书与情报》的感情是怜惜，但这次该刊穿上了真丝内衣，由内而外都显得非常的知性和魅惑，除了纸张皮肤太薄，透出血管外，我认为这次改版是极为成功的，我对她的态度由怜惜变成了疯狂的嫉妒，我很害怕这个内外生姿的西域公主，将取代《大学图书馆学报》在大家心中的位置。因此，我好想喊一声：狼来了！这一声没喊好，再喊一声：狼来了！

如果大家觉得这次还不算入正史，不够过瘾，《中国图书馆年鉴》的出版将把大家第二次送进去。

我做梦了，忽儿美梦，忽儿噩梦，请大家用乱砖把我拍醒吧。拜托了。是为导读乎？导毒乎？

2006 年 3 月 24 日

扔什么，千万别扔英语！
——《图书馆英语》评介

试想，假如您是一个中国河南人，第一次来到兼有图书馆职能的高大庄严的大英博物馆，怯生生、试探性地问咨询台后面金发碧眼、高挑白净的女馆员："闺女，请问马克思的脚印在哪里？大叔俺能看看不？"不料想，洋妞十分热情，立马用邓亚萍那种标准的牛津大学河南普通话答复您："大叔，咋不中哩，在第 X 排第 Y 行第 Z 号。"看那接话的顺溜样儿，就像是邻居家的二妮，你问她："借个镢头行不？"，她一点不带迟疑地说："叔，借啥借，赶紧让你家栓宝来拿吧！"在异乡听到家乡话，就像老乡见老乡，相信您一定感动得泪哗哗的，在这一刻，您肯定已经成了大英博物馆的粉丝，对英国图书馆事业的崇拜犹如滔滔江河连绵不绝。回国以后，不管大会小会、聊天唠嗑，相信您还会像祥林嫂谈论儿子阿毛一样，忍不住不停地想着说着那位女馆员，把英国图书馆服务的高水平传得满天飞。

通过上述思想实验，大家对于图书馆员学外语的重要性，恐怕都有了一个形象的认识。在这个全球化的时代，掌握一门外语已经成了博学、国际化、服务质量的象征。特别是大学图书馆,是学校对外展示形象的窗口,每天接待的参观者、访问学者、留学生一拨一拨的,每个图书馆员在每时每刻,都有被伦敦腔或纽约口音袭击的可能,如果不刻苦学习英文,掌握一两式漂亮的语言回马枪,见招拆招,以夷制夷,把老外侃得心悦诚服,怎么能体现当代中国图书馆事业的现代化?怎么能体现当代中国图书馆员的时代性?对当今大陆的图书馆员来说,最紧要的工作要诀、处世之道无非是:拿什么,千万别拿回扣;扔什么,千万别扔英语。做到了这两条,那真是一人敢去检察院,见了馆长不低头。爽啊!

  为了提高图书馆员的英文水平,位于国际大都市的上海交通大学图书馆十分重视语言的交通问题,在 2000 年编写了一本图书馆专用外交秘籍《图书馆常用英语一百句》,作为防身的独门暗器发给本馆馆员。当馆员们遇到欧美 downtown 口音或郊区口音袭击,仓皇不知如何应对,眼看要被问晕,险些造成语文失身的时候,赶快把此书从腰间抽出,马上就像方世玉拿到了他的折扇,立刻变得神勇无敌,挽交通大学图书馆的威名于将倾。很有意思的是,交通大学图书馆的馆长叫陈兆能,那寓意是说,不懂英语,您最多只能成为万能的图书馆员,懂了英语,您的能力就会翻个立方,变成兆能的图书馆员,走遍天下都不怕。该书的责任编辑叫季一欣,那寓意是说,学好了本书,您一个季度都是美滋滋的。

  交通大学图书馆的《图书馆常用英语一百句》编好后只限本馆使用,贵为秘籍,但好东西不胫而走,不几年传遍"江湖",被澳门大学图书馆的潘华栋馆长看到了。潘馆长感觉此书虽好,但没必要作为独门暗器,以夷治夷乃各国通例,不如将其精打细淬,颁行天下,让全国的同行都成为洋话连篇的兆能图书馆员。于是便和兆能馆长合谋,将其修订增改,扩为千句,作为 2006 年澳门大学 25 周年的银禧献礼。

既是献礼，便要选精兵强将执其事，澳门大学图书馆的杨开荆女士学识渊博、中英文均擅，自然成了最佳人选。开荆女士是澳门开埠以来鲜有的北大女博士，读书期间，常常为了一节课、一门考试飞跃千山万水，是那种不惜代价的求知者。她在获得博士学位后，又一鼓作气，拿下了中国科技信息研究所的博士后学历，而且是国产图书馆学第一后。2006年，新浪网调查出了中国女性魅力十大关键词，依次是优雅、知性、健康等，我觉得其中八九个都适用于开荆女士，论开荆女士的风度气质，称其为"图林朱茵"应不为过。最近看年度最佳爱情片《云水谣》，觉得女主角王碧云的养女，由梁洛施饰演的陈晓芮，既好学又时尚，也颇让人有恍见开荆女士之感。开荆女士曾以博士论文为基础，著有《澳门特色文献资源研究》一书，这本《图书馆英语》乃是她参与的又一成果，端的可喜可贺。

《图书馆英语》书影

《图书馆英语》是对上海交通大学版《图书馆常用英语一百句》的10倍扩展和精装修，分为16个部分：开放时间、位置及设施、流通与阅览服务、参考咨询服务、分类与编目、图书馆目录、图书馆规章制度、数据库和网络资源、活动及展览、复印和视听设备、电话英语、接待来宾、建议及投诉处理、其他、礼貌用语、自我评核。前15个部分，动用东方人善解人意的天分，和知己知彼、百战不殆的兵法，结合图书馆业务流程和服务场景，精心揣摩国外读者会发出什么样的问题招式，一一设计出了化解之法。最后一个部分是自测题，用以检验全书读毕的真实收获。

实际上，中国大学图书馆里本科以上学历的图书馆员比例不小，多有10年以上的英语学习经历，比较普遍的毛病是留着英文字幕能看懂国外艺术片，关了英文字幕看不懂国外动画片，阅读能力可以，听说能力太次。《图书馆英语》的场景式设计，让人有身临服务现场之感，重点不在于学习单词，而在于学习怎样用平常词汇进行专业表达。比如"图书馆的开放时间"，该书以简单的"library hours"译之，令人有恍然大悟之感。该书的成功之处还在于书后附有一张示范光盘，英文读得字正腔圆，边读边听，可大大提高学习的效率。搭配丰富的插图也是该书的一个特色，美国、日本、澳大利亚、中国的北京、上海、香港、澳门、苏州、东莞等地，凡是杨开荆女士游历过的图书馆，都有精美的照片安插在书中合适的位置，让图书馆员们在学习英文之余，游目骋怀于世界各大图书馆，赏心养眼。

作为一个职业编辑，从编辑技术的眼光看，此书全称《图书馆英语：图书馆日常用语》，"图书馆"一词在书名中两度重复，显然啰嗦，似应改为《图书馆常用英语》更为精当。此外，因为对澳门的出版制度不清楚，看到该书有国际标准书号,却没有出版社,在版编目数据中,径直把澳门大学图书馆和上海交通大学图书馆作为出版单位,小惑不解。还令我奇怪的是,该书编得不错,印数却只有区区数百,这个数量对澳门而言或许是个大数,但显然低估了对大陆销售的可能性,使之难以突破半地下的身份。看来要获得此书,还得早早下手,尽快与澳门大学图书馆和上海交通大学图书馆取得联系。

据我所知,在2007年4月将由海洋出版社出版的《21世纪图书馆学丛书》第二辑,内收丛书主编丘东江先生亲自编写的《图书馆员怎样走出国门》和《图书馆员英语选读Ⅰ》二书。丘先生退休前长期在中国图书馆学会负对外交流之责,屡屡带团出访国外,对内地图书馆员的外语程度和学习需求相当了解,他编写的两本书一定是丰富经验的总结,颇有实用价值。如果能把澳门大学图书馆、上海交通大学图书馆合编的《图书馆英语》和丘东江先生的新著配合阅读,相信图书馆员的英文水平将大有精进,成为比万能图书馆员更厉害的兆能图书馆员不是不可能的。

如果您想让同事和说英文的读者由衷地称赞您:您太有才了!赶紧去读《图书馆英语》吧!

(《图书馆英语:图书馆日常用语》,潘华栋、陈兆能主编,澳门大学图书馆、上海交通大学图书馆2006年11月出版。)

2007年春节

《阅读疗法》品评会

昨晚做了一个梦,竹帛斋主出面,给我的《阅读疗法》开了一个品评会。

竹帛斋主说:按照秋禾老师发明的图书营销模式,一本书出版之后,通常需要经过这么几个步骤的宣传:发表序——发表跋——品评会——发表书评。王波求学主张转益多师,尤其喜欢偷艺,导致很多名师在毫不知情的情况下,身法、手段都被他偷得一二。王波研究出版学,对图书的发行相当感兴趣,秋禾老师自然也就成了他重点偷艺的对象。所以,当他的小书《阅读疗法》进入出版流程,他便忠实地按照秋氏模式,比葫芦画瓢地进行操作。有赖多年积攒的人品,在郑章飞、王景发老师的大力支持下,他目前已经成功地发表

《阅读疗法》品评会　洋子 摄

书模

了师序、自跋,序和跋写作精心,反响较好。另外他还创造性地在秋氏流程中增加了一环,那就是动用书模来促销。因为请不来美女作书模,他只好侵犯叶鹰和萧德洪两位帅师的肖像权,把两位帅师拉去当了书模,没想到效果也出奇的好。但是目前到了品评会这一关,他却再也运行不下去了,一筹莫展,不知如何下手,于是求我相助。我看王波在政治上是个草根,在经济上是个穷鬼,实无能力调动资源举办一个像样的现实的品评会,于是我就考虑采用 web2.0 的方式,召集几位博友,给他举办一个网上品评会。秋禾老师在出版方面是王波的偶像,我特意通过 MSN 把秋禾老师请来,下面我这个场面主持就把话筒交给秋禾老师,由他做学术主持,主持这个品评会。

秋禾老师说:我很高兴参加王波的《阅读疗法》的品评会。王波给我留下印象,源于1999年他曾和孟昭晋教授合作,出版过一本《萧乾书评:理论与实践》。众所周知,我对书评、书话最感兴趣,和孟老师走得近,自然因关注此书而对作为编者之一的王波有所关注。此书的前言约两万多字,由王波撰写,系统地总结了萧乾在书评研究和书评写作方面的贡献。所以较长一段时间,我误认为王波是孟教授的学生,误认为这篇前言就是他的硕士论文。但是后来经过书信联系和会议接触,我方知道他是王锦贵教授的学生,硕士论文写的是《论编辑学与出版学的兴起及二者关系》,核心内容已经发表,也有一定反响。他还告诉我,他从我主编的《中国读书大辞典》

中发现了一个缝隙——阅读疗法是个薄弱环节，于是正在小题大做，有志拿出一部关于阅读疗法的著作。国内研究阅读疗法，本来滥觞于南京大学，我们南京大学信息管理系的沈固朝、华薇娜、万宇等师生都曾是这方面的先行者和探索者，但是最终却由北京大学的王波集大成，率先出版单行本，这说明王波是个有心人，学术上也肯用功。在此向他表示衷心祝贺。这个品评会我考虑了一下，决定这样开，就是请大家每个人都想一想，如果我为该书写篇书评，我该拟个什么标题，主要写哪方面的内容？老槐教授，您是网络图林的旗手，您就先开个头吧。

老槐老师说：对于阅读疗法，我是个外行，基本上属于看热闹的那类人，对其中的门道领会不深。不过这两年，中医和西医论战得相当激烈，学术界和社会上好像至少有超过一半的人对中医评价不高，指责其为伪科学的呼声十分高涨。阅读疗法和中医比起来，毕竟是"小巫见大巫"，如果说中医的科学性都不能得到确立，那我觉得通过阅读来治病也超不靠谱。究竟怎么不靠谱法，我想长期坚持打击伪科学的方舟子先生可能最有发言权。所以，要我写篇书评的话，我不打算写很长，能给方舟子先生传个信就行了，告诉他图书馆界出了伪科学，请他来打假，他一打假，必然要写书评，而且是高级书评，这样咱们宣传此书、评价此书的目的就达到了。我的书评充其量是个告密信，标题就叫《我给舟子告个密》好了。不管方先生对此书是褒是贬，我想无论在学术上还是在书的销量上对小王都是一个很大的帮助。请小王体会我的意图，不要怪我太狠心。不过王波这本书，有一点绝对值得肯定的地方，就是没有我们看惯了的那种教材味，既不搞"对象"，也不搞"性科学"和"化学"，8个特点、10项原则，这样的东东比较少见。

超平老师说：我和老槐一样，对阅读疗法本来不信。但是后来，图书馆界最有名的科学主义者、经常用数学公式写论文的叶鹰教授在网上严肃地发表重要博文，论证书疗有理，我对王波的研究便有些刮目相看，觉得不能小看别人的智慧，得重新想想阅读疗法是不是有一定道理。有一天，我有点小感冒、小咳嗽，情绪不佳，整理书橱的当儿偶然发现年轻的时候，当文学青年的时候，另一位文学青年、如今的著名诗人郑单衣交流给我的诗稿，随机翻了翻，不料想青春的回忆一股脑儿涌上心头，顿时觉得年轻气爽，微恙顿消。从此以后，我就成了阅读疗法的准信徒，不说阅读疗法的坏话了。我觉得，就像男儿有泪不轻弹，只是未到伤心处，阅读疗法也是这样，谁说阅读不治病，只是未到共鸣时。后面这两句话，也是我的书评题目。

河边老师说：很早就知道王波要写这样一本书，他在给杂志社投相关稿件时，我就劝他，不要全发了，要给书的出版留下一些神秘感，以保证书的销售。他公布书的目次的时候，我发现在他已经发表的章节之外，还是增加了一些内容，使该书仍有一定的神秘感。拿到书后，把不了解的章节仔细看了看，我的感觉和以前一样，就是该书仍然没有彻底解决阅读疗法的科学性问题，没有借助现代医学实验条件，对阅读疗法的治疗效果进行科学分析，使该书的论证力度不是很足。当然王波意识到了这个问题，只是觉得有难度，绕了过去，将其作为展望之一提了出来。其实我倒觉得，如果王波能够在医学界找个合作伙伴，在该书中就把这个问题解决掉，那么该书的价值就会大大提高。从这个意义上讲，我觉得此书是个半成品，如果我写书评的话，我的标题是《一本没有写完的书》。希望王波继续关注阅读疗法问题，将来写成一本完整的大作。

耄耋少年说：听说王波出了本《阅读疗法》，我就问孩子们美国有多少这样的书。孩子们说，美国这样的书可谓汗牛充栋，一点也不稀奇，大、中、小学校都有学校心理咨询师，经常对单亲儿童、残疾儿童和有自闭、恃强凌弱等倾向的问题儿童实施阅读疗法，教养院、教堂这样的地方，阅读疗法的应用也很普遍。孩子们还通过国会图书馆的联合目录和数据库，让我看了长长的阅读疗法书单。美国人并不比中国人傻，反而公认具有创新精神，他们如此重视阅读疗法，一定是有道理的。凡是我们落后的，我们就要想办法赶上，王波开创这样的研究，我是十分赞成的。书评我就不写了，只提供这点情况，我支持王波的阅读疗法研究，希望他取得更大成绩。

图匪说：正如秋禾老师所言，我们南京大学的人都知道，沈固朝老师很早就介入阅读疗法研究，要不是他后来致力于研究明清时期欧洲怎么扫黄打非，致力于系政管理和学科建设，致力于探讨"情报"是 intelligence 而不是 information，可能第一个拿出《阅读疗法》专著的就是沈老师了。正因为如此，当王波兄把英国的阅读疗法研究和应用的带头人韦尔瓦·帕亭顿吹捧为"阅读疗法之母"，急咻咻地暗示人们称他为"中国阅读疗法的亲爸爸"的时候，我周围的同学都对他嗤之以鼻。我们认为引阅读疗法入关的吴三桂和皇太极是沈固朝老师，沈老师才是中国的阅读疗法之父，这一点王波老师在他的著作的跋中也不得不承认。王波老师第一个拿出了《阅读疗法》专著，只能说经他手把阅读疗法大举引入关了，他的历史功绩最多相当于清初的多尔衮，所以我的书评是《中国阅读疗法研究的多尔衮》。

图谋说：受各杂志厚爱，我近几年发表的图书馆学论文的数量居然进入了全国前 20 名。但可惜的是，我的文章就像霰弹，涉及的主题太多，给人印象不深。随着年龄的增长，最近我已意识到这个问题，缺乏给人印象深刻、带有个人 logo 性质的代表作已经成了本人学术道路上的一个瓶颈，必须下决心突破。《阅读疗法》极有个性，个人标识度极高，是一件十分独特的"兵器"，此书一出，恐怕今后一提到王波，大家立马就会想到阅读疗法这个标签。《阅读疗法》不成为王波大哥的代表作都不可能，这和没有代表作的我恰恰成鲜明的对比，因此我由衷祝贺王大哥。但是另外一方面，阅读疗法这个问题毕竟比较偏，我又不希望王大哥一直以这个为研究方向、为代表作，希望他在一些主流问题上也有系统研究，取得大的成果，跟上图书馆学的主旋律。故而，我希望此书成为王大哥的成名作，但不要成为代表作，我的书评题目就是《但愿不是代表作》。

图有其表说：王波兄在出这本书的过程中的表现可谓小样，不断打听出版进度，不断在博客上宣传，让人人都有点烦，好像他写的是《老子》、《论语》、《原子弹制造技术》，有天大的价值似的，恨不得全天下人手一册。不过这也说明，他对此书出力很大，寄望较高，若不是付出了心血生下的亲孩子，谁惦念那么多啊！这两天我到北大办事，顺便去看望王波兄，发现他把他这本破书不是用钱存训的《书于竹帛》搂着，就是用《书于竹帛》压着，我说这是做甚？他说，老弟你不知道吧，《书于竹帛》内容简单、篇幅不长，但是自1962年出版以来，不停地印刷，不停地修订，不停地被翻译为各国语言，是图书馆学领域最幸运的一本书，钱存训本人也感叹它是一本"有生命的书"。鄙人的书虽破，但也想沾点《书于竹帛》的福气、仙气！我说，天下文章数北京，北京文章数国图，国图文章数阿妹，我给阿妹改文章。你的破书，由我亲手写书评，简直是高射炮打蚊子，有些浪费了。我决定，由你弟妹抽空赞助你一篇书评，你意下如何？没想到王大哥乐得手舞足蹈，好像得了头名状元似的。现在我要告诉王波兄，阿妹把书评的题目已经想好了，就取自该书的跋，叫作《图书馆学的增高鞋垫》。说实话，该书不是宋祖德那种骗人的万力健增高鞋垫，它的确使图书馆学的知识存量有了点实质性的增长，而且绝对不止一二纳米。

图林丫枝说：我是个感性的人，向往理论，希望在理论上有点贡献，但是一看理论书就头疼，相当苦恼。拿到王波兄的书，刚打开看时也有点为难情绪，但是翻过三五页之后，发现道理讲得深入浅出，简直就是另类的文学史和心理学著作，一点感觉不到是在阅读图书馆学高头讲章，治好了我看理论书就头疼的毛病。我现在已经不怵理论书了，也认识到图书馆学还有有趣的领域，也有可读性强的著作。所以我想写的书评是《阅读疗法就是好》，不知秋禾老师觉得这个题目怎么样？

云影流光说：王波兄是我的粉丝，有段时间自称影帝。最近他出了本新书，自我感觉良好，非要自作多情，邀请我参加该书的品评会。本来他在我的粉丝中排名最后，我从来就没有拿青眼看过他，但这次看他居然会写书，好像也有几盎司的才气，便对他稍稍高看了几眼，不好打消他的兴致，于是就备上可以涮20天的成都火锅作干粮，坐上滑竿前来会会各位博友，反正听说图林美教授——竹帛斋主要在这里亲自主持会议，不看白不看。为了养颜护目，我一般不看书，有时候韩寒、王朔非要送书，我才瞄上两眼。所以在会前，我是没有看过王波的书的，刚才趁着大家讨论，这才翻开书本浏览了一下。偶然发现书中还有以书美颜的内容，感觉有点小意思，就前前后后浅阅读了几十页。我看该书前序后跋的意思，该书是内地第一本关于阅读疗法的著作，王波谦虚地老说他是抛砖引玉，不过就我刚才检验的结果，这块砖的成色还不错，差不多赶上玉了。因此，我要模仿孟庭苇的歌词"天边有朵雨做的云"，定下我的书评题目《好大一块玉做的砖》。

游园惊梦说：这本书及其所属的丛书，长得很有意思，齐刷刷穿着翠绿的军装，国家图书馆名誉馆长任继愈先生题签的鲜红印章，就像那闪闪的红星缀在军帽上。一本书蹦出来，让人好像遇到了战士雷锋；一套书蹦出来，让人好像遇见了南京路上好八连。王波兄这一本，本来是讨论以书治病，雅得不能再雅，穿上绿军装后，外俗内雅，非常吊诡，老是让我想起曾经看过的一部电影《解放军占领巴黎》。如果把王波兄的老脸做成切·格瓦拉那样的版画，印在书的封面上，那就更酷了，传达的革命加时尚的气息就会更加浓郁，我敢肯定，不管是谁看到这样的封面，都会怀疑，这家伙到底是崔健的朋友，还是孔庆东的亲戚。如果我没有记错，王波兄已是奔4的人了，这本书的封面之所以设计成黄瓜刷绿漆——装嫩的效果，可能和他开博客一样，都是拼命挽留青春的心态在作怪吧。我记得周星驰的《功夫》上映后，赢得一片好评，有个家伙写了篇影评《＜功夫＞在向谁致敬》，非常有学术性，成了和《功夫》一样出名的经典影评。王波兄这本书，其实也是一本学术上有师承，广泛向前辈致敬的书，比如他梳理史料的做法是向王锦贵教授致敬，统计书目的方法是向王余光教授致敬，提倡阅读的思路是向徐雁教授致敬，对《幽梦影》的偏爱是向王三山教授致敬，对美国阅读疗法的总结是向谭修文女士致敬，对阅读疗法实务的希望是向宫梅玲女士致敬……。我打算写的书评就叫作《＜阅读疗法＞在向谁致敬》，通过梳理王波的研究思路和阅读史，来了解他写这本书的思想资源和研究方法，继而评价这本书的得失。我想这样写，不仅对王波兄有帮助，对小字辈搞研究也会有启发。

万二说：这本书虽然是图书馆学丛书中的一种，但我怎么看怎么觉得它不是一本地道的图书馆学著作，里面牵涉到了很多文学史和心理学的内容，好像只是把臀部的三分之一坐在了图书馆学的板凳上。我们师范大学通常都有中文系和心理系，我也偶然听到心理系的老师谈到阅读疗法。这本书成功不成功，是不是既有为又有位，我想有一个评价指标，就是等一年半载后，看中文系和心理系的资料室订没有订此书，如果订了，说明得到了别的学科的认可，质量可以。如果没订，王波兄的脸面就不太好看了，毕竟广告吹得比较大。我拟的书评题目是《一本等待判决（吃里扒外）的书》。

图林老姜说：我是图林有名的百事通，图林的风吹草动，没有我老姜不知道的。去年我就探得，美国最令人羡慕的9种职业中，心理咨询师和图书馆员各占一席。王波的《阅读疗法》的学术意义就不谈了，值得注意的是他的这项研究把图书馆员同时变成了心理咨询员，这一变不打紧，图书馆员分身为二，一下子霸住了两种最受羡慕的职业，按道理薪酬也得翻番，这就具有了划时代的意义。我很赞成这样的研究，一定好好钻研一下王波的大作，为了薪酬加倍着想，我无论如何也得成为一名兼职的阅读疗法师。因为我一贯述而不作，所以这次虽然虎口痒痒，但是也绝对不会写书评的，不能自己砸了自己的风格。

雨僧说：我以前不赞成什么阅读疗法，曾经在网上和王波拌过嘴，但是最近看到《阅读疗法》出版的信息，就又在网上搜了搜，发现英语世界里这个专题的论文实在是多如澳大利亚的羊毛。昨天我已经拔了一根，放在博客上，送给王波了。从王波公布的该书的目次看，没有谈到澳大利亚的阅读疗法，合适的时候，我会找点这方面的资料，或者直接送给王波，或者亲自将其总结一下，让大家也了解一下澳大利亚在阅读疗法方面的进展。因为相隔万里，不能及时看到王波的新书，暂时还无法写书评。但我会通过中国图书进出口公司，想办法给本人服务的图书馆订购一本，让老澳也了解一下中国在这方面的进步。

  唐人说：《阅读疗法》讨论的问题冷僻，给人的感觉是本怪书。有人很奇怪王波为什么要写这样一本怪书，人到了北大，是不是都变得很古怪？我倒觉得这正是北大最可贵的地方，在民国时期，性学怪不怪，怪，但是人家北大教授张竞生就面不改色地研究了，20世纪90年代，同性恋怪不怪，怪，人家北大博士后李银河又面不改色研究了。怪，有时候就是创造力的代名词，所以我支持王波兄的怪怪的阅读疗法研究。我要写书评，题目一定是《怪乎哉，不怪也》。

  品评会开着开着，突然停电了，导致许多重量级的网友的发言没有被记录，敬请谅解。

  ……

  等电再来的时候，已到了闭幕式的时间。

  学术主持人秋禾说：今天的品评会十分成功，大家发言踊跃，互不重复，点到了许多问题，说得王波的小脸也是一阵红一阵白，说明说到了痒处，触动了要害，对他启发很大。相信这本书还有修订机会的话，他一定会根据大家的意见，对此书作认真的修改，使其质量有明显的提高。大家是我教学以来所遇到的最活跃的学生，所提的书评标题极有创意，不但角度新颖，而且语言风趣，非常吸引人，希望大家下去后好好撰写，将来我会挑选几篇最好的，集中刊发在《图书馆杂志》的"悦读"栏目里。没选上的，建议改投到《中国图书馆学报》、《中华读书报》、《读书》、《出版人》、《博览群书》、《中国图书评论》、《书屋》、《文汇读书周报》等报刊上，我看也会抢着要。当前出版界最有名的编辑是黎波、安波舜和路金波（李寻欢），这说明，叫"波"的人可能命中注定更有编辑出版才能，我看这两年王波似乎觉得编杂志不过瘾，老想在编书方面蠢蠢欲动，或许他真有这方面的才能和运气，希望同行多给他这样的机会，让他不但出自己的书，还出版别人的书，进一步施展他的梦想。这两年，健康读本颇受欢迎，《登上健康快车》、《人体使用手册》、《病是自家生》、《求医不如求己》、《无毒一身轻》、《三分治七分养》、《从头到脚说健康》等销量极大，长期占据畅销书排行榜前列，王波的《阅读疗法》也有成为畅销书的潜力，如果能从中抽出浅显的部分，特别是大量的事例，重组成一本文字稀稀拉拉、图片杂七杂八的书，不以学术书的面目出现，而以畅销书的定位打造，或许真能在市场上出个风头。开个玩笑，王波把自己的书扔到图书馆学丛书里，或许不是好事，而是吃了大亏，丢掉了发财的机会。建议王波到各大图书馆仔细查查家谱，看祖上是否出过太医，看看自己是不是王阳明等名人的某某代传人，再修订的时候，用这些元素包装、宣传一下，效果可能更好。不过，是锥子总要冒尖，先看看市场反应也好，畅销书的产生有很多偶然因素，有时候真不是主观所能臆测的。无名之辈，应多些付出，少些幻想。因为时间关系，就不让王波本人再表态、总结了。

综合主持人竹帛斋主说：我刚才出去了一趟，从中山大学校长手里接过了出任传播与设计学院院长的聘书，同时要辞去资讯管理系主任的职务。这是我以主任身份主持的最后一场图书馆界的重要会议，看到大家畅所欲言，将会议开得如此成功，十分高兴。我认为传播就是把真的说成铁的，把不真的说成真的，为达到最大的传播效果，什么标题党啊、品评会啊，管它实的、虚的，都给它用上。我们这次召开虚拟的品评会，就是在图书广告和出版信息传播方面的一次大演练，是网络环境下传播方式的创新。希望大家会后利用网络工具，进一步扩大品评会的传播范围，要知道，传播学界有一句名言：谎言重复三遍就是真理。这个品评会如果传播得好，一定会比现实的品评会更有效果，还能给国家节约资源，值得大力推广。王波自称善于偷艺，我希望他能多多领悟我的博文写作技巧，加强标题党战术的训练，早日成为戈倍儿级别的标题党盖世太保和传播大师。借此机会，我还要传播一下我个人的志向：我本教师，我命义工。不管我出任什么院长，我都不会脱离资讯管理系，不会脱离图书馆界，感谢广大师长、朋友、学生对我的关心。下面我宣布，品评会到此结束，购书的请留下，付款领书，不购书的各回各的单位、各回各的博客。

  提醒：这个品评会是一场游戏一场梦，纯粹是假的，百分之百的谣言，特供给为《阅读疗法》写书评的人参考，坚决不维护知识产权，欢迎抄袭、剽窃、转载，欢迎传谣、信谣、造谣。请大家以游戏之作观之。对各位博友有所冒犯的地方，敬请谅解。敬爱、亲爱的师友们，让书评来得更猛烈些吧！

2007 年 6 月 27 日

叶四变
——《大学图书馆学报》2006年第3期导读

今年年初,咔嚓一个双响炮、二踢脚、并蒂雷,范并思、胡小菁伉俪就像韩世忠与梁红玉,在未名湖畔的学术擂台《大学图书馆学报》上,亮出了够新够锐、够威够力的君子淑女剑,发表了国内首篇关于图书馆2.0的论文。

一石激起千层浪,由此开启了图书馆2.0的大讨论。最近在上海图书馆,为图书馆2.0还举办了专场演唱会。尽管目前关于图书馆2.0的研究就像摇滚乐,似乎先锋有余,主流不足,相关作者在这个问题上,还像崔健一样,处于半地下的地位,但是暗潮涌动,潜力惊人,大有谁发起了图书馆2.0的讨论,谁就是图书馆界的猫王的趋势。

君子淑女剑一出,急着夺擂的不乏高人,其中武功最无极者,来自临安,和韩世忠曾是同班同学,现在同朝为官,同是学术元帅。此人有仙风道骨,不是岳飞岳鹏举,乃是叶鹰叶福翔!

叶鹰老师和竹帛斋主同龄,属于少壮派图书馆学家,20岁大学毕业,是化学学士、图书情报学硕士、哲学博士,以学位像白居易的小妾一样繁多而闻名于大陆图书馆界,和拥有7

个学位的台湾大学图书馆学系的胡述兆教授隔海竞美。我曾经冒犯地称叶老师为"叶三变",学位三变之谓也,亦指他在哲学领域的研究对象——易、玄、虚三位一体之谓也。我还称他为"图书馆界最后下岗的人",以解读当前大陆图书馆界的多学历背景崇拜。不料想,没过多久,叶老师好像专门和我作对,又拿下了上海交通大学的计算机博士后,使我的"叶三变"迅速破了产,成了绰号1.0。现在叶老师的绰号2.0应该是"叶四变",有所遗憾的是不能和宋代的词人柳永柳三变对应了。

鉴于叶老师天才的学习能力和超人般的高智商,假如哪天听到图书馆界出了位神人,能够将圆周率背诵到一百多位,我想这个人一定就是叶老师。由于叶老师的多专多能,我觉得他最适合到战时的一流大学当教授,假如当年的西南联大聘了他,中国哲学系、信息管理系、科学传播系就都有系主任或教授了,该给学校节约多少经费呀!省下的钱就可以购买飞机大炮打鬼子了。

叶老师上知天文、下知地理,博学多闻。在他新近开设的以简洁骨感为美的博客中,议题新到世界气象、全球能源、生物革命,富有大科学家情怀;旧到吟风弄月、斟格酌律、怀古伤今,俨然老夫子下凡。叶老师的传统文化功底不是一般的扎实,而且颇有感染力。据叶老师自述,某同事的孩子素厌文科,偏科严重。同事拜托叶老师调教,叶老师择一红霞满天的傍晚,将此顽劣儿童带到免费的苏堤之上,向前方,往西一指,大吼曰:湖山桃柳下夕阳;向后方,往东一指,大吼曰:英雄美人伴暮岚。一下子就把小孩震开窍了,完全陶醉在诗情画意之中,陷入了传统文化的大美中不可自拔,从此热爱文科,成绩如坐了火箭般地攀升。此事乃叶老师亲口告诉我的,只是那两句诗记不太清,是我瞎编的,属于改编版。

近日向叶老师求索正版，叶老师答曰："老包所言不虚，但颇多文学演义。实有同事之子不觉西湖之美，一日携之同游，步临苏堤春晓，面东而立有诗赞曰：西湖十里凌波去，吴山春风浩荡；宝石流霞云光淡，三潭映月晚。而回身西望有诗叹曰：回首妖氛未扫，问人间英雄何处？南高峰、北高峰，惨淡烟霞洞；宋高宗、一场空，两度江南梦！回而谓其父曰：西湖真美。大吼不可能，只不过轻声细语而已……"

叶老师和范老师在丽娃河畔读硕士的时候，大才显于班。据范老师的揭发，叶老师当年写论文，往往是拿一大格子本，隔三五页就写一个标题，需要发表文章的时候，挨着顺序，在标题下几千字一刷就搞定了，就像专栏作家写专栏一样简单。由于别人的灵感是零售，叶的灵感是批发，别人写文章是码字，叶写文章是刷字，所以班上谁也别想在发表文章的数量上超过他。对范老师的揭发，我是深度相信的，因为20世纪90年代初，当我为赋新诗强说愁，为爱情和命运迷茫担忧的时候，偶尔翻翻专业杂志，最经常闯入我眼帘的名字就是叶鹰、汪冰、何佳讯，这三位是当时的情报学三少，乃我巨崇拜的偶像。范老师当年怎么写文章，叶老师没有揭发过；不过依今天范老师写博客的势头，我估计他当年写文章的方式和叶老师恰好相反。叶是先写一打标题，再刷文字，范嘛，肯定是先刷一打文章的文字，再一一构思标题，这为他今天写博客打下了良好的底子。

叶和范比起来，范是理论专家，叶是技术专家，范只要能发明出八卦图，叶就能打出太极拳。本期叶和范PK，用的就是扬长避短的战法。叶没有过多纠缠图书馆2.0的概念及其出笼史，而是和副将黄晨搞了一个技术试验，用著名开源软件Dspace直接演练起了图书馆2.0，试图用开源软件和数字图书馆核心引擎取代图书馆自动化系统，让国内外开发销售图书馆自动化系统的公司统统下岗。如果这个试验大获全胜，相信叶老师马上就会成为商家公敌、图书馆界节约英雄。至于叶能不能以他的魅力，以他的试验打败范，把范的研究变成1.0，从人们的记忆中刷新掉，请读者诸君详读《基于Dspace的Lib 2.0》。此文是本期学报的主打曲，希望大家能够喜欢。

叶老师的英文名字署的是 Fred Y. Ye，按照学报的规范，应该用汉语拼音，写成 Ye Ying，但是为了照顾叶老师的高贵品位，编辑部睁一只眼，闭一只眼，偷偷地放了他一马，为他破了个格，没有改动，相信广大读者出于对叶老师的敬爱，在这件事上是不会责怪编辑部的，包括CSSCI的老师们。叶老师文章的清样送给编辑部领导通读的时候，不知什么原因，领导删掉了他的单位地址中的"信息资源研究所"几个字，使叶老师的单位变成了简洁的"浙江大学"。我的理解是叶老师太有名了，代表的是浙江大学而不局限于图书馆、信息资源管理系或信息资源研究所。叶老师的粉丝们今后给叶老师写信，可以直接写：浙江大学佛瑞德·叶收，保准不会寄错人。

叶老师的严谨给小编留下了深刻印象。第一桩，他曾对已刊某期学报的英文摘要进行了细读，指出了若干不应有的错误，令小编汗颜。第二桩，最近有篇看不懂的来稿，小编呈送叶老师复审，叶老师为谨慎起见，又转包给对此问题有研究、有发言权的侯经川博士，两位专家最后提供的审稿意见居然有两页纸，小编还以为是对稿件进行高度评价、大力肯定，看到最后一行，结论居然是不用。对叶、侯两位老师的严谨算是领教到家了。

叶也是本刊的编委，本届编委自上任以来，做实事而不担虚名，投稿、荐稿十分踊跃，他们发扬互相PK的竞争精神，此编委一投稿上阵，另一编委就拍马对垒，为学报增了不少光添了不少彩，让编辑们乐得合不拢嘴！叶就是看到范大出风头,而主动提出要与他叫板的,希望别的编委也要如此,在比赛中彻底兴奋起来,把积极性充分调动起来。本刊已通过单枪匹马的专稿和集体烹制大餐的方式,展示了大多数编委的风采,希望还没展示的评委多多奉献大作。

本期全文推荐的另外一首主打曲是王细荣老师的《图书馆焦虑及其研究述评》。这方面的研究在国内目前好像还是空白,感觉选题比较有新意。因为是综合介绍国外的情况,所以本文的叙述策略主要采用的是掉洋书袋的方法,但是掉得合乎规范,掉得有型有派,也不失是一篇好文章。该文介绍了不少国外图书馆在研究图书馆焦虑问题上所采用的实证方法和结论,相信雨僧这样的实证方法超级崇拜者,对此文可能会有些感觉。不过在实证方法问题上,我有个小偏见,我总认为有些不用实证的常识也劳民伤财地去实证,似乎有点傻。比如,谁不知道外语和计算机知识缺乏是造成图书馆焦虑产生的两大原因,如果单纯地为验证这个绝对错不了的认识,再搞个大规模的调查来证明,岂不是太可爱了。从王老师的文章看,国外为实证而实证的事情比较多,究竟有多大意义,不敢过度恭维。当然,这只是我的一孔之见,不同意的,望多多指教。

本期还抛出了两把集束炸弹,第一把是专业教育问题,谈专业的改革和扩招。我是名校崇拜狂,最感兴趣的是发现复旦大学也在招图书馆学的硕士,在图书馆学教育方面,复旦是唯一的没有图书馆学相关院系的老牌重点综合性大学,我希望复旦图书馆这个硕士点能升格成博士点,将来上门读个博士也是不错的选择。第二把是信息素质的培养问题,几位作者从不同角度介绍了国内外图书馆的相关经验。

为向蓝天白云(叶鹰)、竹帛斋主(程焕文)两位系主任开博表示欢迎和鼓励,本期e家之言将两位的博文各选一篇,遗憾的是,选用的叶帅的那篇不够骨感,代表不了叶老师的一贯风格；选用的竹帅的那篇，应该是反映了博主的心声。资深的博客作者老槐、一飞也各有一篇入选，老槐被选的是图书馆 2.0 五定律，一飞被选的是小编比较欣赏的关于图书馆职业神长恩的发现。博文平日觉得精彩的不少，但真要往期刊上选的时候，发现可选的余地其实很小。看来，博文和纸文还是有很大的区别，博文在逻辑、语言上的瑕疵触目皆是，真要出版，转换成纸文，还需要颇费力气去斟酌加工。大家不妨想一想，为什么是这几篇而不是其他的博文被学报所选，就会理解博文和纸文的差异。

  本期学报和上海图书馆的图书馆 2.0 大会在作者和论题上有呼应和重叠之处，把学报和会议报告混搭着读，效果会更好。大会上发言的任树怀老师，在本期发表了题目新颖的论文，值得一看。小编发现，同一主题的文章，其他学刊上任老师也在发，看来是深入进去了，形成了系列。最近和上海图书馆界有了亲密接触，对华东师范大学图书情报系 20 世纪 80 年代中期研究生班那种既生瑜又生亮的氛围十分神往。

  文呀章呀，送到哪里去，送给那好学的弼书温！《大学图书馆学报》3 期新鲜上市，敬请悦读！

2006 年 6 月 2 日

人是他所读的东西

2009年春节期间,吃好喝好,脑满肠肥,为避免患上"过年痴呆症",决定来一点读书观影的文化活动治疗一下。

先拿起郑州大学崔波教授赠送的《周易文化十二讲》(吉林文史出版社,2008年12月出版)。崔老师以前在我眼里,是个执行力很强的干将,不像是坐得冷板凳的写将,但是后来不断见到他的大作,每本都有一寸多厚,彻底被雷倒了。这次又是64万字,此书是他2003年以来在郑州大学谈《周易》的讲稿,写得深入浅出,我翻了几个小时,几十页就呼啦啦过去了,文字流畅生动,十分过瘾。该书的一大特色是,别的讲《周易》的著作,基本都回避算卦,但是此书不,在反对迷信的前提下,介绍了一些简单的占卜术、相面术、风水术,饶有趣味。里边对传统文化特征之一"墙文化"的介绍,对《周易》和医学、养生关系的论述,或引起我的兴趣,或和我的研究方向有关,诱我看得十分仔细。崔老师是近几年河南省崛起的易学新秀,不仅文笔好,书写得好,而且口才甚佳,讲《周易》讲得婉转动人,就像唱豫剧。《大河报》采访过他,省干部培训中心也请他去给人民公仆演讲过。我在郑州听过一次,如痴如醉,比吃萧家烩面还得劲,学会了"亲师妹"一词。不管是公安局破案、郑州大学新校区新楼命名和功能分区、人民教师分房买房,崔老师都作为易学家、风水先生、预测师,被聘去作过顾问。要不是崔老师普通话带点河南腔,恐怕百家讲坛早就对他垂涎三尺了。

我拿到的《周易文化十二讲》是精装本,前头有6页崔老师和学界名流的合影,其中他的博士后导师、武汉大学的萧汉明教授留着板胡,很有鲁迅的派头,我曾见过一次,这次印象更深了。他的夫人、孩子也首次在公开出版物上曝光,是个很幸福的家庭,大大满足了我的好奇心。崔慕岳教授在序中引用费尔巴哈的名言:"人是他所吃的东西。"借以说明,读什么书,吃什么样的精神食粮,造就什么样的人,十分精辟。崔波老师智慧、精干,和他天天吃《周易》大有关系,《周易》可是中华传统文化中的细粮、药膳啊!

河南省社科院萧鲁阳先生曾编有《今柱下史》一书,收

录河南图书馆界"一佛八金刚"——崔慕岳、张怀涛、王国强、李景文、赵水森、刘二灿、赵长海、秦珂、崔波的学术传略。其中崔波年龄最小,学历最高,挂职过北京大学图书馆副馆长,现任郑州大学图书馆馆长,前途无量。郑州大学是一所处于上升阶段的猛校,在图书情报领域人才辈出,近几年成为各大名校挖角

掐尖的重点对象，照崔波老师的发展趋势，郑州大学可得小心了哦。

翻完《周易》文化十二讲，接着看上海图书馆刘炜老师送我的"情报研究工作丛书"5本。这套书是为迎接上海科技情报研究所成立50周年而出的，上海科技文献出版社于2008年10月第一次印刷，基本上反映了该单位在情报学研究上的最高水平。这套书印得板板正正，长得很"情报"，让学文科的人看见这样的包装，不免有些发怵。

我对情报学的感觉，有点像大姐夫看小姨子，既熟悉又陌生，还有一些偏见。后来在编辑部经常看到上海图书馆赠阅的《竞争情报》，觉得和其他刊物上的情报学文章不太一样，有很多实在的东西，对情报学增加了不少新感觉，并且知道这个杂志的主编是缪其浩老师。当我看到这套书里最厚的一本恰好就是《探索者言：缪其浩情报著作自选集》时，自然首先挑拣出来一睹为快。不料一读竟放不下，看了好几天。此书编得很有特色，极佳之处是每篇前面都有作者自己写的按语，回忆当初在什么背景下，出于什么动机和目的写作此文，并以今日之眼光检讨此文得失，评议至今还有哪些现实意义。我对这些按语极感兴趣，每篇都逐一精读，感觉是一个长者在教我治学的方法，对帮助理解正文也有很大帮助。我觉得此书非常适合正在读情报学的研究生精读，对理解20多年来情报学的发展路径、特别是竞争情报的成长过程很有帮助，就其个性和生动性而言，给人留下的印象恐怕要深于一般的教材。缪老师是情报学实践界的代表人物，十分重视提高实践界在情报学领域的话语权，他在一篇文章中说："我觉得最可怕的情景是：事业没有做好，理论倒诞生了不少；队伍散掉了，却冒出了一群名流。"此论值得情报界警醒。从该书前言了解到，缪老师开了名为"老树根新生涯"的博客，网址是：www.miaoqihao.name。缪老师计划在牛年退休了，有理由相信，他将把他学术上和管理上的牛气带到网上，打造情报学界的牛博。

该套书中的《战略情报研究与技术预见》和《国家竞争情报——是什么，为什么，如何做》也很吸引眼球，写得也不错，在我所读过的课题专著中堪称上品。我觉得情报学和目录学的共同不足是理论上议论得比较多、比较透，可是没有推出让全社会普遍认可、广泛使用的实际产品，这是很大的遗憾。如果中国知网、百度、谷歌等常用的检索和分析工具都是由情报学和目录学界搞出来，那这两个学科的重要性就不言自明。

小弟过年回家，给我带回火车上看的2009年1月22日出版的《南方周末》，相当好看。该期是年度盘点专辑，时政、法律、建筑、经济等方面的年度大事被一一点到，尤其是文化原创榜，使基本不看报、不听歌的我，知道了不少新鲜事。比如，我首次听说如今最牛的男歌手叫左小诅咒，他的专辑《你知道东方在哪一边》很受欢迎，还有一位叫小娟的，是个人气女歌手，代表专辑是《红布·绿花朵》。我老家的邻县——嵩县的阎连科老乡出了一本《风雅颂》，连克别的小说，成为年度最佳小说。据说小说的主要内容是讽刺"清燕大学"讲诗经的教授，影射北大。经不住报纸的忽悠，我一边看报，一边在网上搜索左小诅咒的成名作《野合万事兴》和《秃顶同志》，听了几句，感觉唱法比较新颖，有点像我故意装神经的时候哼的调调，但是歌词一般，算不上好诗。觉得左氏的歌，没有新近发现的 2006 年推出的反映各省家乡话的音乐专辑《英雄堂》贴近生活，我在博客上挂的就是这个专辑中的几首，倍有趣，贼喜欢。

黄集伟总结的年度语文让我几度皮笑肉不笑，差点把孩子吓着。比如"幸福定义：床上无病人，牢里无亲人，京广线上无熟人，股市里面无家人。"2008 年微型小说金奖授予《领导作风》，全文只有 11 字：领导："有发票？"小姐："有。"领导："走！"。

《出版商务周报》2008 年 12 月 28 日的"出版业改革开放 30 周年纪念特刊"令我印象深刻，该期回顾、评议过去的 30 年，基本上每年只提炼出一个人物、一个事件，最多也不超过三人三事，虽然难避片面，但容易让人记住，主线特别鲜明，效果非常好。图书馆事业的回顾远没有这样的魄力，相关刊物和《新华书目报》的动作都太小了，好创意都被怕得罪人的心理服了毓婷，回顾了几次，那眼神都柔而不毒，本想回眸成周海媚那样的，可每次都回眸成了杨钰莹那样的。真应该向出版界学习啊！

过年这几天，还抽空下载了高清的《梅兰芳》、《非诚勿扰》来看，觉得自己身处文化中心北京大学，知名的电影都不了解，相当可耻。两部电影都拍得不错，尤其是摄影，帧帧都极有美感，赏心悦目。看《梅兰芳》，中年男人黎明的稳重俊朗，熟女章子怡的风姿绰约，勾起了我的自卑，觉得下一辈子无论怎么着，也得托生成帅哥，体验一把靓人圈的生活。看完此剧，还有一个收获，是知道了很多人的 MSN 签名："来来来，我与你插，我插啊，插啊，插上这朵海棠花。"原来取自《梅兰芳》，更确切地说，是取自戏剧《游龙戏凤》（又名《梅龙镇》），一下子又特别想看看这出戏。《梅兰芳》还勾起了我对孟小冬、齐如山、冯耿光的好奇心，在网上查阅了大量资料，来了一番"深阅读"，增长了见识。

《非诚勿扰》是语言片、风景片、偶像片混合而成的喜剧片，适合于我这样的爱写、爱景、爱美人的俗人，看得很高兴。随着年龄的增长，我发现大多数电影都是中年人为中年人拍的，此时来看，更对胃口，对男人、女人的姿态、打扮、心理、语言，所理解、玩味得更加全面透彻，比以前当大男孩时有更多的观影感受。

我对文艺作品不挑剔，停留在寻求愉悦和慰藉的低层次，凡觉得换上我，绝对弄不出来的东西，都是好东西，因此对张艺谋、陈凯歌、冯小刚、韩寒等大多数名人，一律很崇拜。

一个学期不怎么写博客，像老槐一样，有些博冷淡，老槐是彻底冷淡了，我觉得一年博一次是个不错的选择，便有些看不起以前的本人，心下责问自己：那事，就那么有意思吗？

2009 年 1 月 31 日

书仆杂咏

为文偶溢书馆外,心热肠柔见深情。
珞珈山上小诗僧,未名湖畔研究僧。

大学大张嘴[①]

  1988年7月9日下午5点,最后一阵"黑风"过耳!参加高考的同学刚才还像大风压趴下的羊羔,现在纷纷抬起头来,似乎还"咩咩"地叫着,散满了校园。我从三楼考场下来,不屑参与那些"事后诸葛亮"式的讨论。径直挤出人群,在男厕所那边找到等急了的弟弟,到大河里玩耍到天黑,才浑身疲惫地回了家。

  晚上看了这多半年来的第一次电视。11点钟躺在床上,扫视我和弟弟的小黑屋:四面都是土墙,不知糊了多少层的旧报纸。报纸上我又用红纸条像集邮册那样贴成一行行,里边夹的净是写满单词的小卡片;床前是一张旧课桌,复习资料占了桌面的一大半,左上角摆着一盏塑料台灯,由于时常熬夜,灯罩已烧烤得变形,三个月前新配的一副眼镜,此刻正在灯下闪着细碎的光……看着这熟悉的一切,我被自己感动了,泪水几次涌动。

  7月10号到11号,我没有到教室里去,天天和弟弟厮混在一起,不是爬山就是到河里钓鱼。我拒绝核对标准答案,也

[①] 原载《洛阳日报》1993年8月9日第3版。

不向父母吐露半点考试的情况，这使他们非常生气。妈妈数落我说："这一个月的鸡蛋都让你白吃了。"我这才不耐烦地对她说："我压根就没打算考上，今年过线就行了。"尽管当时我们大院里除了我家，家家都有大学生，但他们都是复读后才考上。我第一年只求过线，说起来不丢人，至于录不录取倒在其次。

12号上午，班上的女学习委员拿着答案找到我家，对我说："班上就你一个人没估分了。"我接过答案，手拿铅笔，在院里小石桌边坐下，心里"噔噔噔"地跳着，押赌似地翻开了第一页。很快，语文估过了，90多分，数学也估过了，100多分……我的一腔兴奋涌到了嗓子眼，脸通红，感觉鼻子都大了。妈妈出来训导我说："谨慎些，再看看清楚。"话语里分明有点掩藏不住的高兴。

接下去的日子便是耐心地等待。我家就在中学校园，有天晚上8点多，听见窗外乱嚷嚷地，还隐约有同学相互传告的声音：分数下来了，在教育局里。妈妈拉拉我："你还不赶快去！"我屁股抬了一下又坐下，眼盯着电视，说："还是让我爸去吧。"

不出一刻钟，窗外响起锁自行车的声音，我知道是爸回来了，整颗心像一根弦，绷得更紧。"吱呀"一声，爸爸推开门，给我们每人发了一颗糖，很舒服地往床上一靠，面无表情地说："考上了，还挺高，孩他妈，明天就准备被褥吧。"

按照妈妈的安排，从第二天早上开始，我必须坚持定时跑步，以应付将来的军训。爸爸很自觉地腾出了他上大学时的大牛皮箱，拍打拍打，洗擦得油亮油亮，在门口晾晒。妈妈则在柳树下，坐上一方芦席，拥着新棉新布，真的给我缝起了被褥。老师和亲朋的笑容以空前的灿烂包围了我，我像秋天的一枚熟透了的红艳艳的柿子被举到了半空，很难想象假如突然落下会是什么情形。

录取通知到了,一只枣红色的牛皮信封,武汉大学的。

撕开信封的一端,大学大张嘴,我感觉自己"咕咚"一声被它咽了进去。心中的一块石头终于落了地。

旁观爱情

说起来惭愧,我今年二十四岁,第二根红腰带都勒旧了,还未尝到恋爱的滋味。我总是渴望"遇上一个顺水漂来的朋友",被"妹妹的光芒所击中"。可惜眼高手段低,总是抢接不住红绣球。

不过爱情无所不在,享受不到,旁观的份儿还是有的。上大学的时候,看到校园里高男配矮女,俊男配丑女,心中窃喜。倘若全中国都是如此,那留下美女给谁?岂不就是我等不丑不俊之男。谁知高兴太早。毕业后才发现,同龄的美女们或"出口"国外,或嫁了上个年龄层的丑男人。

住集体宿舍时,几个光棍们晚上甩牌,白天踢足球,玩得很带劲。可过不上一年半载,统一战线瓦解。我感到左边沉一下,右边沉一下,哥儿们从事地下活动。都被爱情的子弹击毙了。一条绳上,只剩我就像一个陪刑的人,孤零零站在刑场,那凄凉的感觉就甭提。

据我观察,哥儿们的恋爱期没有超过四个月的。一个接一个就急不可耐领了结婚证。给人一种不品滋味、囫囵吞枣的印象。可他们光领证不举行仪式,为的是理直气壮向领导要房子。据说凭现在机关的办事效率,即便提前申请,猴年马月才能批个单间下来,赶上赶不上妻子生孩子都很难说。

刚持证的小伙子,一星期难得有几夜回宿舍,不知在郊区租个什么民房凑合了,回来也是容光焕发。然而等蜜月过后,有的回来就有那么点怅然若失。感叹人生没啥意思,坐下甩牌也不再噼啪作声,不够尽兴就被闯进来的老婆拧着耳朵拎走了。

每当我看到虎虎的小伙子,一结婚就英雄变狗熊。不平衡的心态似又得到一点安慰,庆幸自己还在自由地带踱步。

谁料第二天,突然一封家书来到,满页都是母亲对我婚事的焦虑。前方不紧,后方倒先紧了。我理解母亲,因为对她来说,我就是她的产品,她作为厂家,看到自己的产品积压,销售不出去。焉有不操心之理?

话又说回来、我真的对自己的婚事不关心吗?非也。我也不想让老爸传递香火的愿望破产,我也想找回自己遗失多年的那根肋骨。

我承认,旁观爱情自有它的好处。因为那时在你眼里,每一个女人都是一座流动的花园,一株行进的植物,光邂逅就具有无限的可能性。但我仍然愿意驶入爱情的城堡。不单是好奇。我好像看到所有命名幸福的星辰都已运抵那里,我要和我一生最高的幸福所会合。

总之,我只是一个"客观独身主义者",旁观爱情是为了学会辨别爱情、理解爱情。爱情在面前,就像一潭清水,伸出真爱的一个指头就能拉我下去。其余像年龄到啦、世俗舆论都像小南风,撼耳朵易,撼我执着之心难。

——换一种说法,我又叫理想主义者。

小诗 15 首

写给远方①

将你的区间告诉我吧
没有坐标也行
我会沿着经线和纬线
到每一个村庄
每一块田野
每一顶草帽下找你

累了时我会坐一块凉荫
让过路的鸟停在肩上
想想许多年之后

---

① 这是我平生第一首变成铅字的诗,发表在武汉大学本科生刊物《大学生学刊》(文学版)1990 年第 1 期。表达了对理想和爱情的向往。

我们肯定已经熟悉
你高大的母亲其实很温柔
我们坐在小山上
为一片云争吵起来

虚构①

我们将它
想象成一场虚惊
一只花瓣中深埋的小兔
在孤独的车前横穿马路

我们将它
描绘成一场疾病
在樱花猩红肩头的春天
追怀一个桂花般芬芳的秋日

我们还可能将它
设计成一次飞翔
包括羽毛,包括呼吸
固执地沿着阳光滑行

伊人②

你怎么容忍我不紧不慢
挥霍了青春

---

① 原载《青年时代》,1994 年第 8 期。
② 原载《青年时代》,1994 年第 8 期。

还未到达你的身边
你究竟是谁呢
一路上 我在猜测着 兴奋着 害怕着

你怎么可能接受我呢
我这么难看
也不够聪明
牵着一匹意象
只会流浪
家就在鞋子里
水壶栓在腰上

你究竟是谁呢
每走过一个弯道
我都踮起脚来望了又望

喂不熟的爱情[①]

我用感情的上等小米
喂养这只来自天外的粉翅鸟
月圆之夜
看到她的声音啄破信封
愉快地跳起又落下
我是用含泪的表情强忍欢乐
多想掰开每一块石头
吐出歌声

---

① 原载《青年时代》，1992年第8期。

我知道她在成长
天鹅飞翔时
我只是收留她的善良
以爽朗的姿态为她送行
而眼泪的石头
将隆隆碾过我的肺腑

雪人①

雪人是什么时候完成的呢
这些年的哪一天
总之我堆了雪人，一个、两个、三个
我能一生记起她们的名字

雪人伫立的季节也不单是冬天
因为只要我愿意，无论什么时候
我一下就看到了她们
她们纯洁、透明、美貌、善良
世上找不到合适的喻体

今天我写到了雪人
是由于她们呈现消融的迹象
而我却无能为力
我没有说过一句话，和雪人
雪人她们，想必也读不懂我的忧伤与挽留

---

① 原载《诗歌报》，1994年第3期。

雪人在融化，在不属于我的早春里
到寒冷的中心遇见我吧
堆雪人的同命鸟，我们一脸的梦幻在皱裂

主持人①

我从台下看你
一双善良狡黠的眼睛
在你注视之下
主持人，你只顾一袭轻裙
像一只恒温的鸽子
在十一月，十一月金秋校园的舞台上
楚楚动人

我无意计算与你的距离
你站在白马歌手
和青年学者中间明眸善睐
而我所有的理由
仅在于对你一见如故
越过许多人头
我的想象之手
已和你紧紧相握

鼓掌，鼓掌
每一次歌声过后
你婷婷而出

---

① 原载《洛神》，1992年5、6合期。

我的感觉从麻木中激活
在你面前，我俨然如傀儡
一个好傀儡
你的每一丝变化
都剧烈牵动我的心

枫叶落下几度
我才如愿迎娶你
感谢诗歌，与一切有效的殷勤
你成为一个陌生家庭的主持人
在公公和婆婆
丈夫和职业之间
绕来绕去

此刻正在回家的路上
我一直靠左行走
这是你曾经赞赏的细节
耳边突然响起掌声
回想上帝的赐予我感激不已
而可爱的公主你已不在年轻
身怀爱子，在十一月
披上我过于沉重的军大衣

君①

寂静 步行 黑暗

---

① 1993年写于洛阳工学院图书馆，后经河南大学中文系张俊山教授推荐，发表在台湾《新陆现代诗志》总第10期，1993年6月出版。

是谁的脸庞挂在树梢
恰巧被我发现 让我感动
普遍的皎洁撒下个人的忧伤

入夜 渡水卷起裤腿
太熟悉的水声让我伫立岸边
桨声灯影处 依次零乱的有月亮 有浮萍
碎步撤退的喧嚣 音质渐响的心跳
拨开芦苇花倒向一边 突然上岸 君
脸挂多年前的英俊 多年来的成熟
不变的朴素和狡黠
让我望尽了思念之水

君啊君 可我点亮一支蜡烛也看不清你
努力说话却走不近你
岁月和生活加入了相聚 使今夜
握手不像握手 拥抱不像拥抱

水仙花[①]

早春里,在万木争春的城市
找到一枝水仙花是容易的
她们在向隅之处
在牡丹和玫瑰罕至的地方
她们的话语只与根听
双眼停泊自己的倒影

---

① 写于1993年10月16日,洛阳工学院。

水仙花们面容清癯
体态修长 雾一般不散的梦幻
隔开了真实的阳光
水气中婷婷的水仙花
你们饿瘦了自己 关闭了爱情
固守热闹的背面是否很冷？

早春里，找到一枝水仙花是容易的
看看我们的大街小巷
那些年轻的 孤独的身影
寂寞的脸孔
城市里的一杯凉水便养育了他们

蛛网[①]

在雨后或者傍晚
当我在庭院中抬头
蜘蛛啊，你这空中的农民
不声不响，就把梯田修到了我的眼前

你精心编织着田畦
你屋檐下不折不扣的劳动
会使我突然想起乡下
也许父兄正身着粗蓝
把一声一声紧凑的锄音
砸进暮色里寂静的山岗

---

① 写于1994年8月26日，洛阳工学院。

蛛网呀，梯田呀
你们在我的注视中变得亲近 模糊
像两颗眼泪撞在了一块

而轻盈的蛛网
从此你成为我贴身的一架准星
让我瞄准生活中抬头的奢望
将它们一一击毙

生命之轻[①]

像露水钻进石头
比眼泪还小的微笑
在我眨眼时
过而无痕

我已无法等待结束
跌落枝头的霎那
也没有一粒草籽
让我在水面上
随波飘流

我只有无限瘦削
在触水之前化成一片薄纸
被紫色的风送往高空

[①] 原载《诗神》，1993年第2期。

而门坎的滋味已割烂鼻尖

甜甜地

弄坏我的味蕾

我软弱无力

在大风中倾斜

双腿不住地换行

作为纸

我扁平的喉咙沙哑

皮肤由白变黑

又变白时

已是灰烬

一堆火

随便在路上

拦截了我

燕子[①]

几乎每一道阳光

都投下一只铁锚

箭头一样的铁锚

好铁打就的燕子

在空中上上下下

打探着春天的深浅

---

① 原载《诗歌报》,1993 年第 9 期。

倾身飞入人们的仰望
燕子起伏　飘扬
带来了春天的荡漾
和流动。看到这么多铁锚
有序地垂下天空
太阳船稳稳地停在上方
世界犹如沉居水底
人们舒心劳动　与蜂共舞
歌谣的气泡嘟嘟地上升

铁锚滑行
最后钩住百姓家的屋檐
在乡亲的头上进进出出
这日神的使者 三月的客人
燕子　故乡由你布满了吉祥

院子里晾着硬壳书[①]

早上阳光明朗
我们搬出硬壳书
翻开，晾在竹席上
院子里洒满了星星
那些奇妙的文字
像焊条下的蓝火花
弄疼了我们
脆弱的眼睛

---

① 原载《中国校园文学》，1992年第11期。

可我们的耳朵张开着,谁

翻身的声音如此诱人

隔着眼皮

我们仍然看到了火红的大胡子

雪亮的鹅毛笔

燕妮穿过客厅

一叠白纸放在德国家具上

而在席子的另一端

孔子匆匆经过鲁国

正为一件小事而演讲

安徒生站在麦田里

为全世界的儿童分发干粮……

整个上午

我为院子里的事情目惊口呆

走动的时候放慢脚步

闭紧嘴巴

害怕呼吸的骚扰

湖北佬[①]

题记:在湖北,有"天上九头鸟,地上湖北佬"的说法,喻湖北人精明能干。

爸爸拍拍我卷曲的头发

---

① 原载《飞天》,1990年第11期。

说你向南吵
我说有的问题

屈原在这里登岸下岸
李白和孟浩然也曾跑到这里分手
小乔的郎君到此出差
被茅庐毕业的整蛊专家——黄硕的老公教得够坏
赤壁旁架起风火大锅
生生把八十万同胞
涮成了"三国牌"水煮肉
曹孟德大喊一声：骇老子！
就逃到了让领导同志先走的华容道

一只姓黄的宠物鹤
驮着它的主人飞走了
留下一处无主楼产
像湖眼眼上一根金色的睫毛

这里的方言也很秀逗
陈小夫要上街买双鞋子
偏偏要说：上垓买双孩子
程小文给柯小平的裤腰里塞了条泥鳅
柯小平挥拳骂道：你个巴毛！
张大藕给李小莲的头发里放了个虱子
李小莲粗声恶气：你个婊子养的！

就到这儿哈
我停下脚步

爸爸满意地点头

杂史说原先是一片芦苇
湖北佬捕鱼捉虾
时常还有一窝鹌鹑蛋下酒
九头鸟在头顶和太阳之间飞翔
恐龙的骨架上长着七彩的羽毛
他用一头观察敌人
两头寻找食物
三头恋爱
三头照看人类

湖北佬看看天上
低头改编自己
他们生产　经商　克制战争
一些年之后
芦苇间人丁兴旺
小舟上坐着如水的女人
草原上的君王慕名而来
王昭君在历史上袅袅婷婷
二百名将军走出叫作红安的小镇

我到蓝色的琉璃瓦下读书
暗觉肩上正在长头
有机会到"武汉造"丹炉里
过一过真火
浇一浇梅雨
敷一敷高等教育的面膜

火眼渐渐金睛起来
皮肤悄悄白皙起来

天上九头鸟
地上我是
半个湖北佬

大学，大学①

在即得的幸运
和迎面的未知之间
我们进入一个
多节的花间走廊
学科的花盆到此荟萃
一万种奇葩
在园丁的讲坛下竞相绽放

花海无涯
空气和泥土濡染生香
学生们翔游其间
留下鱼或者鸟的轻灵
进取浪漫　姿态优雅
标点经过不同的距离
成为桥墩
文字横贯其上
我们的脚印　重叠其上

---

① 原载《飞天》，1992年第1期。

色彩丰富的校园
校长以多种角色
生活在我们中间
也许于某一天早晨
敲开某一扇门
五六个懒虫像被揭掉屋顶
在和蔼的目光下
尴尬异常　　温暖异常

你看不到那些走远的大师
他们化为树叶
一年一度扑簌满地
落叶纷披的小道上
时常有学生手持典籍
争执遗留的问题
而先哲们不语
在石头和草间
摇头或颔首

而我们注定走出花地
最后一道篱笆悄然敞开
阳光在花园口外
闪闪烁烁
我们开始满含热泪
用酒湿润门槛
挥一挥手
不带走一片云彩

江汉平原[1]

整个平原　到处都是挥汗的亲人
他们饱吸阳光　面色红润
在水稻的倒影之间坚韧地劳作
因为没有山　晴天无限贴近大地
女人、孩子们隔着庄稼
把一口一口的笑声
抛给弯腰收割的兄弟

从一块田里　你能闻到
鱼和水稻两种气息
我们的姊妹泥腿儿插秧
皓腕儿摸鱼　她们都有
米粒一样的牙齿　身体
藕一样裹在谷壳般朴素的短衣里

在我们平原　双橹小舟挨着老墙
父亲坐在窗口垂钓
母亲浇灌炊烟的大树
一头水牛拱破涟漪
满屋米酒　使鸡群、鹅群
悠然踱过场院 打亮香香的午啼

鸭蛋的小路弯弯伸进芦苇
棉花一摘　温暖的冬天

---

[1]　原载《飞天》，1992年第5期

就吆喝着想象飘来了
红苕、花生　这些自家种植的果实
熟透在祖母和孙子围着的火炉
那是渴盼已久的好时光

作为家乡　江汉平原是一味中药
乡人李时珍用它医治相思
作为男子　我们怀揣香囊
出外打拼　想念荷呀、莲呀
这些漂在水面的名字

湖广熟　天下足
当家乡的谷芒穿透报纸
整个中国的餐桌都丰盛了
我们身处异乡　只能
借一首民歌 拨亮喑哑的喉
打一辆梦的麻木（摩的）　月夜潜回
湖汊两岸宁静的村庄

作为书评家的萧乾[①]

谈及萧乾先生,冰心老人说:"他是个多才多艺的人,在文学创作上,他是个多面手,他会创作,会翻译,会评论,会报导……像他这样的,什么都来一手的作家,在现代文坛上,是罕见的"[②]。诗人邹荻帆也说:"萧乾先生是一个博学有才能的多面手,使我联想到千手佛。"[③] 的确,萧乾是一位多栖且各方面皆有成就的大家,不管是他创作的小说《梦之谷》,新闻特写《人生采访》,回忆录《负笈剑桥》和《未带地图的旅人》,还是他翻译的《好兵帅克》、《尤利西斯》等,都是享誉文坛的佳作。萧乾作品的丰富性使他在人们的心目中也是个不定型的人。在相识的人眼里,他是个面团团脸,脸上永远挂着

---

① 此文原为《萧乾书评理论与实践》(孟昭晋、王波编,河北教育出版社,1999年)一书的序。

② 引自冰心《再写萧乾》,见《萧乾文学生涯六十年》,鹭江出版社1995年版,第25页。

③ 引自邹荻帆《千手佛的一指》,鹭江出版社1995年版,第38页。

孩子般微笑的"弥勒佛"。而在读者眼里,他一会儿是个风流倜傥、英武潇洒,采访二战时欧洲战场的名记者;一会儿是个浪迹天涯、漂泊无定、为爱所困、为情所累的弱少年;一会儿是个游历剑桥、浪漫饱学的翩翩学子;一会儿又是个学贯中西、表情严肃,也许还像傅雷那样叼着个烟斗的翻译家……萧乾的一生是善于用天赋、辛勤和毅力,不断创造高峰、制造传奇的一生。当新的高峰叠起,便遮住了我们凝望他前一个高峰的视野。今天,当我们更多地为萧乾先生在小说创作、新闻报道、名著翻译方面所达到的高度吸引时,如果我们能翻越这些群峰,梳理一下萧乾在书评方面的贡献,我们还可以发现——他是一位卓有建树,在中国书评史上起着开拓、奠基作用的地位崇高的书评家。

萧乾的书评观

一、萧乾的书评理论著述

和其他书评家比较,萧乾的书评活动有非常鲜明的个人特色。别的书评家不少是单纯的书评作者,不多重视书评的理论研究,像李健吾、常风、冯亦代等,主要以写作书评奠定自己在书评界的地位。而萧乾则在书评事业的建设中扮演了书评倡导者、研究者、写作者、编辑者、组织者等多重角色,就书评活动的全面性、丰富性而言可谓独步书评界,是知行合一的书评家。

萧乾的书评活动还具有明显的阶段性。1934—1935年,他专注于书评理论探索,完成了毕业论文《书评研究》,1935—1949年,五度主持《大公报》副刊期间,他对书评事业的贡献是在报纸上大力倡导书评,不惮辛劳培养组织了我国第一批职业书评队伍,编发了大量书评,掀起了中国现代书评史上几次规模较大的书评热潮。解放以后，尤其是改革开放以来，他的书评活动则转向于书评写作，发表了大量优秀的书评，同时不失时机地为书评事业鼓与呼。

萧乾书评活动的这种先理论后实践的特点，使得我们研究萧乾对书评事业的贡献，首先要从他最早的理论著述《书评研究》开始。

《书评研究》是萧乾的第一本书。回忆该书的写作和出版经过，萧乾写道："距今50多个春秋，也即是1934—1935年。我忽然心血来潮，对书评感起兴趣。恰好那时我需要交一篇毕业论文。身在新闻系而心在文学系的我，就找了跨在两系之间的边缘题目：书评研究。开头，我挑上它还只不过是为过关。可是钻进去以后，我发现它并不仅仅是报刊上偶尔设置的一个栏目，而是现代文化这巨厦一根不可或缺的梁柱。"① "当时我是靠卖稿来交学费并维持生活的。以前，每月都写上篇把小说，《大公报·文艺》编者沈从文先生就保证我起码每月二十元的收入。动手写论文后，没时间写小说了，我就从论文中选一些片段（如《平衡的心》）先在报上发表。这样也可以听到先辈作家（如朱光潜先生）的意见。"② "论文写完之后，一份交到学校，另一份就由郑振铎先生转给商务印书馆，并于同年（1935年）11月出版。《篱下集》是次年问世的。所以《书评研究》才真正是我的第一本书。"③

由萧乾的回忆可见，《书评研究》虽然是心血来潮选的题，但却非心血来潮之作。给名师主持的报纸投稿的责任感以及对书评重要性越来越深入的认识，使得他把一年的时间和精

---

① 引自《未完成的梦》，见《书评面面观》，人民日报出版社1989年版，第1页。
② 引自《我与书评》，见《八十自省》，上海文艺出版社1991年版，第279页。
③ 引自《我与书评》，见《八十自省》，上海文艺出版社1991年版，第280页。

力全部投到了这本书的写作。

《书评研究》洋洋七万余言,以今天的眼光看,它有五大特色。①首创了一个合理的体系结构。全书共分七章二十八节,各章节数不等。第一章为"序论",讲书评在中国的萌芽、书评与文学批评的区别以及书评的发展趋势。第二章为"书评家",讲书评家必须具备的素养。第三章为"阅读的艺术",讲怎样理解和阐释作品。第四章为"批评的准绳",讲评判图书优劣的基本依据。第五章为"批评的艺术",讲书评的技巧。第六章为"书评写作",分析了书评标题、开头、结尾等的常见写法及格式。第七章为"书评与读书界",讲书评与作者、出版商、图书馆、读者以及书评家的关系。这个体系结构周到严谨,又不囿于一般理论著作常见的以"概论——历史——方法"顺序次第展开的惯例,将书评活动主体——书评家作为研究起点,易激发起读者的兴趣。②树立了以散文笔法写学术文章的成功范例。全书观点精辟,行文流畅,文采飞扬,警言佳句迭出,读来有一气呵成之感,全无理论文章常有的以生涩艰深为荣的做作僵硬。③自觉地以辩证分析为主要的研究方法。书中列举了中外大量有关书评的典型、生动、有趣的正反例,引导读者在亲身比较中辨别优劣,认清是非。④理论与实践相结合,实用性强。书中理论章节紧扣现实,不故弄玄虚。而且还特辟"书评写作"实践专章,作者耐心地分析总结出七大类三十一种书评开头方法,六大类十二种书评结尾方法,对实践颇有启发、指导作用。⑤起点高,经得起时间考验。该书虽然形成于1930年代,但由于萧乾在燕京大学接受的是西方式教育,他在书中参考引用的大多是英文文献,是以英美当时的书评研究成果为再研究的基础。而中国与英美在书评发展水平上本来有几十年的差距,这就使萧乾的研究显得起点高,资料丰富,时至今日仍具有参考价值、现实意义。

建国以后，由于错误政治运动的干扰，文化一度衰微，书评工作较长时间没有得到真正重视，《书评研究》也淹于尘埃，被人遗忘。直到1980年代初，文化复苏，读书界创建书评学的呼声渐起。学者们到图书馆溯源寻根，才惊异地发现早在五十年前，萧乾先生就写出了这么一本见解精深的书评学专著，并给予它极高的评价。上海书评家葛昆元断定，《书评研究》的出版结束了中国长达数千年没有书评理论专著的历史，它是中国书评研究的开创之作、奠基之作。随着"书评学概论"作为一门课程进入大学讲堂，不少大学生、研究生也接触到了《书评研究》，对其更是赞叹不已，因为论字数和质量，萧乾的这篇学士论文都达到了相当高的水平。《书评研究》在一片赞誉声中又重印四次，第一次在1984年，节选入《萧乾选集》第四卷；第二次在1988年，节选入《怎样写书评》；第三次在1989年，被全文编入《书评面面观》；第四次在1990年，台湾商务印书馆以《书评研究》原名又印了一版。萧乾作为书评家的一面终于昭示于世人，得到社会的广泛承认，这是令萧乾本人和当年活跃在《大公报》副刊上的书评界同仁都深感欣慰的。

《书评研究》的写作使萧乾在心中打下了牢固的书评情结，振兴中国的书评事业从此成了他一生挥之不去的梦想。在随后漫长的岁月里，他躬行实践，为书评事业的建设做了大量工作，当然也少不了又撰写一些文章，来修正和发展《书评研究》中的某些观点。根据现有资料整理，萧乾继《书评研究》之后，论到书评的文章大致有五种类型。第一类是他在《大公报》任副刊编辑期间所写的"答辞"和"编后记"，共七则。第二类是他与其他书评家的通信，有1930年代致宗珏的一封，1980年代致葛昆元的七封。第三类是序言，有《未完成的梦》（《书评面面观》序）。《一个乐观主义者的独白》（《萧乾选集〉序)。第四类是回忆文章,有《我与书评》、《关于〈书评研究〉——我的第一本书》、《一个副刊编者的自白》、《我当过文学保姆——七年报纸文艺副刊编辑的甘与苦》、《鱼饵·论坛·阵地——记1935至1939年〈大公报·文艺〉》、《我的出版生涯》。第五类是答记者问和祝词,有《抚今追昔话书评——萧乾先生访谈录》、《祝愿〈书讯报书评增刊〉之余》。

这些文章中提出的新见解跟《书评研究》的观点融汇在一起,形成了萧乾完整的书评思想体系。这个体系以《书评研究》的体系为核心框架,但又大于优于那个体系,比之更丰富、更科学。在本书中,萧乾《书评研究》之外论书评的文章,被编者统一拟名为"书评散论"。

二、萧乾的书评思想体系

关于书评的定义

概念辨析是理论著作的先导。萧乾给书评下的定义是:书评,一种为一般读者所写的一般书籍的批评。萧乾认为书评和文艺批评的区别就在于面向对象的区别。面向作者,目的是为了纠正作者的创作偏向和误区,供作者参考的评论是文艺批评。面向读者,目的是指导大众购书和阅读的评论是书评。书评既然是为大众的,那它就不能一味瞄准高深书籍,写成论文模样,而应该是简单明白的、为一般读者所写的一般书籍的批评。这个定义把书评由古代文士们卖弄学问、附庸风雅的文字变为服务性的平民读书的顾问,变为文化普及的工具,这是一种崭新的进步的书评观。它为萧乾的整个书评思想都定下了进步的基调。

关于书评的性质

萧乾没有集中论述过书评的性质,这方面的论断散见于不同的文章。概言之,他认为书评有三种特性。

1. 客观性。萧乾把客观性作为书评跟非书评的本质区别。

认为书评一旦失之客观，也就沦为闲话、偏见或广告，不能再称之为书评了。书评的客观性应该体现在书评产生的全过程：书评家分析作品时要全面理解，下结论时要慎重、实事求是，编辑编发书评时要坚持"持论公允，不偏不倚"的取舍原则等。客观性是书评的生命线，是让读者对书评产生信任的保障，书评界对此必须时刻给予足够重视。

2. 新闻性。在萧乾看来，书评家和文艺批评家的重要区别之一，就在于书评家不可能像文艺批评家那么风雅，"可以由书橱底层抽出一本18世纪末叶的杰作，在百余年内多少聪明人的评论上，再申述一下自己更聪明的意见。"① 书评家的用武之地是新书和流行书。那么，书评的对象既然为新书，就必然带有新闻性。因为新书中的新观点、新材料甚至作者和主人公，某种程度上都具有新闻价值。但是萧乾坚决不赞成西方新闻出版界把书评的新闻性肆意加以夸大、渲染的那一套作法，反对西方书评家"以写凶杀案的本事来写书籍新闻"② 的态度，认为那样将使书评家误入歧途，丧失书评的尊严。

3. 服务性。萧乾曾明确指出，书评是对图书实用性的批评，"它不是专备后人辑入'文选'中的论文"③，它"已逐渐具有当代的服务性了。"④ 萧乾在《大公报》上开辟书评专栏时也表示："我们要竭尽全力为大众服务。我们希望每周的新书杂志，读者全能在本刊上寻到点批评，一点意见。庸常的，我们劝他不必买；劣制的，我们劝他不可看；优秀的，我们促

---

① 引自《书评研究》，见《书评面面观》，人民日报出版社1989年版，第16页。

② 引自《书评研究》，见《书评面面观》，人民日报出版社1989年版，第14页。

③ 引自《两种心灵的活动》，见《萧乾选集》第4卷，四川人民出版社1984年版，第56页。

④ 引自《两种心灵的活动》，见《萧乾选集》第4卷，四川人民出版社1984年版，第56页。

他即刻读。"① 萧乾还用形象的语言,把书评比喻为"文化的保镖"、"读者的顾问"、"文化的镜子、筛子和轮子"等,归根结底,书评就是要服务于读者,服务于文化,服务于社会。可以说,服务性是萧乾书评活动的基本立场,是他眼中的书评的出发点和归宿。

关于书评的功能

萧乾对于书评的功能,有时直接论述,有时通过论述书评家的作用来间接论述,他认为书评有四大功能。

1. 纯洁文化功能。萧乾说,书评家"像个中古的骑士,他毛遂自荐地要保文化的镖,不使它为劣品所腐蚀。"② "在出版事业上,书评家是代表读者的鉴定者,是文化生产的监督人。他的责任在于制止劣品的发行,奖励那些裨益读者的出版物。它(指书评)像个滤斗,书评家精细地滤去出版物的渣滓,使只有健康的、正确的、美的才与读者接近。"③ 他还说,书评"是好书的宣传员解说员,是坏书的闸门"④,是"文化的筛子"。书评正是通过对坏书的淘汰、声讨、抵制和拒斥,对好书的欢迎、赞誉、宣扬和推荐,来起到纯洁文化的作用。

2. 文化咨询功能。萧乾比喻书评是"读者的顾问,出版界的御史"⑤,同"保险业设立咨询站,计划生育设立咨询站"⑥一样,书评是出版业的咨询站。书评指导大众购书和读

---

① 引自《园例与计划》,见《红毛长谈》,台声出版社1990年版,第239页。
② 引自《书评研究》,见《书评面面观》,人民日报出版社1989年版,第19页。
③ 引自《园例与计划》,见《红毛长谈》,台声出版社1990年版,第238页。
④ 引自《鱼饵、论坛、阵地》,见《怎样写书评》,同济大学出版社1986年版,第127页。
⑤ 引自《鱼饵、论坛、阵地》,见《怎样写书评》,同济大学出版社1986年版,第127页。
⑥ 引自《未完成的梦》,见《书评面面观》,人民日报出版社1989年版,第1页。

书，是广大读者学习文化的"哨兵和向导"。

3. 文化交流功能。萧乾认为书评家还应该是"文化交流的使者"，通过介绍、评价异域及不同种文化的书籍，使地区间、国家间，甚至不同种文化圈之间展开文化交流。萧乾本人就身体力行，经常为外国作家、港台作家和海外华裔作家的作品写书评，在两岸和中外文化交流中做出过突出贡献。

4. 文化推动功能。萧乾指出，书评对文化不仅能起到过滤作用，更重要的是能起到推动作用。他形象地称书评是"文化的轮子"，书评家是"文化的保姆"，书评家通过写肯定性、建设性的书评，激励和指导作者向更远大的目标奋进，帮助读者提高知识水平，从而推动文化不断地向前发展。

关于书评家的素质

萧乾十分重视书评家的素质问题，把书评家的素质放在《书评研究》序论之后的第一章来论述。他认为书评家应具备四种素质。

1. 平衡心态。在萧乾看来，书评家不应是在情感和理智之间荡秋千的孩子，忽儿倾向理智，忽儿倾向情感，相反，他应该是个在两者之间走钢丝的行家。一方面，他须是个爱书的人，一个天生敏感的人。"在书本里，他能真切地看到书中英雄的风采，明白他的心地，觉出他的气概来。当一个恶棍被捉杀了时，他能感到痛快，但遇到英雄陷在深围里，困在矛盾的心境中时，他也能感到苦闷。他为真实的幽默预备了畅怀的笑，也能被崇高伟大屏住呼吸。"① 另一方面，他还应是一个聪明的怀疑者，"台上的小生唱工绝妙时，他能忘情地享受；

---

① 引自《书评研究》，见《书评面面观》，人民日报出版社1989年版，第20页

而遇到那小生做工不妥的地方，他仍能即刻看破马脚。"① 萧乾认为平衡心是书评家最基本、最可贵的品质，只有怀着一颗平衡心，书评家才可能健康地欣赏而不为情感所惑，才可能公正地评价而不为个人好恶所左右。癫狂的书迷不是书评家，毫无情趣的人也不是书评家，书评家是有情感而且能统驭情感，在艺术价值判断上公正得像法官那样的人。

2. 知识与品味。萧乾认为，具有了平衡心而又爱书的人，可以向书评之路张望了。但要真正走上这条路，还应具有较高的知识与品味，即良好的文化素养。因为评论在某种程度上就是判断和排座次，离开了评判的标准和衡器寸步难行。那么什么是书评家的衡器呢？萧乾写道："武术也许能传，但这批评的衡度器却没有人能代造。制造这工具的原料必须是知识和品味。"② 那么又该怎样提高文化素养呢？萧乾指出了三种方法：第一，勤读书。"一个系统地读着书的人，天天都像在爬竿"③，读书越多，视野越宽，鉴赏水平愈高，对书的判断也更准确。第二，接触、了解尽可能多的艺术门类和学科。各类艺术、各门学科之间本是相通的，书评家惟具有广阔的知识面，具有良好的知识结构，对所评之书才能更深入地理解和鉴赏，减少因无知而错判的失误。第三，关注现实，学习社会知识。每本书都有其文本的价值和现实的价值，死抱书本，脑子里只有静止知识的书评家，是认识不到一本书的现实意义的。一个优秀的书评家，还应该关注现实，具有进步的社会发展的知识，能够敏锐地观察到一部书干预社会的力量和价值，并给予恰当的评价。

---

① 引自《书评研究》，见《书评面面观》，人民日报出版社 1989 年版，第 20 页。
② 引自《书评研究》，见《书评面面观》人民日报出版社 1989 年版，第 22 页。
③ 引自《书评研究》，见《书评面面观》人民日报出版社 1989 年版，第 22 页。

3. 正直人格。萧乾承认，书评家不是超人，所以在主张、见解上偶有偏见是难免的，但偏见因着不同的动机而有不同的性质。萧乾将偏见分为"无意识的偏见"和"有意识的偏见"，前者是不自觉的，还可以原谅，后者则是心术不正，昧着良心说话，是别有用心的。"有意识的偏见"反映在书评上有种种表现形式：一种是势利书评。对大人物的作品无原则地恭维赞誉，对小人物的作品严厉刻薄；对畅销书评了又评，对有价值但名声小的著作视而不见；对朋友、熟人的书过份褒扬，对陌生作者的书肆意挑刺、吹毛求疵。一种是棒杀式书评。专喜欢在大家同声赞誉的名作上当头一棒，以追杀名作、哗众取宠为能事；以用词偏激、抓一点不顾其余为痛快；自视为文化爆破手，好坏作品一齐轰炸，实际上是无聊的虚无主义者、投机分子。还有一种是揭秘书评。不就书论书，而喜欢打探作者隐私，臆猜书中人物的现实原型，把书评写成了作者隐私的大揭秘，甚至写成了人身攻击的檄文。最后一种是好人书评。通篇多是好话，说起缺点来吞吞吐吐，有时偶尔"指出一个确实的毛病，又忙用一句空的好话掩盖起来。在煞尾还直向作者道歉，声明自己并没有恶意。"[①] 萧乾认为这些不良书评产生的根源尽在于书评作者做人的格调不高，缺乏诚恳公正等美德。萧乾说："书评家需要什么态度呢？他只需要人的态度——一个好人，正直，有心肝的人的态度。生活和工作没有分开的可能。一个生性刻薄奸诈的人为商必卖日货，从军必开小差，写书评也无法不冤枉作家委曲作品。"[②]

4. 阅读艺术。书评家既然要赶在读者之前读完新书，并

[①] 引自《书评研究》，见《书评面面观》，人民日报出版社1989年版，第27页。

[②] 引自《书评研究》，见《书评面面观》，人民日报出版社1989年版，第28页。

尽可能快地把正确的意见传达给读者，不掌握一些阅读的理论和艺术是难当此重任的。萧乾因而在《书评研究》中专设一章讲"阅读的艺术"。萧乾首先介绍了西方的"经验库"理论。该理论认为，人人头脑里都有一个经验库，如果将其比作"银行"的话，作品就是"支票"。一部作品的好坏，就看它能使作者从经验库里汇兑出多少经验，书评家的工作即是先拿作品汇兑自己的经验，检验其汇兑力，然后通过诠释、评价，使读者在接触到作品时能汇兑出更多的经验。接着，萧乾借鉴西方关于阅读的研究成果，指出阅读的过程遵循四个步骤：认识——整理——诠释——批评。其中认识是捕捉作品主要特色，整理是将特色分类、系统化，诠释是书评家用自己的语言说明作者的意向，批评是判定作品的优缺点。萧乾认为，影响阅读的因素很多，有心理素质、生理素质、教育程度、阅历和习惯等，书评家要提高阅读的效率和质量，就应该注意在这几方面改善和优化自身。

关于书评的标准

书评家在撰写书评之前，头脑里要不要先树立起一个评判的标杆，拉起一道评判的准绳呢？萧乾说，标准还是需要的，但必须灵活。否则像古典戏剧批评家严守戏剧在情节、时间、地点三方面必须保持完整一致的"三一律"那样，只能使书评的难绳成为损害天才的毒物。萧乾提出了三个标准供书评家们借鉴。①美。萧乾认为严格仿真不是美，短暂的愉快也不是美，美是用艺术的"格局"把艺术的"想象"组织起来。美有三层境界，第一层是恒久的愉快，第二层是"庄严与恢谐的组合"，第三层是超乎愉快和苦痛的"宇宙的感情"。越是优秀的著作，所表达的美的境界就愈高。②艺术与道德。萧乾广征博引，分析了"艺术至上"论和"为人生而艺术"论各自的片面性，指出书评家在评论作品时，既要顾及到作品的艺术性,还要注意作品的道德倾向。萧乾说:"书评家不该是个卫道者。他不应勒令作者如何写作。但一个全然不顾社会健康的标准是不妥的。除非作品不出版,否则他即是把一件个人的东西公诸大众了。他纵使没有义务顾及作品在社会的影响,评者却有理由考察它客观的健全性。"① 萧乾还提醒书评家,"一本以不道德事实为主题的书,与一本不道德的书显然不同",②"因为作品描写到忌讳的题材而责难作者是不公正的。"③ 他认为一本书的道德与否不在于它的个别片断本身,而在于这些片断在全书中的适宜性与必要性。③流行与不朽。萧乾认为伟大的作品都是雅俗共赏、传之久远的,流行和不朽并非天生矛盾。问题是流行作品大量滋生,普遍地媚俗、浮浅、潦草的现状,使不朽的作品愈加少见。虽然,"流传的广遍和长久,本身算不得批评的可靠准绳,"④ 但在这流行作品满天飞,传世之作难觅的时代,能否经得起时间的考验,也应作为评价作品的一个重要标准。

关于书评的艺术

萧乾认为"一部用伟大心胸写出来的作品是需要另一个伟大的心胸来体会的。想象的组合体也只有富于想象的读者能享受其中的声色意象。在感觉上比创作家迟钝的评者是不配从事批评的。"⑤ 书评家同作家一样要有艺术的心灵、艺术的气质,要用艺术的方法和笔触架起书与读者的桥梁。萧乾在《书评研

---

① 引自《书评研究》,见《书评面面观》,人民日报出版社 1989 年版,第 44 页。
② 引自《书评研究》,见《书评面面观》,人民日报出版社 1989 年版,第 45 页。
③ 引自《书评研究》,见《书评面面观》,人民日报出版社 1989 年版,第 45 页。
④ 引自《书评研究》,见《书评面面观》,人民日报出版社 1989 年版,第 48 页。
⑤ 引自《书评研究》,见《书评面面观》,人民日报出版社 1989 年版,第 49 页。

究》中提出了三点对书评家提高批评艺术有益的建议。①批评在发展过程中已形成了三种流派：印象派、诠释派和裁判派。印象派从欣赏出发，把批评作为一种"心灵的探险"，侧重以个人的主观反应来评论作品，但缺点是易把书评写成无关主题的散文诗，甚至写成闲话。印象派以女性书评家居多。诠释派是把批评视为分类和解剖的工作，一面拿着手术刀，一面用数学家的严谨详细考察作者创作时的心情和思路。诠释派幻想以零度的感情，客观地把作品的一切含蓄变为明显，赤裸裸地呈示于读者。裁判派则武断得多，喜欢用某种艺术的标准、道德的标准，给作品定性，指出它是好书还是坏书。裁判派书评家以责任感和使命感自夸，他们认为书评家的任务就是"辨识并传播世上最好的作品"①。那么，"在这些主张分歧的派别中，书评家应该参加哪派呢？"，萧乾说："最自然的是随他自己的倾向。"② 人的性格各异，情感多于理智的可加入印象派，理智多于情感的可加入诠释派或裁判派。若是硬性加入一个与自己本性不符的派别，则很难把事情做好。但是，萧乾又指出，"更为理想的是兼有各派的特长，而摒弃各派的偏见"，"一个明达的书评家宜摒弃成见，时刻尽量应用各派的方法，企图由原书发掘更多的价值。"③ ②要树立正确的审美态度。萧乾认为"美不是为满足某种生理欲望的愉快经验"④，正确的审美态度要求评者第一要放弃一切功利的念头，将想象完全投入作品，物我两忘，与欣赏对象打成一片，然后美的感觉才能体味出来。第二，"统一性是艺术的重要成分"⑤，评论者对作品要全面、有机地去欣赏。萧乾引用法国画家米勒的话说："画家

---

① 引自《书评研究》，见《书评面面观》，人民日报出版社1989年版，第56页。
② 引自《书评研究》，见《书评面面观》，人民日报出版社1989年版，第57页。
③ 引自《书评研究》，见《书评面面观》，人民日报出版社1989年版，第57页。
④ 引自《书评研究》，见《书评面面观》，人民日报出版社1989年版，第58页。
⑤ 引自《书评研究》，见《书评面面观》，人民日报出版社1989年版，第58页。

不可视羊群为几十只动物的聚集。他必须把它们看作是一只多足的庞大兽物在蠕动着。而且他也必须这样下笔画。"① 看画的、评画的人也必须如此。③一切书籍都是内容和形式、表现和主题的统一。书评家在评论作品时，要全面地批评，既要评到内容又要评到形式。但是由于文体不同，作品的表现形式有较大的差异，比如诗歌，有大量的拟人、通感、夸张、词性转换等手法，书评家对此应具备一定的知识，否则错误地搞起文法较正，拿小说或散文的语言来衡量诗歌语言，那是会贻笑大方的。萧乾认为一部作品总有其可取的地方，要么好在表现，要么好在主题，书评家既要敢于否定，又要善于肯定。

关于书评写法

萧乾在《书评研究》中分析了英美和国内书评报刊上的大量书评，对书评的标题、格式、小标题、开端、结尾以及什么是理想的书评等都有精细的研究。①标题。萧乾通过比较发现，中国的书评标题中大都含有原书名，只是在原书名的前面冠上"读"、"评"、"论"一类的字样，显得单调、公式化、无生气。而西方书评的标题基本都抛开了原书名，把评者对原书最重要的看法浓缩为一句话作为标题。这句话可以庄重，可以幽默，可以讽谏，像给原书开了一扇天窗，让人一眼就透视到原书最本质的内容。萧乾指出，中国书评也应提倡这种天窗式的标题。②格式。萧乾经过分析，把一篇书评的格式解析为三个层次：描写、解题和批评，并具体指出各层次在内容上通常包括的若干项目。但萧乾的高明之处在于，他声明他之所以归纳出一个格式，本意并不是给评者一个画瓢的葫芦，帮助评者偷懒。"正相反，却是为了指明这些都已为人用俗了的。躲

---

① 引自《书评研究》，见《书评面面观》，人民日报出版社1989年版，第58页。

避它们！即在形式上书评家也需要有些创造性。"① ③小标题。除了一些可以一气呵成的简评和印象评，较长的书评需要在每层意思前加个小标题。萧乾说："小标题对评者是阵势的展示，对读者是路程牌。遇到较长的书评，这种路程牌就更为重要了，如果年月的划分都取消了，生活将显得如何无希望地长呵！……为省读者的精神，小标题也该尽可能采用的。"② 萧乾还具体分析了国内评历史学著作、评译著、评教科书一类书评的小标题的惯常写法。④开端。萧乾分析了五十篇书评，总结出七种开端方法，每种之下详举实例。⑤结尾。萧乾分析了三十篇书评，总结出六种结尾方法，每种之下详举实例。⑥理想的书评。萧乾概括了英美几种重要报刊的书评专栏的主编对书评写作的十七种代表性观点，指出理想的书评应符合四个条件：第一，评论之前首先要展示原书的概貌，但展示不是"计算页数，照抄目录"③，要把握原书的精髓简洁地道出。第二，应避免空话、浮话、套话、废话，精炼是文章力量的来源。第三，以思想和智慧取胜，忌流于俏皮、浅薄和油滑。第四，和创作一样，书评的形式与内容应是相互和谐的。

关于书评研究中的几对关系

1. 书评与文艺批评。书评和文艺批评究竟是什么关系？有人夸大它们的差别，有人强调两者的统一。差别派认为，书评和文艺批评至少有两方面的不同。第一，文艺批评是根据一套成熟精确的文艺理论法则对作品进行评论，而书评则无章法可循，只需记住几句行话，像玩扑克牌似地变换即可。文艺批

---

① 引自《书评研究》，见《书评面面观》，人民日报出版社1989年版，第63页。

② 引自《书评研究》，见《书评面面观》，人民日报出版社1989年版，第67页。

③ 引自《书评研究》，见《书评面面观》，人民日报出版社1989年版，第78页。

评是学术的、高贵的、神圣的，书评是普及的、低贱的、市侩的。文艺批评家可以沦落为书评家，书评家却很难成为文艺批评家。文艺批评家是独立的学者，书评家是稿费的奴隶。第二，文艺批评的对象是作者，任务是评判，文艺批评家根据作品的优劣，给作者在文学艺术史上安排恰当的位置。书评的对象是读者，任务是解释，书评家只需介绍图书的内容，将它们简单地报告给读者。统一派则认为，书评就范围而言包括文艺批评，文艺批评只是书评的一个种类。萧乾认真地分析了两派的观点，认为书评和文艺批评既有区别又有联系。首先，仅事介绍不作评论的文字不是书评，那是书籍缩写。书评和文艺批评在文艺理论方法的运用上只有程度的不同，而不存在用与不用的差别。其次，根据中国人口众多，人们的平均文化素质不够高的现实，书评和文艺批评的分野不宜太明显，书评家和文艺批评家在业务上应当互补，书评家多往深处走一些，文艺批评家须在广度上着力，两者的目的是一致的，都是为繁荣文化、提高大众文化素质做贡献。第三，书评可看作是文艺批评的推广应用。书评偏重新书、流行书，文艺批评关注文坛上的名篇名著，两者只有分工、侧重点的不同，没有高低贵贱的差异。第四，文艺批评面向作者，曲高和寡；书评面向大众，读者量大。因而书评家和文艺批评家在数量上存在着一定的比例，如果我们需要两个文艺批评学者，六个文艺批评家，那么就需要五十个书评家。

2. 书评与创作。在《大公报》副刊任编辑期间，有个业余作者给萧乾写信，询问书评和创作的关系。萧乾在报上发表了一篇公开答辞，清楚地阐明自己在此问题上的看法。萧乾首先批评该作者言论中暴露出的一些错误看法，比如此作者认为书评家都是创作不行才搞书评，因为书评给予写作者的愉快远不及创作。萧乾说，书评家的资格要求并不比创作家低，搞不好创作而把书评作为等而下选择的，那肯定也成不了优秀的书评家。再者，求痛快不应是写文章的惟一目标，"在这危急年月，个人快意之外总还须顾及些文章对时代的作用。"① 只求痛快，把诗文写成发泄私欲的垃圾，把评论写成恫吓伤人的刀剑，那是下流"作家"、"书评家"的勾当。接着，萧乾从正面谈了自己对书评与创作关系的理解。萧乾认为"批评解释人生，创作表现人生。在一个完整的文化生活里，它们同是不可缺的。"② 创作和批评可以互相促进，一个既有创作实践又有书评实践的作者，体验过两种写作的甘苦，具备两方面的知识，搞起创作来就更缜密，更有格调，更有突破自我和创新的自觉性，搞起书评来，也会更体谅作者，更严谨、客观，不至于轻易把书评这种"神圣的工作"误为"屠手的操刀"了。

3. 书评与序跋。有人认为，序跋里面包含了作序者对书的看法，应算作书评之一种。但萧乾则完全不这么看。萧乾认为，序跋往往是受人请托而作。既是请托，那书的作者一般都是作序者的亲朋、学生、下属、或者朋友的朋友。有了这么一层人情关系的掣肘，书评的独立性、客观性肯定要受到损害。平常我们所见的序跋，通篇都是空洞的褒嘉之词的占绝大多数，略陈微瑕的有一小部分，批评性的就难得一遇了。萧乾指出，序跋就是序跋，它是和书评完全不同的另一种文体，两者不可混为一谈，在编书评家书评文集的时候，也最好不要把书评家为他书作的序，冒以书评的名义加以收录。言传之外，萧乾还以自己的身教帮助人们区别书评和序跋。比如他一生钟爱书评，写了数十篇书评，却一向怕为人写序，从不轻易受人请

---

① 引自《两种心灵的活动》，见《萧乾选集》第4卷，四川人民出版社1984年版，第55页。
② 引自《两种心灵的活动》，见《萧乾选集》第4卷，四川人民出版社1984年版，第56页。

托。他自己平生也只有文学处女作《篱下集》由商务印书馆出版时,沈从文先生为勉励后学、扶植新人主动写了一篇"题记",从那以后,他的任何一本书,都未再由旁人写过序。萧乾认为,序跋是一本书的必要组成部分,但应该由书的著者或译者自己来写。序跋的作用是向读者交代一下著、译书的初衷和意图,帮助读者更好地理解书的内容、认识书的价值,特别是译著,"译者尤其有责任详尽地向读者介绍一下原作者的生平、艺术观点以及作品的时代背景,起码要说明翻译时的一些体会,为什么要译它。"① 萧乾说:"每当读大厚本的译作而不见译者任何交代时,我就觉得很是遗憾,觉得译者可能是不负责任地抓到什么译什么。"②

4. 书评与广告。萧乾十分重视维护书评的独立性与纯粹性,多次强调要划清书评和广告的界限。1930年代,萧乾在《书评研究》中就指出,广告不能充当作品与读者之间的桥梁,因为它是出版商赚钱的诱饵,"是搭在读者和出版商的钱袋之间,满是诱惑,满是夸张,专引读者上当。"③ 萧乾对当时部分新闻和书评刊物,接受出版商的金钱诱惑,发表根据广告扩写的书评深表忧虑。他大声疾呼有气节的书评家要洁身自好,要坚定地作文化的保镖,褒扬好书,制止劣品的发行,把广告的影响从读者身上隔开。萧乾说:"书评家宁可改业广告,永不可利用批评者的名义为出版商当推销员。"④ 1980年代末,萧乾在《未完成的梦》一文中再次表露心声:"我对广告向来怀有成见,甚至有意识地抵制,总不甘让它左右我的选择。在

---

① 引自《关于书》,见《八十自省》,上海文艺出版社1991年版,第27页。
② 引自《关于书》,见《八十自省》,上海文艺出版社1991年版,第27页。
③ 引自《书评研究》,见《书评面面观》,人民日报出版社1989年版,第90页。
④ 引自《书评研究》,见《书评面面观》,人民日报出版社1989年版,第81页。

牙膏、鞋油上是如此,在看什么、买什么书上,我更不愿受它的操纵摆布。当时我认为书评就是为了让读者对书能有比广告来得客观的评价。"① 最近,萧乾在《我的出版生涯》(见《收获》1996年第4期)一文中还特别提到一件事:某年他应邀出席一个书评报告会,看到台下约七、八百人听讲,心想如今有这么多的书评爱好者,真是可喜可贺。谁知会后到台下一打听,与会者清一色是各出版社搞发行的业务员,他们听讲的目的,无非是琢磨怎样打着书评的幌子把广告写得更动听。萧乾对此事十分痛心,念念不忘,他在文章中严肃批评了出版界这种鼓励滥用书评名义做广告,欺骗读者的作法。他认为关于同一书的书评和广告完全可以登在同一期报刊上,但要保持各自独立。书评和广告宣传有时可能是一致的,有时可能大唱反调,书评的内容完全取决于书评家的独立思考和良知,而不能受其他外在因素的干扰、制约。

5. 书评与读书界。书评与读书界的关系,萧乾曾在《书评研究》中列作最后一个专章来论述。该章一开头,萧乾首先给"读书界"加以解释,他写道:"读书界在这里包含:书的生产者、分配者和消费者。"② 书的生产者有作者、出版商,分配者有图书馆,消费者有书评家和读者。这样一来,书评与读书界的关系,又可细分为五对关系。第一,书评与出版商。萧乾认为这两者的关系是收买与反收买、诱惑与反诱惑的关系。出版商总在设法收买书评家,使书评成为变相的图书广告。而一个合格的书评家则必须有能力抵制住这种收买,保持住对书刊的独立判断力。第二,书评与图书馆。萧乾敏锐地指出,"图书馆员代表着一种特殊的读者:他急切地要书评家替

---

① 引自《未完成的梦》,见《书评面面观》,人民日报出版社1989年版,第2页。
② 见《书评面面观》,人民日报出版社1989年版,第80页。

他决定'买不买'的问题",① 而对书评漂亮的文字是无暇欣赏的。书评家应该知道图书馆的这种特殊要求,在撰写书评时给以适当的考虑。第三,书评与作者。萧乾列举分析了十多位西方作家对书评看法的自述,结论是绝大多数作家认为书评对作家基本上是无益的。作家们说,他们从书评中最乐意看到的是奖誉,而对那些隔靴搔痒,动辄搬起规律的大帽子胡投乱掷的指责,要么无动于衷,要么厌恶至极。作家们宣称:作家是善于创造的、倔强的、有思想的,用不着书评家来指手画脚。当作家看着批评家的指挥棒写作时,艺术就破产了。但作家们不否认书评对读者的益处。萧乾指出书评家和作者不是冤家对头。作家真正不欢迎的是不能击中要害,与他无切肤关系的书评。书评家的失败多在于拘于传统陋见,陷入了"惟有指出毛病才能证明见地卓绝"② 的误区,有时妄发不实之箭。萧乾建议,书评家和作者应当学会换位思考、换位写作,彼此加深理解,使书评真正成为褒贬有据,对作者有益的诤语良言。第四,书评与读者。萧乾认为书评是架在作品和读者之间的一座桥梁,指导读者买书和读书,服务读者大众是书评的宗旨。第五,书评与书评家。由于各类读者对书评的要求不同,书评究竟该怎样写就不免让书评家困惑。萧乾说,书评家不能因此知难而辍,也不须有讨好任何一方读者的必要。书评家只要态度端正,不受外部因素干扰,凭着良心说真话,那他的书评自然就会得到读者的理解和欢迎。

关于中国书评的发展趋势

萧乾对中国书评之未来的看法主要有两种观点。一是书评职业化。萧乾在 1930 年代就预言,随着经济文化的发展,随着出版印刷业的壮大、繁荣,当千百种书每日由印刷机倾吐出

---

① 见《书评面面观》,人民日报出版社 1989 年版,第 82 页。
② 见《书评面面观》,人民日报出版社 1989 年版,第 89 页。

来时，同英美一样，中国的职业书评家终将诞生。萧乾认为书评职业化可能会带来正负两方面的效应。正效应是书评家队伍壮大，形成势力，书评的数量激增，社会影响力增大。负效应是职业书评家要靠报馆和出版公司吃饭，写书评多数情况下不再是由感而发，而是受命而作、尽职而作，写成后也许连真名都不能署、也不愿署。那样，书评家也就沦为出版界的贩夫了。不过萧乾相信，社会总是在进步着的，届时采取合理的措施，纠正书评职业化的负效应是完全可能的。可让人意想不到的是，时过半个多世纪，在20世纪末的中国，职业书评家仍未出现，受出版商暗中贿赂的"有偿高价书评"却出现了，这使萧乾尤为痛心。然而萧乾书评职业化的预言并未动摇，所不同的是他现在期望产生的职业书评家，已不再是生活在出版商卵翼和恩赐下的书评家，而是保持人格独立，以写作书评为职业，靠稿费生存的自由撰稿人。二是书评和出版同步发展。萧乾认为，书评和出版是同步发展的，旧中国的书评事业之所以不发达，是因为当时"真正的大众尚未成为读者，著作人的名字也仍少得极易记辨。但终有一天，它将像塞克斯机一样会在这古国土上飞翔起来，书评终将尾随着文化高潮稳稳地步入我们的读书界"①。萧乾相信，出版物越多，人们对书评的需求也就越大。当前，书评的数量和出版物的数量是不成正比的，存在着供求矛盾，而这正是书评发展的动力所在，书评在中国是前途远大、富有生命力的文化事业。

关于中国书评发展的障碍

萧乾在晚年深入反思了中国书评事业发展缓慢的原因，认为主要有两种障碍在作怪。①人事关系。萧乾说："书评最大的障碍是人事关系。中国写书的人大都只允许你褒，容不得你

---

① 引自《书评研究》，见《书评面面观》，人民日报出版社1989年版，第8页。

贬，即使你贬得蛮有道理。一本书面世，假如谁也不吭声，写书的人倒并不在乎；说上一点好话，自然就不胜感激，倘若你历数一本书的七分好，同时也指出它的三分差，麻烦就来了。有的人甚至会在另外的场合挑眼找茬，为几个字能结下多年深仇，在你料想不到的时候大做文章。"① ②泛政治化的社会环境。萧乾在给一位美籍作家的一封信中写道："在我们这里，书评并不风行。很少刊物经常刊载书评，专登书评的刊物更是凤毛麟角了。这里，倘若一本书中出现了严重错误（特别是政治性的），立刻会有评论家（而且很多位）出来指责的。一本书倘若刚好写到当前政策的点子上，也不愁有人来称赞。然而倘若一本书没有差错，题材又不特别时髦，那么没人理睬是平常也是正常的事。你们那边说，'没有消息就是好消息'。我们这里是：一本没人来评的书是好书。理由详上。至于我们什么时候也象你们那里那样，书出来总有人来评评，在下实在不敢确言。从30年代我就在盼望着这一天。"②

  萧乾的书评思想丰富精深，除了以上内容，还有个重要组成部分是他在书评编辑方面的观点和见解。这方面的内容，我们将融入下文来论述。

萧乾的书评编辑和书评组织活动

  萧乾以毕业论文《书评研究》拿到燕京大学学士学位之后，便到《大公报》编辑"文艺"副刊。很自然地，他把对书评的热爱有机地融入到了副刊编辑工作中。他认为"书评最

---

① 引自《抚今追昔话书评》，见《萧乾文学生涯六十年》，鹭江出版社1995年版，第110页。

② 引自《关于〈书评研究〉——我的第一本书》，见《怎样写书评》，同济大学出版社1988年版，第135页。

适宜刊登在报纸副刊上，因为又快又及时。既涉及文学，又具有一定的新闻价值"①。于是，他很快组织了一个书评网，以生动活泼的形式编发大量书评，掀起了我国书评史上少见的几次热潮，把《大公报》副刊办成了当时中国书评活动的中心之一。可以说，萧乾作为书评活动家的风采和能力在这一时期得到了最充分的展示。同时，他在副刊编辑的其他方面也表现出了卓越才华，这些使他很快赢得了"报纸副刊编辑专家"的美誉。1956年他曾出任《人民日报》文艺部顾问。

萧乾在书评编辑和书评组织方面的探索与创见主要体现在以下几个方面。

1. 开辟书评专栏，发表书评作品。萧乾于1935年7月接手《大公报》副刊以后，立即制定新的编辑方针，重新设计刊发的内容。他在类似新"发刊辞"的《园例与计划》一文中，郑重地把"书刊简评"作为一个重要的栏目预告给读者。他说："对于这栏，我们怀着无限的希望。这简直是一个总也不曾填补的坑，相信我们在这方面的努力是绝不至浪费的。在这艰难的工作上，我祈求国内批评家的襄助"②。书评专栏办起来以后，得到了当时众多书评家的支持，逐渐成为《大公报》副刊的特色栏目、保留栏目。在萧乾、杨刚两任编辑的努力下，该栏目随报纸历迁天津、上海、香港三地而不衰，为旧中国的书评事业做出了突出贡献。

2. 组织"书评网"。要办好书评栏目，没有一批素质整齐的骨干书评家，仅靠自由投稿，是难成气候的。萧乾深谙此理，所以他在宣布办书评栏目的同时，也在积极物色书评家，组织"书评网"。组织"书评网"看似简单，实际既有难度，

---

① 引自《抚今追昔话书评》，见《萧乾文学生涯六十年》，鹭江出版社1995年版，第109页。

② 见《红毛长谈》，台声出版社1990年版，第237页。

又有学问,它要求编辑不仅要有出色的社交能力,而且在人员选择上还要兼顾各人的思想倾向、评论风格、熟悉的语种和学科专长等。萧乾经过一番考虑,在文艺界友人和投稿者中选择李健吾、宗珏、常风、李影心、黄照、杨刚、陈蓝、刘荣恩等十几位书评同好作为其骨干网员,并根据各人特点,大致给他们分了工,比如洋书大多由杨刚或刘荣恩来评。事实证明,萧乾的此番"点将"是必要的、成功的,组织起来的是一支精干的书评队伍,他们在《大公报》上所发表的书评,无论数量还是质量都堪称中国现代书评史上的一个高峰。

3. 确立和坚持客观公正的书评编辑原则。为维护书评的独立性、客观性和公正性,萧乾立下约法三章,作为编辑书评的基本原则。第一,不接受任何赠书。萧乾在上海时,每个星期都冒着溽暑亲自跑两趟四马路,买回一大叠有价值的新书,然后,按书的性质和评者的喜好,分别寄给他的"书评网"成员。以此坚决阻断了某些出版商以及某些作者借书评家之手为其做广告的企图,以保证书评的质量。第二,不评论自己和亲近朋友的书。萧乾首先把自己和老师沈从文的书排除在评论之外,后来又把挚友巴金和靳以的书也归入不评之列。如果说不接赠书,是抵御外部诱惑,而这一条则是杜绝自身借书评以谋私谊。第三,"最重要但也是最难坚持的一条原则是:持论客观,不捧不骂。"[①] 这是保持书评独立性的关键所在。萧乾对于书评作者的文章始终持尊重态度,一般轻易不删改。倘若遇到文字过于尖刻或几近挖苦时,他总在保留评者的观点及评价的前提下,尽量把带刺的字眼删去。倘若双方心平气和地进行辩论,他绝不干预,但如若双方并不能冷静地进行讨论,他就婉言制止。以上这三条原则是萧乾当年办好书评栏目的可靠

---

① 引自葛昆元《萧乾与书评》,见《萧乾研究专集》,华艺出版社 1992 年版,第 456 页。

保证，至今犹有强大的生命力，用于当前的书评编辑仍不过时，值得书评编辑们学习和借鉴。

4. 编书评特辑、专辑，开展书评理论研究。在副刊上开辟发表书评作品的书评专栏以后，萧乾认为关于书评的基本理论也应该探讨，所以1936年他又计划邀请与书评有关的五方面人士分五次笔谈书评理论问题，每次笔谈编成一个特辑，整版刊出。后因抗日战争全面展开，此计划未完全实现，最末一辑"出版家论书评"因报纸缩减篇幅而停出，书评特辑只出了四次。第一次是经常为刊物撰写书评的书评家谈"我怎样写书评"，刊于1936年8月2日《大公报》副刊。第二次是书评家讨论"书评是心灵的探险吗？"，实际上是讨论书评与文艺批评之间的关系，参加者有朱光潜、刘西渭、张振亚等，刊于1936年9月12日《大公报》副刊。第三次是由作家们论书评，参加者有叶圣陶、巴金、张天翼等，讨论中揭露了一些作家与书评家之间的矛盾，刊于1937年4月25日《大公报》副刊。第四次是"读者论书评"，参加者出自不同的省份、不同的行业，讨论的内容也颇广泛，有的对翻译、小说、诗与散文、剧作等的书评提出具体要求，有的则表达了对书评和书评家的期望，指出一些不正常的现象等，这一期特辑刊在1937年5月9日《大公报》副刊上。通过编辑书评特辑这种形式，萧乾使作家、书评家、读者各自从不同角度提出了对书评的看法和要求，加强了三者之间的沟通和交流，为书评大造了声势，对于促进社会对书评的关心和重视，导之向健康的道路发展，发挥了积极作用。

5. "集体评书"和"评者与作者对话"。由于对书评爱之真切，由于风华正茂、思维活跃，萧乾办起书评栏目得心应手，不断探索出新的形式。"集体评书"和"评者与作者对话"便是萧乾创意的又一种独特的书评方法，他称之为"立体书评"。当时,萧乾设想,一部重要作品,如果先让书评家集体评一下,得出共识,再让作家本人来自剖一下,谈一下对书评家意见的感想,两相比较,岂不就能看出书评的效果。而且这种方法也有助于提倡一种"超捧场,超攻讦","不阿谀,不中伤",心平气和、与人为善的批评。于是他就拿出《大公报》"文艺"副刊1936年12月27日及1937年1月1日两个整版刊登对曹禺《日出》的集体评论,参加者有茅盾、朱光潜、叶圣陶、沈从文、巴金、靳以、李广田、黎烈文以及萧乾的英国老师谢迪克等十多位作家、学者,大家各抒己见,坦诚相见,有赞扬,也有批评,如李广田鲜明提出《日出》不如《雷雨》,陈荒煤也有同感。然后再请曹禺写了篇长文《我怎样写〈日出〉》刊登出来,他诚恳地谈了自己写作此剧的动机、构思经过和艺术企图,同时感谢大家的批评,并对大家的各种批评意见作了虚心中肯、实事求是的答复。"集体评论"和"评者与作者对话"成功地营造了一种朋友间肝胆相照、坦诚无私的谈心气氛,给文坛留下了深刻印象,给被评作家更是留下了抹不去的记忆,1985年,曹禺在新版《日出》的跋中,对此还旧事重提,念念不忘。

6. 促成"大公报文艺奖金"评奖活动。1936年,萧乾以《大公报》"文艺"副刊的名义发起并主持了一项"大公报文艺奖金"的评奖活动,评出卢焚的小说《谷》、曹禺的戏剧《日出》、何其芳的散文《画梦录》为获奖作品,虽然奖金不多,三人平分一千元,但奖事办得庄重、热烈,产生了深远影响。此项活动表面看来似与书评无关,但评奖离不开评论,本身是一种无字胜有字的书评。何况评奖后,《大公报》文艺副刊接连发表了介绍和评论这三部作品的评论文章。可见,评奖实际是萧乾在书评观念指导下的一种书评行为,是他将无字书评和有字书评有机结合的一种探索。

萧乾的书评写作

萧乾的书评写作入手早、起点高，除有两篇写于《书评研究》之前，其他篇什皆是在《书评研究》完成之后，在成熟的书评观指导下撰写的，所以萧乾的书评显得严谨大气，颇具理性，不含违反书评原则的杂质，是真正纯粹的书评。加上萧乾一贯主张并坚持以散文体写书评，他写的书评在思想性之外非常注重艺术性，内容扎实，说理透彻，文字清丽，一气呵成，极富我国唐宋散文的雄浑气势和高华气韵。萧乾还是书评写作时间最长的书评家之一，他从1930年代至今已经写了60多年的书评，而且越写越多，越写越好。大体而言，萧乾的书评写作具有阶段性，不同时代有不同的特色。下面我们以年代为界，来分析萧乾的书评写作。考虑到萧乾所写的某些序和前言有明显的书评特征，所以我们便没有遵照他对序跋与书评的严格界分，也视为他的书评作品，一并论述。

1930年代是萧乾书评写作的起步期，共写作书评四篇。处女作是1934年春写的《奥尼尔及其〈白朗大神〉》。当时美国作家奥尼尔的剧作尚无中文译本，但萧乾凭借他在教会中学和大学掌握的娴熟的英语，在博览英文资料的基础上，以流畅、生功的笔调向国人介绍了奥尼尔的生平、文艺上的突出成就，以及《白朗大神》的剧情和艺术特色。国内作品，萧乾选评的是当时靳以、郁达夫的近作。在评价靳以的小说集《青的花》时，萧乾明确指出这些作品远离现实，陷于伤感而不能自拔，是一个缺憾。而当靳以的《虫蚀》三部曲出版，萧乾看到靳以在努力跳出个人情感的圈子，有意识地拓宽作品的题材范围，而且在行文上注意摆脱艰涩翻译体的影响，尽量用生动活泼的大众语写作，又不禁由衷地表示赞赏。在写《评

〈出奔〉》的时候，萧乾已从燕京大学毕业，发表了《书评研究》，关于书评的理论知识大为丰富，该文实际成为他贯彻自己书评观的第一次试验。在该文里，萧乾以十分公正平衡的心，既肯定了已是"文艺先辈"的郁达夫的特殊的文笔，及其能攫住青年人心魄的创作本领。同时以很大的篇幅有理有据、毫不留情地指出了郁达夫创作上的误区。比如萧乾写道"作者是用一支画山水的细管想描绘一个重大的历史场面。那失败是不足为奇的"[1]，"他玩弄了故事中的角色，也玩弄了灯下屏心静气捧读着的人"[2]，"不幸郁达夫先生没有看到当时革命高潮中，青年的呐喊和热血，因为他总是忘不了男女之间的那件事。"[3] 这些评语言辞犀利，而又符合事实、持之公允，充分表现了萧乾"初生牛犊"的锐气和不为名人讳的可贵勇气。可以认为，《评〈出奔〉》是萧乾1930年代书评中值得称道的优秀之作。

到了1940年代，全世界风声鹤唳，处在二战的烽火狼烟之下。这十年的头六年，萧乾作为《大公报》的特派记者常驻英伦，先辗转于伦敦大学和剑桥大学，后以战地记者的身份驰骋欧洲战场，描绘了自己一生当中最富传奇色彩的壮丽一页。但是对于书评，却无暇顾及了。直到二战结束，萧乾回国，才又重新拾起。1947年，萧乾连续写了三篇书评。《赏鉴的脚注》和《小说技巧小论》主要介绍了当年伦敦出版的几种新书，并对其略作评论。《詹姆士四杰作》则是一篇文艺理论批评味道很浓的长篇论文，详细介绍了詹姆士的生平，其四

---

[1] 引自《评〈出奔〉》。见《萧乾选集》第4卷，四川人民出版社1984年版，第102页。

[2] 引自《评〈出奔〉》。见《萧乾选集》第4卷，四川人民出版社1984年版，第105页。

[3] 引自《评〈出奔〉》。见《萧乾选集》第4卷，四川人民出版社1984年版，第106页。

部代表作的内容梗概和各自特色,最后建议中国是否也可开展一些心理小说的尝试。1949年,国共两党到了最后决战的时刻,萧乾也处在人生的大十字路口。但他毅然谢绝了剑桥大学的终身教职聘请,决心参加新中国的社会主义建设。反映在书评上,萧乾抱着虚心学习的态度,开始把评论对象转向那些洋溢着革命精神的文学作品。2月,萧乾写了《〈虾球传〉的启示》,对作品的斗争主题、人物的典型性、情节的可读性都作了实事求是的肯定。6月,发表了《史纽斯的诗》,一方面对史纽斯(邹荻帆)诗中所放射的爱国主义光芒、斗争光芒表示欣赏和钦佩;另一方面也以其远见卓识,对"政治诗"的标语化倾向感到忧虑。

1950年至1954年,萧乾把全部精力放在对土地改革的报道,暂停了书评写作。1955年,萧乾写了他在1950年代惟一的一篇书评《菲尔丁及其〈大伟人江奈生·魏尔德传〉》,作为自己翻译的《大伟人江奈生·魏尔德传》的初版前言。这篇论文的写法类似《詹姆士四杰作》,夹叙夹议地述评了菲尔丁的出身、创作道路、阶级立场和紧跟时代的现实主义创作手法。

从1950年代末到1970年代末,整整二十年的时间,萧乾戴着"右派"的帽子,过着噤若寒蝉、不时下放劳动的生活,除受命完成一些翻译任务,其他创作活动基本被迫中止。然而即便在这种发表权被剥夺的情况下,萧乾1975年在通读了业余作者邢院生的自传体小说《前夜》之后,仍认真地以回信方式为其写了八千字的评论。萧乾对书评的热爱,对书评写作的纯正态度由此可见一斑。粉碎"四人帮"后,萧乾的创作生命复苏。1978年,借自己1950年代的译作《莎士比亚戏剧故事集》和《好兵帅克》再版的机会,萧乾撰写了两篇长篇书评,对这两部作品及其著者作了比较深入系统的评介。

1980年代，是萧乾书评写作大丰收的时期，发表总数约二十四篇。书评风格也有了显著变化，开始由以往的凝重深刻走向轻松活泼。除个别书评仍讲究系统性、面面俱到，如《易卜生的〈培尔·金特〉》、《一部散文的喜剧史诗——读〈弃儿汤姆·琼斯的历史〉》，其他大多数书评都是抓住被评作品最有特色的地方来展开的。这种风格表现在篇幅上就是短小精悍，多以"读后感"为题名或副题名，如《〈王谢堂前的燕子〉读后感》、《义气·骨气·才气——〈新凤霞回忆录〉读后感》、《龙应台的心路——〈人在欧洲〉读后感》、《〈胡风集团冤案始末〉读后感》等。在写作体裁上，部分书评还采用了亲切平易的书信体，如《读〈贞女〉致古华》、《〈小说创作十戒〉是一本好书——致王笠耘》、《关于"京派"小说的探讨——致严家炎》等。在评论对象上表现出两种倾向，一是多选择文坛新人的佳作，力图通过评论给予扶植，这类书评有《读〈浮躁〉》、《一叶知春——读〈张辛欣小说集〉有感》等；二是多选择港台和海外华人的作品，以加强对外文化交流，这类书评有《遥寄狮岛》、《聂华苓的历史感》、《热爱台湾的龙应台——评〈野火集〉》、《评〈禅说——尊者的棒喝〉》等。这一时期，萧乾的书评数量多、品种多、佳作也多，但具有代表性的是关于龙应台的书评三篇。龙应台是台湾的一位心性耿直、笔势凌厉的作家、评论家。萧乾一接触到她的评论作品便有所触动，对"这位血气方刚的女性大概看不惯那里一些不痛不痒的文艺批评和社会批评，想靠个人的一股勇气，冒犯一下，闯出个新局面"的精神大为赞赏。萧乾对龙应台作品的评论，是最早将"龙应台旋风"由台湾引渡到大陆的一批文章之一，对纠正不良的书评风气、倡导批评性书评起到了一定作用。

进入1990年代，萧乾已是年过八旬的耄耋老人，但书评写作却更加生生不已,并上升到了炉火纯青的境界。检阅萧乾这一时期的书评,给人的感觉是长短适中,几乎篇篇佳构。表面上,这些书评走的好像仍旧是萧乾 1980 年代书评的路子,多选择青年作家和港台作家的作品来评。但内容却有了静悄悄的变化。细心的人不难发现,萧乾在评介某一具体作品得失的同时,更多地注入了自己对人生、对社会的感悟,书评实际成了他讲真话,反思文革,表达自己人生观、世界观的得心应手的特殊体裁。尤其在为青年女作家竹林的知青小说所写的一系列书评——《一代的反思》、《一阕悲怆协奏曲》等里,萧乾结合自己和其他知识分子的经历,深刻地批判了文革的荒谬、是非颠倒和对人性的扭曲,不仅深化而且延伸扩充了原作的思想内涵,引起了更多读者的共鸣。1990 年代刚过去一半,萧乾已发表书评十余篇,其他比较重要的篇目还有《读长篇小说〈战争和人〉》、《中国农村社会的历史长卷》、《〈丝韦卷〉不简单》等。眼下,萧乾仍孜孜于书评写作,在 1996 年,萧乾又已发表书评五篇。其中刊于香港《大公报》的《特级"档案馆"一瞥——读李锐的〈"大跃进"亲历记〉》一文,意正辞严,直抒胸臆,再次表达了对不正常政治运动的深恶痛绝;刊于《读书》的《感觉的记录——读保罗·安格尔的〈一个美国幸运儿的童年〉》则对所评之书采英撷华,夹叙夹议,情趣盎然。以这样的速率写书评,在文化老人中的确是极为少见的。

综观萧乾的书评生涯,我们可以用"三部曲"来概括他对书评事业的贡献。第一部曲是他在大学时代潜心钻研,写出了我国第一部书评理论专著《书评研究》。第二部曲是他在《大公报》任职期间,广泛团结书评家,创造了一套成功的书评编辑方法,编发了大量书评,把《大公报》副刊办成了当时中国书评活动的一个中心。第三部曲是他勤奋著述,中晚年发表了大量优秀的书评。这三部曲合在一起，形成了20世纪中国书评文化的经典乐章，萧乾作为这个乐章的作者和指挥，理应感到欣慰和骄傲。但是萧乾并没有因此而满足，他在《书评面面观》一书的序言中，称发展中国书评仍然是他"未完成的梦"。在他的"梦"中，书评不应是局限在舞台上的供少数人欣赏的雅乐，它更应该在广大国土上奏响，深入千家万户，成为百姓日常文化生活中不可或缺的一部分。

此梦绵绵，萧乾已经做了六十余春秋。但愿我们年轻的书评工作者能不负前辈的夙愿和期望，再接再励，青出于蓝，真正把中国的书评事业繁荣起来。

1996年10月于北京大学

一本迟到的书
——怀念萧乾先生

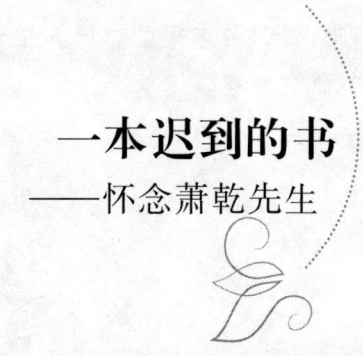

1996年春,我还在北大信息管理系读研究生的时候,选修了孟昭晋老师的"文献编纂"课。头一节课上,孟老师举着当时正畅销的《疯话连篇》(老宣著,朱波编)晃了晃,说:"编书应该是咱们学图书馆学的长项,却回回让别人抢了先。现在咱们这门课的讲法就是'不讲',我给你们出几个题目,你们下去利用这门课的时间分头编书,两星期向我汇报一次,期末根据你们拿出的书稿质量判成绩。"他说完便转身在黑板上一口气写了十来个题目,恰好够选课的同学每人一个。在写的同时,他也讲了对每本书的设想和要求。

写完讲毕,他便拿出准备好了的纸签让大家抽。这一抽,我便抽出了与萧乾先生的缘份,因为我抽到的题目是《萧乾书评:理论与实践》。按照孟老师的要求,我的任务是要把萧老关于书评的理论著述和他写的书评收罗齐全,汇为一书，再写一篇带导读性的有点学术性的前言。为了帮助我完成这个作业，孟老师还交给我一张傅光明先生的名片，让我在必要时寻求援助。傅先生当时是现代文学馆青年馆员、萧乾研究专家。

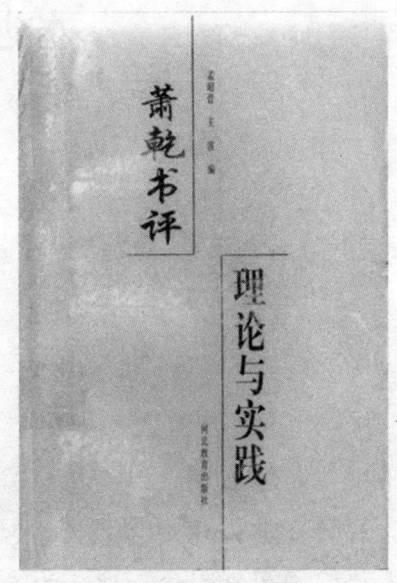

《萧乾书评理论与实践》书影

经过几个月的努力，特别是在傅光明先生的热心帮助下，书终于在烈日炎炎的期末编成了。孟老师阅后甚为满意，决定"假戏真做"，将这份作业设法出版。他首先将前言和目录寄给了已相识多年、甚为投机的萧老。萧老过目后比较激动，因为他作为作家、记者、翻译家的一面早已为人所知，但很多人还不知他是一位书评家，不知他在燕京大学的毕业论文《书评研究》是我国最早的书评理论专著，更不能理解为什么有人称他为"现代书评第一人"。而我所编的书恰好全面展示了萧老在书评理论和实践方面所作的贡献，这给人到老境、希望总结一生的萧老送去了一份惊喜。不多日，萧老便给孟老师打电话，邀请孟老师带我到府上晤谈。

7月12日下午，我和孟老师按约定来到复兴门外的萧府。小保姆开门后，将我们引入一个很普通的套房，这就是萧老在一些文章中所说的两个老人的写作"车间"。萧老的夫人文洁若女士正在某一间里写作，门敞开着，她很热情地停笔跟我们打招呼。萧老则坐在客厅的沙发上，显然在静侯我们。客厅显得较乱，有两个大书架都摆满了书和相框，相框里夹的是萧老各个时期的重要照片。周围的墙上也挂着两张大照片，分别是萧老与其挚友巴金、冰心的合影。萧老热情地跟我们握手，招呼我们坐下后，我才看清这位大名鼎鼎的20世纪文化老人的模样。萧老脸圆圆的，笑咪咪的，有着弥勒佛的神情。他穿着一件土褐色的T恤，蓝裤子，起坐稍显迟缓。他从一个信封里拿出孟老师寄去的我写的前言给我，上面用铅笔批改了一些字句，总的意见写在另外一张纸上，其中有一句为："只是有些地方过奖了。书评毕竟是偶一为之的，主要还在为文化事业尽点绵力。"

在我翻看文章的当儿，孟老师跟他聊了一些问题，并简要介绍了我的情况，当说到我本科毕业于武汉大学时，萧老来了兴致，他兴奋地回忆起1935年抗战时期，落难到武大的珞珈山下，与杨振声、沈从文等师友在所谓的"五福堂"编写中学语文教科书的情景。随后话题又转到书评上，萧老对李健吾的书评似乎很欣赏，评价较高。由于我缺乏登门访学的经验，来前未准备什么问题，此时只仓促请教萧老：序跋算不算书评？萧老说严格来讲不能算，因为序跋多是受人请托而作，很难做到实事求是。当我们谈及此书的出版事宜，萧老当场写了一封介绍信，让我与河北教育出版社王亚民社长联系。他说此书不赚钱，只有教育出版社出得起。教育出版社出版中、小学教材，印量大，有固定客户，效益一直不差。何况王社长是一位有远见的出版家，追求所出书的文化含量，给他可能还有希望。最后，我们起身告辞，萧老发给我们名片，还每人送了一本出版社新近重印的《萧乾散文选集》和《人生采访》，并签上了大名。这次会面，萧老给我留下深刻印象的是他说话的神态，他说话时吐字轻巧清晰，娓娓道来，让人如沐春风，毫无拘束之感。

从萧府回来，我尊嘱把前言中萧老用铅笔勾过的、他认为的"过誉"之词作了改动，将书稿寄往河北教育出版社。不久电话联系，王亚民社长慨然应允出版，说正在上报计划。可是难以预料的是，1997年10月，此书定了责任编辑，书稿却淹没在出版社的大量邮件中遍寻不见了。无奈我只得重新查阅资料、复印，将书稿又整理了一份。幸运的是"前言"留有底稿，没麻烦到再重写一遍。应出版社的要求，这次我把书稿亲自由北京送到了石家庄。

书出得很慢，但很认真。1998年一年内，我校对了三遍。最后一遍校完，送呈主编签字付印的时候，主编又发现书中该用"啊"的地方，有的地方用"啊"，有的地方用"呵"，让再统一一下。这一来又重校了一遍。由于这最后一次返工，书终于未能按预期赶在年底出版，而萧老的90大寿不久就要到了。为了表示对萧老的敬意，王亚民社长派责任编辑杨惠龙先生，汇同孟老师和我于11月中旬到北京医院看望萧老。

那天，我们抱着花蓝来到病房。萧老气色很好，坐在沙发上，笑咪咪地跟我们合影。责任编辑杨惠龙先生首先汇报了书的出版情况，转达了王亚民社长的问候，又送了一册精美的本社书影目录。萧老表示感谢，称赞王亚民社长是位很有开拓精神的青年出版家。我告诉萧老我已毕业，留在了北大图书馆，他连连说好。孟老师跟萧老谈的较多，主要介绍了当前出的一系列回忆"反右"及"文革"的书，如朱正先生的《1957年的夏天》、季羡林先生的《牛棚杂忆》等。萧老在这两次运动中历尽磨难，对此话题很感兴趣，不住地点头。他说："'文革'的历史一定不能忘却，不能重演，在1996年'文革'二十周年的时候，我就曾倡议建立'文革'博物馆，以警后人。"最后，谈到这本书的稿费，萧老慷慨表示，要捐给北大信息管理系作为书评学研究基金，或资助贫困大学生。对萧老的义举，我们都非常钦佩。

与萧老见面后不久，1999年1月27日是萧老的九十大寿，各类媒体上都报道了朱镕基总理致信祝贺，浙江文艺出版社出版10卷本文集祝寿的消息。想到我们这本书未能赶上这个美好的日子，责任编辑和我都感到十分惋惜。2月11日那天，我正在回家过春节的火车上，看的是旧报纸，听的是录音带，全然不知萧老已经离开了我们。开学后返回北大，方偶然得知此坏消息。当时我首先想到的是，书没有赶在萧老生前出版，让萧老看上一眼，这是萧老的遗憾，更是我的遗憾。马上给出版社打电话，社里的同志也说没想到这么突然，本来书已经印成，可不巧的是，给书作封面的铜版纸缺货了，谁知稍一耽延又酿成新的遗憾。

3月中旬，这本书终于出来了，考虑到市场因素，只印了500本，这是我所知道的印数最少的书。拿到这本书，想到萧老音容宛在，却不能给他送上一本，得到他潇洒的签名，心底一阵悲凉。再翻看一下我在前言中写的最后一段话："此梦绵绵，萧乾已经做了六十余春秋。但愿我们年轻的书评工作者能不负前辈的夙愿和期望，再接再励，青出于蓝，真正把中国的书评事业繁荣起来，与萧乾先生共同圆梦于新世纪的太阳升起之时。"想到这位90岁的老人只差一年未能跨世纪，更觉生命脆弱，天道无情。

这是一本迟到的书，迟到得无可救药。就像萧老当年从地毯房老板那里拿到平生第一份工资一块五毛钱，拐到街上买了一包干鲜果品带回家，他的母亲却刚刚合上了眼。

这是一种永远的遗憾、永远的悔。

幽默的季羡林先生

第五辑 书外文存

我在北大读硕士的时候，曾两次听过季羡林先生的讲座。第一次大概是在 1996 年，学校组织名篇名著导读系列讲座，邀请季先生讲他翻译的印度戏剧《沙恭达罗》。那天教室里人满为患，季先生招呼站着的同学到台上，说："大家席地而坐，席地而坐。"结果就有不少学生围坐在他的周围，季先生不像是个演讲者，倒像是一个合唱团的领唱员。我觉得季先生在北大受欢迎的程度，就像一个学术皇帝，学生们出自内心地尊敬他、爱戴他。

《沙恭达罗》是印度剧本中的名著，其大致情节是：皇太子爱上了苦修者和仙女的女儿沙恭达罗，但由于分属不同的种姓，难以结合，后来费尽波折，终成眷属。季先生回忆说，此剧上个世纪 50 年代被搬上中国舞台，印度总统来华访问时，曾作为招待剧目演出。他应邀观赏，被安排坐在周恩来总理身边，而总理的另外一边是印度总统。

季先生为了说明《沙恭达罗》很有艺术性，特意举了个例子。他说,书中描写沙恭达罗美貌无双,有个细节是王子看见沙恭达罗的脚印后边深,前边浅。他问:"你们知道为什么后边深吗?"有个男生踊跃回答:"穿了高跟鞋。"季先生说不是,是因为沙恭达罗的身段发育得极好,臀部很大,因而导致脚印后边深,引得大家捧腹大笑。

季先生说印度的苦修者就是自己跟自己找别扭,有的终生举着一只胳膊,胳膊不活动,肌肉枯干,成了木乃伊胳膊。有的终生翘着一条腿。反正怎么不舒服怎么来,认为虐待自己才能获得长生。但印度的苦修者比较奇怪,唯独在性爱方面不虐待自己,可以结婚,在苦修者的聚居地——静修斋,可以带妻子一块修行,沙恭达罗就是苦修者跟下逃仙女的女儿。

以上就是第一次听季先生讲座,留在脑海里的内容。那天季先生内穿蓝色中山装,外套黑色风衣,整体上很有风度,尽管是个白发长脸的肿眼泡老头。

第二次听季先生讲座,时间为1997年3月29日晚,在北大电教楼215教室,题目是"中西文化之比较"。我去晚了,又一次站着听了两个小时。

季先生有个著名的观点:东西方文化三十年河东、三十年河西,20世纪是西方文化占上风,21世纪是东方文化占上风,并认为东方文化的特点是长于综合,而西方文化的特点是长于分析。这个观点不但在人文社会科学界产生极大反响,而且得到了不少自然科学工作者的支持,是上个世纪90年代以来季先生的招牌见解。

在1996年第6期的《文艺评论》上,季先生还以他的"文化轮流转"学说为基础,发表了《门外中外文论谈》一文,极力为中国古代文论的优点辩护。他认为,古代文论的语言笼统不是缺点,而是文论之上境,并以"浑沌学"、"模糊学"的发展来佐证。他认为曹顺庆教授关于"文论患上失语症"的说法有道理，但对其预言未来的文论是"杂语共生态"不持赞成态度。他认为，中国古代文论的复兴是必然，未来应该失语的是西方，中国文论界当前的任务不是"进口"，而是"出口"。

季先生的这次讲座便是进一步阐发上述观点。他说，世界文化分为中国文化、印度文化、希伯莱（闪族）文化和西方文化，前三种统称东方文化，而东方文化又以中国文化为代表。他认为自己的观点的大方向是对的，至今不悔改。对于社会上的反应，他说有人赞同也不高兴，有人反对也不辩驳，反正21世纪还未到来，也许我们双方都是近视眼打赌，谁都不正确。他说古时有个笑话，两个近视眼比谁眼力好，恰有一庙次日挂匾，于是两人相约，看谁先看清匾上文字。有一人作弊，事先打听到匾上写的是"正大光明"。第二天，两人一块看匾，一人什么也看不见，作弊的忙说是"正大光明"。找人裁判，裁判说，匾还未挂呢。季先生戏称，学术界的很多讨论就像近视眼看匾，双方都有错也有可能。

季先生在解读"西方文化重分析，东方文化重综合"时，又举了一个和臀部有关的例子。他说西方有很多椅子，上有两个弧形凹槽，符合臀部的形状，坐上去受力均匀，比较舒服，但是一旦坐偏，又极不舒服，这是分析的优劣。中国的椅子自古都是平的，胖人瘦人谁坐都行，以什么姿势怎么坐都行，谈不上十分舒服，但也不会很不舒服，这是综合的短长。

季先生的讲座，就是这么个特点，自始至终说理平易，间以小幽默调节气氛。在讲座快结束的时候，他谦虚地说自己是"野狐谈禅"，净说内行人不敢说的话，只期偶挠痒处，不求手手正确。

后记：
快乐的软图书馆学

《快乐的软图书馆学》是我的图书馆学杂文集，收入了我在《新华书目报·图书馆专刊》上写的专栏随笔和我在新浪博客"书间道"上写的杂记中的比较受欢迎的篇什，基本上都是2006年以来的新作，反映了我努力追求的两个方面。

一是让快乐走进图书馆学。

相声演员逗人，全靠在对话中抖"包袱"，就是预先设计了逗趣的若干笑点，讲到那里，掌声大作，这就叫"包袱"响了。读到本书，要是您问我："有精装本吗？"我会说："没有。"要是您再问："有毛边本吗？"我会说："这个也没有。"但是您要是问我："有'包袱'吗？"我会告诉你："这个还真有。"那么这是为什么呢？这和我对生活的认识有关。

2004年，我的人生观发生了巨大改变，明白人世间的一切游戏，都是为健康人而设，若要健康，必须快乐。加上在为亲人的医疗费而战的时候，经挚友介绍，为中央电视台的"开心辞典"节目出过一段时间的考题。众所周知,那个节目以知识点考问的邪门和不靠谱而著称。这段在忧伤中炮制开心的经历,使我的想像力和快乐神经就像胖大海遇到滚开水,以一种受虐的姿态,突然被折腾得异常肥大。另外,此前我还参与了魏晋南北朝出版史的研究,和裸体喝酒的、见人翻青白眼的、服毒了还以为吃仙丹的一批魏晋名士厮混了一段时间,体内的快乐基因得到千年酵母的刺激,自我克隆得飞快。再则,喜得靓仔、乔迁新居、评上副高职称……生活在一段阴霾之后,突然慷慨地把成吨的阳光洒向了我,让我的确感觉自己已经翻过哀伤的山峰,来到了一个鸟语花香的幸福高原。

慢慢地,我放弃了长期求学而养成的苦修、执著的生活态度,被快乐招安了,既享受快乐,也想为别人制造点轻松的东西,开始有意识地挖掘自己身上的幽默因子,想给图书馆员这个职业的快乐化做点什么。而专栏和博客的写作则恰好为这个想法的实现提供了机会。于是我这个本来不擅长耍笑的人,变得像一个捣蛋的小护士,沉醉于调制快乐的鸡血针,将其注射进一篇篇职业感悟中,即便是专业论文,也有意在适当的地方,小小地幽上一默。每当看到有人在我的博客上留言,说读了我的文章"笑到失声",或者说我是"图林赵本山",我就会有前所未有的满足感,因为这正是我所要追求的"笑果"。

在家庭生活里,我相当放得开,算得上是一个诙谐的人子人夫人父,但是在职场生活里,我是个比较自闭的人,闷的时候多于响的时候。如今突然变得快乐,除了快乐来得水到渠成,让我不能不流露自己的情绪外,对以往的关于图书馆的大多数文章都不太好玩儿的判断,进而形成的逆反心理,也是我致力于在文章中抖一点"包袱"的一大诱因。

在日常生活中,我喜欢对比各种职业和图书馆工作的优劣,通过对医疗、交通、邮政、银行、建筑等多种常见服务业的长期观察，我觉得如果刨除收入因素，单就工作本身的趣味性而言，深圳图书馆吴晞馆长的说法是相当精辟的：图书馆员这个职业的乐趣，既不比别的职业更多，也不比别的职业更少，关键就看你有没有一双发现乐趣的眼睛。但是遗憾的是，中国的图书馆员们似乎天生喜欢抱怨，抱怨得多了，乐趣就在反复的自我暗示中遁形了，特别是当抱怨成了一种行业习惯，简直令从业者感到憋屈极了。我认为，人人都是快乐欠缺者和快乐追求者，没有哪个图书馆员希望自己不开心，也没有谁愿意成为怨妇怨夫，整个行业的自怨自艾是一种毛病，必须加以纠正，而要纠正，首先应该从自我做起，要学会从工作中找乐子。那么天将降小任与我的，或许就是充当一个带头找乐的图书馆员。

　　书中带"包袱"的文章，就是基于这样的想法写出来的，有些篇章效果不错，爱好网络阅读的同行，不少人都读过了，笑过了，希望出书之后，大家再将爽朗的笑声复习一次。更希望没有读到的图书馆员，看到该书，能笑到肺肿，笑到腮疼，把坏牙笑掉，将好牙笑松。为了增加快乐的力度，我在书中开了不少业界师友的玩笑，对一些业内的重要会议也进行了颇不严肃的解读，尽管我力争在度上把握到位，但仍不敢保证绝对没有冒犯到任何朋友，万一出现此类状况，请大家相信我的善意，千万给予海涵。

　　可以说，这本书记录了我人到壮年时的一段快乐时光，不管读者怎么评价，我自己一定会十分珍视它。略微有些遗憾的是，这样的一本崇尚乐活、镶嵌段子的书，要是写作和出版在我30岁刚出头的时候，那该多好啊！可现在却成了我冲刺40岁的撞线书，多少有些老黄瓜刷绿漆——装嫩的不和谐感觉。不过，由此也可以看出我的晚熟，心理岁数年轻那可是越往后越能看出优势的呀！

二是打造"软图书馆学"。

我从本科生到博士生,从学生到编辑,一直在图书馆学圈子里摸爬滚打,看过的专业文章成千上万。发现从清末民初到现在,图书馆学论著就形态而言大致经历了这么几个阶段。先是晚清民初时期的笔记体,代表作如叶德辉的《书林清话》,特点是由一小篇一小篇的史料和考证串烧而成。继而是民国时期的工作流程体,不论是翻译的还是新编的著作,谈的都是图书馆工作的全流程。接着是建国后的教材体,形式大于内容,第三代图书馆学家多以教材成名。再后来是学位论文体,随着20世纪90年代以来的一大批博士研究生毕业,博士论文接踵出版,新一代图书馆学专家的成名作多是其学位论文,大大改变了这个行业多教材少专著的局面。应该说,论著形态的变化反映了中国图书馆学的进步。

但是图书馆学论著形态的发展基本上是单向度的,越来越趋向于纯学术,越来越就范于学术研究的模板,无论什么文章都穿靴戴帽,披挂上摘要、关键词、参考文献等学术形式主义的铠甲,大家好像也从来不想一想图书馆学是否还有别的表现形式。然而,纵是山珍海味,吃多了也会产生味觉疲劳,甚至难以下咽。眼看着文史哲、经济学、法学等领域的学者,在撰写学术论文之外,大量地撰写随笔和进行其他文体创新,让人读之如入小吃一条街,体验万千滋味。而关于图书馆学的短章小品则一下子成了稀有品种。对外艳羡之余,大家便不能不对业内文章的文体单一现象产生抵触和抗议。

在这种情形下,我多次在文章中把那些摆谱作态、长篇大论的图书馆学论著称为"硬图书馆学"、"重图书馆学",以形容其像花岗岩一般难以咀嚼、难以消化,而把清新可人的图书馆学的短章小品称为"软图书馆学"、"轻图书馆学",以形容其像威化饼干一般香酥诱人。我觉得当今的图书馆员们看多了长文章，吃够了花岗岩，特别渴望阅读关于图书馆学的短章小品，因而决心在这个方面一试身手。

在"软图书馆学"的打造方面，我并不是前锋一号，上海图书馆的吴建中馆长一直是我心仪的榜样。早在1996年，吴先生或许是出于应对既当馆长又当学者的繁忙，出于"双手弹钢琴"、解决时间恐慌的需要，娴熟日语的他就借鉴了日本的动漫等快餐文化的制造方式，于无奈之中变成了国内最早进行文体探索的图书馆学家，或者说是软图书馆学家、快餐图书馆学家。在我的印象中，他先是发明了"访谈体"，就是和国外的一线高端图书馆学家对话，然后把发言整理出来，《21世纪图书馆展望》就是这样的一本书。接着他又发明了"十大体"，就是基于中国人乐于追求十全十美、十全大补的心理，对图书馆学前沿进行盘点，提炼出十大热点、十大趋势之类，其《战略思考：图书馆发展十大热门话题》一书就是以这种形式写出来的。近年他又发明了"感悟体"，隔三差五写一小段人生感悟，发表在博客上，并率先出版了博客书——《建中读书》。可以说，吴馆长的每一次文体创新都是极为成功的，为图书馆界吹来了阵阵清风，也树立了典范。他的"访谈体"和"十大体"都有很多自觉或不自觉的模仿者，前者如徐引篪教授主编的《图书情报事业的未来：2010年发展预测》一书，后者如柯平教授的论文《当代图书馆服务的十个理念》和王知津教授的论文《论信息服务十大走向》。吴馆长的系列著作的大受欢迎，固然和吴馆长的学术思想深邃、个人魅力超凡有很大关系，但读者对旧文体的厌倦和对新文体的渴盼恐怕也是造成其好销的原因之一。

就像服装的时尚总是表现为裤口的窄而复宽、宽而复窄，前几年流行喇叭裤，这几年流行鸡腿裤，若干年一轮回。我觉得一个学科的论著的形态也不应该是单调的，而应该是多元的和轮回的。假如我们看腻了论文体，不妨回归一下老传统，来点笔记体、日记体等，让学术穿上短裤、T恤休闲一下，与民同乐。

我心目中理想的图书馆学的文献家族是，既有高头讲章，又有小品随笔，既有满篇屡见"图书馆"这三个字的经典，又有全文根本不见"图书馆"这三个字的名著。图书馆学家的随笔，不必夹在别的学科的丛书里，别别扭扭地问世，而是代有名家、怡然自得地推出。在书评书话类丛书中，图书馆员应该以专业化、职业化的霸气，占据主流地位，而不能毫无羞愧地落后于私人藏书家。

图书馆是社会的奢侈品，越是盛世的图书馆，越是发达社会的图书馆，图书馆就越奢侈、越宏伟、越神秘，人们对图书馆就更有好奇心。进入新世纪以来，和图书馆学密切相关的书史、阅读史著作成为出版热点，名牌大社都参与其中。国外学者所著的《阅读史》、《夜晚的书斋》、《图书馆之恋》等一批和图书馆学相关的书籍都引起了广泛关注。讲述美国一个小镇图书馆饲养的流浪猫的故事的《小猫杜威》，更是先冲进美国的畅销书排行榜，后跳进中国的畅销书排行榜。这些著作的共同特点是，都没有僵硬的学术表情，没有繁琐的体例，但大多数都有一定的学术气息，以史料的密集有趣、感悟的富于人情味而见长，可以称得上是软图书馆学。我自己向往的，也正是写出这样的一本图书馆学书，也希望看到国内的图书馆学界，将来会出现一批这样的图书馆学书。当然，我并不反对硬图书馆学继续大步发展，对于一个学科来说，没有一些硬东西肯定是不行的。

《快乐的软图书馆学》反映了我在软化图书馆学方面的努力，当然还很不成熟，远没达到我所设想的境界，今后在这个方面我还会继续探索。

转眼之间，我在北大已经学习、工作十四年了。北大在每个人的心中，实际上有三个。一个是纸上的北大，即客观知识王国里的北大，那是个辉煌壮丽的学术重镇、文化大本营，由一个个作者和一部部著作所构成，在这个诗意的书香世界里，教授即便蹲了牛棚，也不过是一段灰色浪漫，化成一本引人思考的小书。一个是园林的北大，那是个楼红柳绿、如花似玉的青春花园，谁走进了便感觉年轻、感觉养眼，便不愿离开。还有一个，便是世俗的北大，它会让你自信，也会让你卑微，它会让你骄傲，也会让你愤慨。我热爱北大，但我一直认为，每天一下班，离开了北大，园林的北大便不属于我，北大哪天犯糊涂，还有权力将我辞退，世俗的北大也不属于我。我或许能永远抓住的，恐怕只有纸上的北大。大学本质上是一个制造和传播知识的平台，真正的北大人不一定是校园里容貌最靓的人，现实中混得最好的人，而一定是靠写字写出一块地，靠演说打开一片天，为纸上的北大添砖加瓦的人。这也是我像文字蓝领、读书工蚁一样，点灯熬油，奋笔不息，出了一本书，还想再出一本书的内在动力。

我生日的星相属于双鱼座，鱼儿离不开水，命该取名叫"波"。令我想不到的是，到了我该出书的年龄，遇到了一位贵人——丘东江先生，或许是一个"波"不足以适应"双鱼"的发展，上帝派"江"来支援了。丘先生这几年好像是我的学术经纪人，一直鼓励、督促我展示写作和研究才能，没有他的鞭策和支持，书是写不出来的，更没有机会出版。电影《梅兰芳》放映后，我曾向丘老师开玩笑，说假如我有出息了，将来成了图书馆学界的梅兰芳，那您可就是齐如山了。更奇妙的是，做梦我也想不到，我的书都会在海洋出版社出版，有海有洋，足够双鱼座的我尽情游弋了。命也？运也？

借此机会，由衷地向丛书主编丘东江先生，向海洋出版社，向即将出任拙作责任编辑的业务精湛的杨海萍老师，表示深深的感谢！向欣然为本书作序的网络图书馆学旗手范并思教授、《新华书目报》编辑江水兄，表示深深的感谢！

眼下我正在读胡适的《四十自述》、孔庆东的《四十不坏》，因为明年我也四十岁了，想看一看先哲时贤站在这个界标性的年龄上，是如何回顾过去、迎接未来的，不敢攀扯名人以自我抬高，无非想给自己打点预防针也。

这本书出版的时候，可能已是层林尽染的深秋或者雪花飘飘的冬天，离我四十岁的生日已经很近了，那现在就将其作为生日礼物，预订给自己吧。

2009 年端午节前后